성공하는 CEO는 디자이너다

조동성 | 지음

서울경제경영

머리말

디자인에 관해 저자가 1999년에 경험한 에피소드, 그리고 같은 주제에 대해 2014년에 추가적으로 경험한 에피소드를 소개한다.

1999년 정부는 디자인에서 가장 경쟁력을 가진 기업과 디자인에서 가장 큰 공헌을 한 개인을 선정해서 대통령상을 주기로 했다. 당시 기업 분야 심사위원이었던 저자는 후보기업들을 방문했다. 정부에서는 심사위원들에게 100개가 넘는 질문을 준비해주고 이에 따라 심사를 하도록 요청했다. 나는 4시간이나 걸리는 질의응답 작업을 할 필요가 없이 한 가지 질문만 가지고도 수상기업 선정에 필요한 답변을 받아낼 수 있다고 보았다. 준비한 질문은 다음과 같았다.

"귀사에서는 1997년 IMF위기를 전후해서 디자이너 수가 늘었는가, 줄었는가? 다시 말해서 IMF를 극복하기 위해 구조조정을 할 때 디자이너들을 해고했는가, 구조조정에도 불구하고 새로운 디자이너들을 채용했는가?"

당시 후보였던 8개 기업 중 이 질문에서 디자이너 숫자를 줄인 기업이 6개, 숫자에 변화가 없었던 기업이 1개, 숫자를 늘린 기업이 1개였고, 우리 심사위원들은 숫자를 늘린 기업에게 상을 주기로 만장일치로 결정했다.

막상 그 기업을 선택하고 나서도 좀더 확실하게 그 기업이 가진 디자인에 대한 확고부동한 태도를 확인하고 싶었다. 그래서 그 기업의 창업자 가족인 G부회장을 만난 자리에서 다음과 같이 질문했다.

"귀사에는 최고경영자인 사장을 보좌하는 여러 명의 부사장 중, R&D 담당 P부사장과 디자인 담당 K 부사장이 있는 것으로 안다. 만일 현 사장에게 유고가 생겨서 두 사람 중 하나를 차기 사장으로 임명한다면 P부사장과 K부사장 중 어느 분을 선택할 것인가?"

"글쎄요. 오늘 우리 회사의 디자인 경쟁력을 알리려고 조 교수를 만났지만, 마음에 없는 이야기를 할 수는 없겠습니다. 두 분 중에는 역시 R&D 담당 P부사장을 선택할 것 같습니다." 평소 솔직 담백한 분으로 알려져 있었던 G부회장의 답변은 어쩔 수 없는 현실을 이해하는데 도움이 되면서도 디자인 분야가 가지고 있는 한계를 느끼게 해주었다.

그 후부터 저자 마음 속에는 디자인이 기업에서 가장 중요한 핵심 경쟁력이 되는 조건과 시점이 언제일까에 대한 질문이 자리잡았다.

그 후 10여년 동안 저자는 디자인과 경영을 접목하는 연구를 하면서 '전사적이미지경영(Total Image Management: TIM)' 이라는 전략경영 모델을 개발했고, 이 모델을 Design Management, Management Design (SNU Press, 2011)이라는 영문서적과 디자인이론 디자인경영 경영디자인(서울경제경영, 2013)이라는 한글서적에 소개했다.

저자는 '전사적이미지경영' 모델을 현실 타당성이 있는 경영이론으로 만들어보고 싶었다. 이를 위해서 몇몇 기업에게 이 모델을 적용해서 그 기업의 경영성과를 높이는 컨설팅프로젝트를 개발하려고 했다. 그런데 웬 일인지 저자가 접촉한 기업들의 최고경영자들은 하나같이 '전사적이미지경영' 이라는 모델에 대해 무관심한 자세를 보이거나 심한 경우 부정적인 견해를 노골적으로 보였다.

최고경영자들에게 그 이유를 물어보았더니, 이미지를 다루는 디자인은 그들이 주관할 만큼 중요한 분야가 아니라는 것이었다. 디자인은 이를 전문으로 하는 실무부서에서 담당하면 되는 분야라면서 하나같이 손사래 치는 최고경영자들을 보면서 저자는 '전사적이미지경영' 모델에 근본적인 문제가 있는 것 아닌가 하는 회의에 빠졌다.

이 때 저자 머리 속에 10여 년 전 도블린(Doblin)이라는 세계적인 디자인컨설팅회사 사장과 나눈 대화가 생각났다. 이 분은 당시 전국경제인연합회 초청으로 우리나라에 와서 디자인 분야에 종사하는 분들과 만나기도 하고 기업경영자들에 대한 강의를 통해서 본인이 가지고 있는 디자인에 대한 경험담과 디자인의 역할에 대해 설명하기도 했다. 그런데 이 분 강의를 들으면서 이상한 현상을 눈치채게 되었다. 이 분은 강의에서 디자인이란 단어를 한번도 쓰지 않는 것이었다. 강의가 끝난 후 저자는 질문을 했다. "귀하는 디자인을 주제로 1시간이 넘게 강의를 하면서도 디자인이란 단어를 한번도 사용하지 않았다. 어떻게 그게 가능한가?"

이 분의 답변이 지금도 기억난다. "당신이 기업을 방문해서 경영자들과 대화를 하는 모습을 생각해보라. 당신이 디자인이란 단어를 쓰는 순간, 당신과 대화하던 대부분의 사람들은 마음의 스위치를 끄고 더 이상 당신과 눈을 마주치지 않을 것이다. 그들은 디자인이란 분야는 고등학교 때 그림 잘 그리는 몇몇 학생들만 전공으로 삼을 수 있던, 그래서 자신과는 전혀 관계없는, 고도로 특수한 분야라고 생각하고 있다. 그러니 당신으로부터 디자인에 관해 이야기를 들어봤자 머리에 들어오지도 않고, 더구나 자신에게는 판단 능력도 없을 것이라고 생각하면서 지레 겁을 먹기 마련이다.

또 어느 기업의 경영자가 디자인의 중요성을 이해하고 디자인 전문가를 컨설턴트로 써서 그 사람의 지식과 아이디어를 활용하고자 할 때에도 그 디자인 컨설턴트는 기대하는 수준보다 훨씬 적은 보수를 받으면서 일해야 할 것이다. 디자인을 이해하는 그 경영자는 필경 조직에서 별로 높지 않은 자리에 있을 것이기에, 설령 그가 디자인 컨설팅을 결재할 때에도 별로 큰 금액을 결재하지 못할 것이기 때문이다.

그래서 나는 이 자리에 함께 계시는 여러분 같은 디자인 비전문가인 경영자들에게 강의를 할 때 디자인이란 단어를 가급적 쓰지 않는다. 반면 내가 기업 경영자들을 만나서 대화를 하는 가운데 전략이란 단어를 사용하면, 그들이 나를 보는 눈이 180도 바뀌고 의자를 끌어당기면서 내 말을 경청한다.

따라서 나는 디자인이란 단어를 써야 할 때 전략(strategy)이나 조정(coordination)이란 단어를 대신 쓴다."

대부분의 기업경영자들이 디자인이란 단어에 대해 경직적이고 부정적인 자세를 보인다는 도블린 사장의 이야기를 기억한 저자는 그 자리에서 '전사적이미지경영(Total Image Management: TIM)' 이란 표현에서 '이미지' 를 '전략' 으로 바꾸었다. 그 결과 저자의 노트북에는 '전사적전략경영(Total Strategy Management)' 이라는 강의교재가 저장되었다.

저자가 '전사적전략경영' 이란 강의교재를 만드는 데에는 10여 초밖에 걸리지 않았다. 가지고 있던 '전사적이미지경영' 에 대한 강의교재에서 '이미지' 란 단어를 '전략' 이란 단어로 '모두 바꾸기' 하는 순간 100여개의 항목이 바뀌었다는 표시가 나오고 '전사적전략경영' 이란 교재가 완성된 것이다.

'전사적전략경영' 이라는 제목을 단 저자의 강의에 대한 경영자들의 관심은 '전사적이미지경영' 이란 제목으로 강의를 했던 때와 비교해서 하늘과 땅만큼 달랐다. 일부 경영자들은 '전사적전략경영' 이라는 개념에 대해 열광하면서 “이 전략모델이야말로 우리가 그 동안 간절히 바라던 것이었다.”고 찬사를 보내는 것이었다.

그 순간 저자는 그 동안 바라던 때가 왔다는 것을 느꼈다. 기업에서 디자인을 핵심경쟁력의 원천으로 삼아야 하는 시점이 왔다는 것을… 다만 그 조건은 ‘디자인’이란 단어를 ‘전략’으로 바꾸어야 한다는 것 역시 확실하게 인식했다.

이 책은 “디자인이론”을 기반으로 하여 만들어진 “경영디자인”의 결실이라 할 수 있는 “전사적전략경영”을 보다 확실하게 소개하기 위해서 만들었다. 따라서 2013년에 저술한 디자인이론 디자인경영 경영디자인이라는 책의 내용 중 ‘경영디자인’ 파트에 있던 ‘전사적이미지경영’을 수정하여 ‘전사적전략경영’이란 모델을 새롭게 등장시켰다.

아래에는 저자가 경영디자인이란 주제를 연구하게 된 동기를 소개한다.

때는 2001년 10월, 장소는 삼성동 코엑스 강당, 모임은 세계 산업디자인학회연합회(International Council of Societies of Industrial Design: ICSID) 연차총회, 세계에서 모인 디자이너 수백 명 앞에서 디자인에 대해 강의를 하게 되었다.

두 가지 미래에 대한 예측을 가지고 발제를 했다. 하나는 9천여 년 전에 농업혁명(Agricultural Revolution)이 일어났고, 1750년대에 산업혁명(Industrial Revolution)이 일어났으며, 1980년대에 정보혁명(Information Revolution)이 일어났고, 21세기에는 디자인 혁명(Design Revolution)이 일어날 것이라는 예측이었다. 다른 하나는, 18세기가 공학(Engineering)의 시대, 19세기가 경제(Economy)의 시대, 20세기가 경영(Management)의 시대였다면, 21세기는 디자인(Design)의 시대일 것이라는 예측이었다.

인류사에 대한 이 두 가지 해석은 비슷하면서도 약간 다른 시각에서 본 것이었다. 첫 번째 해석에서는 매듭, 즉 변화를 가져오는 이벤트를 보았고, 두 번째 해석에서는 실, 즉 이벤트와 이벤트 사이에 존재하는 흐름을 보았다.

두 가지 해석을 결합하면 21세기에 디자인 혁명이 일어난 다음, 디자인 시대가 열릴 것이라는 추론이 이루어진다. 그러나 혁명이 무조건 새로운 시대를 가져오는 것은 아니다. 혁명을 통해 새로운 패러다임이 출현하고 이 새로운 패러다임이 대중의 삶으로 녹아 들어갈 때 새로운 시대가 나타나는 법이다.

21세기에 디자인혁명이 일어난 다음에 디자인 시대가 열리려면, 디자인혁명에서 새로운 패러다임에 해당하는 디자인이론이 나오고 디자인이론이 우리 삶으로 녹아 들어와야 한다.

디자인혁명에서 싹이 트는 디자인이론, 디자인이론을 경영에 적용해서 우리 삶을 풍요롭게 해주는 경영디자인을 이 책에서 다루고 싶었다.

이 책의 논리적 기반은 2003년에 디자인네트란 출판사를 통해서 출판했던 한글 책인 "디자인혁명, 디자인경영"에 소개했다. 이 책에서 디자인 혁명을 네 단계로 나누어 혁명의 의미와 진행상황을 이야기했고 디자인 혁명이 디자인 시대로 연결되려면 그 사이에 새로운 메커니즘에 해당하는 디자인 이론이 나와야 한다는 논리를 제시했다. 그 다음에는 디자인 이론이 가져올 새로운 시대, 즉 디자인시대에 대해 제안했다.

그 책을 출판한 다음 서울대학교 경영대학에서 '디자인경영' 이라는 과목을 강의하는 가운데 20세기의 경영과 21세기의 디자인이 어울려져 21세기에 출현한 '디자인 경영' 과 다른 새로운 학문인 '경영디자인' 을 만들어내리라는 확신이 생겼다. 그리고, '디자인경영' 과 '경영디자인' 이 이름은 비슷하지만 컨텐트와 접근방법에 있어 완전히 반대되는 개념이기에 별도로 접근해야 한다는 것을 깨달았다.

이 깨달음을 기초로 하여 2011년 서울대출판부에서 Design Management, Management Design이란 영문 책을 냈다. 이 책은 1. 디자인혁명, 2. 디자인이론, 3. 디자인경영, 4. 경영디자인으로 나뉘어 있는데, 세계 최초로 디자인경영과 경영디자인을 구별해서 설명한 책이라고 한다.

그 후 경영디자인을 디자인경영과 차별화된 새로운 장르로 만들어 연구를 하는 가운데 경영디자인의 응용분야가 무한하게 확장되리라는 확신이 생겼다. 그래서 경영디자인에 대한 연구결과를 모으고 체계화해서 한글판으로 책을 낸 것이 2013년에 나온 디자인이론 디자인경영 경영디자인이다. 이 책의 핵심은 경영디자인, 그 중에서도 저자가 1999년부터 개발해 온 '전사적이미지경영' 모델이었다. 그러나 앞에서 설명한 바와 같이, 이 모델은 경영자에게 받아들여지지 않았고, 그 이유는 경영자에게 이미지라는 디자인 전문용어가 지나치게 낯설기 때문이라는 것을 알게 되었다.

그러한 실패담을 기반으로 해서 '이미지'를 '전략'으로 바꾼 '전사적전략경영(Total Strategy Management: TSM)' 모델을 제시하는 책을 만들기로 하고, 이 책의 제목을 성공하는 CEO는 디자이너다로 붙였다. 여기서 디자이너는 경영디자이너를 의미하고 경영디자이너는 경영디자인을 담당하는 사람을 뜻한다.

"내가 맡고 있는 기업이 병이 난 것처럼 어려워서 힘들다"면서 자신을 환자로 자조하는 최고경영자를 만날 때가 있다. 그런 분에게 다음과 같이 얘기해준다. "의사(일반의)는 건강진단을 받으러 온 손님에게 1. 건강 체크리스트에 있는 100여 가지 질문에 답을 하라고 한 다음, 2. 그 답을 분석해서 손님의 건강에 대한 종합검사를 하고, 3. 이 과정에서 심각한 병을 찾아내면 환자를 전문의에게 보낸다.

기업이 환자라면 기업의 최고경영자는 의사이다. 최고경영자는 자신이 경영하고 있는 기업의 의사(일반의)로서 종업원들에게 1. 기업의 건강 체크리스트인 TSM의 질문에 답을 하라고 한 다음, 2. 그 답을 분석해서 기업의 건강에 대한 종합검사를 하고, 3. 그 과정에서 심각한 문제를 찾아내면 전문의에 해당하는 전문 컨설턴트를 불러야 한다."

이같이 TSM은 기업의 최고경영자가 일반의로서 부여받은 역할을 효과적으로 수행하게 해주는 필수불가결한 수단이다.

이 책을 만들면서 미국에서 활동하는 동료 교수들에 비해 한국 학자들은 영문판과 한글판을 따로 만드는 과정에서 두 배 이상의 에너지를 소모해야 한다는 것을 깨달았다. 앞으로 한글이 국제언어가 되어 한글로 논문을 발표하고 책을 내서 세계적으로 통용되는 이론을 개발하고 널리 알릴 수 있는 날이 오기를 손꼽아 기다린다.

이 책을 만드는데 TSM Lab 최세영 책임연구원의 도움이 컸고, 이 책의 출판을 맡아주신 ㈜서울경제경영의 김은중 사장, 그리고 이 책을 전자책으로 만들어주신 아이웰 김성민 대표께 감사의 마음을 전한다.

2015. 08. 19

조동성

목차

I

디자인시대

Design Age

CHAPTER 1

경영 디자인으로 사고하는 기업 그리고 CEO

창조와 디자인의 아이콘 스티브 잡스(Steve Jobs), 그가 이끌었던 2015년 시가총액 1위의 기업인 애플(Apple Inc.)이 타이탄 프로젝트를 통해 미래형 자동차 개발을 1년 넘게 비밀리에 추진 중인 것으로 확인됐다는 보도가 2015년 초부터 나오고 있다.

실제로 애플은 전기차와 자율주행차 사업의 가능성을 모색하기 위한 타이탄 프로젝트에 2,000억달러(약 231조원)를 투자하였으며, 2020년 까지 자율주행 전기차를 내놓을 계획이다.

혁신을 주도하고 있는 또 다른 기업인 구글(Google)은 이보다 앞서 구글플렉스의 연구소에서 무인 자동차를 개발하였다. '구글 카' 라는 이름으로도 알려져 있는 이 자동차는 비디오 카메라, 방향표시기, 인공지능 소프트웨어, 위성위치정보시스템(GPS) 등의 여러 가지 종류의 센서를 기반으로 작동되며, 이미 시험주행을 마치고 시제품을 공개했다.

구글 무인 자동차는 약 15만 달러에 달하는 장비를 장착하고 있으며, 운전에 필요한 다양한 정보를 얻은 후 이를 해석해 의사결정을 내린다. 위성위치정보시스템(GPS)을 통해 현재 위치와 목적지를 끊임없이 비교하면서 원하는 방향으로 핸들을 돌린다. 목적지를 설정한 후 규정된 지점만 지나면 자동 운전되는 항공기와 같은 원리다. 여기에 레이더 · 카메라 · 레이저 스캐너가 시스템을 통해 차의 환경과 관련한 세부적인 3D 지도를 생성한다. 이 생성된 지도를 받아들이고 조합하여 고해상도의 지도를 만들어내고, 도로의 다양한 정보(주변 차량 · 사물사람 · 신호)를 확보한다. 위성위치정보시스템(GPS)이 조항 장치 개념이라면 이 장비들은 사물 탐지 · 충돌 방지 장치다. 이렇게 수집된 데이터는 구글 컴퓨터가 종합 · 분석해 방향조작, 가 · 감속, 정지 등 운전에 필요한 최종의사결정을 내리고 특수한 데이터 모델을 제공해 자동차가 스스로 운전할 수 있도록 한다.[1]

그러나, 관련 전문가들은 자동차의 컴퓨터 시스템 해킹 문제와 교통사고가 인명 사고로 이어질 경우 법적인 문제, 보험료, 눈길운전, 교통신호와 경찰 수신호가 다를 경우 등의 문제로 상용화까지는 시간이 걸릴 것으로 보고 있다.

하지만, 자동차 사용을 근본적으로 혁신함으로써 교통사고 예방, 시간의 자유로운 활용, 탄소배출 감축을 꾀하는 것이 무인 자동차 연구의 목표라고 구글이 밝힌 바 있듯이, 상용화를 떠나 이러한 기업들이 아이디어를 구현하고 투자를 통해 새로운 프로젝트를 적극 추진하여 이루어내는 결과물들이 세상을 바꾸고 있음에는 논란의 여지가 없다.

애플과 구글보다 아직 많이 알려지지 않았지만, 자동차 산업에서 이미 세상을 변화시키고 있는 또 다른 기업이 있다.

---

[1] 구글 무인 자동차, 위키피디아, https://ko.wikipedia.org/wiki

2003년 설립된 전기자동차 생산 분야의 스타트업 기업인 테슬라 모터스(Tesla Motors)는 불과 10여년 만에 매사추세츠공과대학(MIT) 선정 '2015 스마트 기업 50' 중 1위를 차지하는 등 현재 전기 자동차 및 자동차 산업을 떠나 모든 산업을 망라하여 최고의 혁신 기업으로 불리고 있다. 기존 전기 자동차가 가진 느린 속도와 긴 충전 시간, 그에 비해 짧은 주행거리와 장난감 자동차 같은 디자인 등의 한계를 뛰어넘고 전기차를 고급차로 변신시켰다. 그러나, 설립 후 7년 간 아무런 수익을 내지 못하고 파산 위기를 맞기도 했다. 2010년 테슬라 모터스의 첫 번째 양산형 제품인 '로드스터(Tesla Roadster)'의 출시 가격은 무려 10만 9,000달러였다. 하지만 목표 대수 이상은 팔았다. 그 뒤 2012년 선보인 스포츠카 스타일의 전기자동차 '모델S'는 매력적인 디자인으로 배터리 용량 40kWh 사양의 경우 미국 시장 기본 가격이 5만 9,900달러, 85kWh 사양은 7만 7,400달러였다.[2] 현재는 성능이 더욱 개선되어 2.8초 만에 정지 상태에서 시속 100km에 도달하며 한 번 충전으로 최고 약 490㎞를 주행한다. 중앙에 설치된 17인치 터치스크린으로 내비게이션, 후방 카메라, 휴대전화, 웹 브라우저 등을 사용할 수 있음은 물론, 운전에 필요한 대부분의 기능을 제어할 수 있다. 세계 곳곳에 설치된 슈퍼 충전기(Super Charger) 기술의 충전소 확대로 실용성도 점차 나아졌다. 2015년 8월 6일에는 스네이크봇(Snakebot)이라는 이름의 자동으로 충전 포트를 찾아 전기를 충전해주는 로봇 충전기 시제품도 공개했다. 스네이크봇이 상용화 될 경우, 운전자는 운전석에서 내릴 필요 없이 충전 포트를 열기만 하면 충전이 완료된다.

[2] "홍익희 교수의 '유대 창업마피아' ④ 엘론 머스크-사람의 그릇은 자신의 생각보다 크다", 이코노미스트 1274호, 2015.03.02, http://jmagazine.joins.com/economist/view/305040

테슬라 모터스는 구매자의 부담완화를 통한 전기자동차의 보급 확대 및 시장활성화를 위하여 충전소 이용 가격을 평생 무료로 책정했다. 궁극적으로 자동차 연료비를 없애겠다는 CEO의 포부에 따른 결정이다. 또한, 지속 가능한 교통수단의 도래를 앞당기기 위해 테슬라 모터스를 설립한 것이기에 지적 재산권이라는 이유로 다른 사람들의 접근을 막는 것은 설립목표와 상반되는 행동이라고 밝히며, 테슬라 모터스가 보유한 전기 자동차 관련 특허를 무료로 공개했다.

2015년 4월 서울에서 열린 글로벌 컨퍼런스 '2015 키플랫폼(K.E.Y. PLATFORM)' 에서 드레이퍼 아테나(Draper Athena)의 창립자 및 경영책임자인 페리 하(Perry Ha)는 테슬라 모터스에 대하여 '스스로를 전기차 회사라고 생각하지 않고 차세대 에너지 회사로 생각하는 기업'이라 소개하며, 시속 60마일로 2.8초내에 가속되는 스포츠카라는 개념 역시 테슬라였기에 가능했다고 말했다. 그는 테슬라가 1~2년 후에는 제너럴 모터스(GM)의 시가총액을 넘어설 것이라고 내다봤다.

2015년 8월 테슬라 모터스의 시가총액은 306억달러(약 35조 원)이다. 2010년 나스닥에 상장할 당시 19달러였던 테슬라의 주가는 242달러로 12배 정도 올랐다.

테슬라 모터스와 함께 세상을 변화시키고 있는 두 기업을 더 소개한다. 바로, 페이팔(Paypal)과 스페이스 엑스(Space X)다.

페이팔은 금융(Financial)과 기술(Technique)의 융합인 핀테크(Fintech)라 불리는 전자 금융 서비스 시대를 열었고, 스페이스 엑스는 민간 상업우주선 시대를 탄생시켰다.

페이팔은 이메일을 이용한 간편한 송금 방식으로, 페이팔 계좌끼리 또는 신용카드로 송금, 입금, 청구할 수 있으며 거래를 하면서 신용 카드 번호나 계좌 번호를 알리지 않아도 되기 때문에 보안에 안전하다. 페이팔 계좌는 대가 없이 바로 계좌를 개설할 수 있으며, 계좌 유지에 대한 수수료도 무료이다.

2015년, 180억건 이상 거래와 200여개국에서 1억 6천 900만명의 이용자를 확보하여 1조달러 이상을 처리하고 있는 페이팔은 2002년 나스닥 상장 이후, 이베이(Ebay)에 15억달러에 인수되었으나, 다시 이베이가 페이팔 분사를 결정하면서 2015년 7월 19일 분사독립하며 나스닥에 재상장했다.

미국 나스닥에 재상장한 페이팔은 거래 첫 날 시가 총액 508억달러를 기록하며 이베이의 시가총액인 345억달러를 추월했다. 2015년 8월 현재 페이팔의 기업가치는 2002년 이베이가 인수하던 때의 30배가 훨씬 넘는다.

구글과 금융투자회사 피델리티(Fidelity)가 2015년 1월, 10억 달러(약 1조 9백억원) 규모의 투자에 참여한 기업이 있다. 스페이스 엑스(Space Exploration Technologies Corporation, Space X)라는 민간우주개발기업이다. 이 당시 스페이스 엑스의 기업가치는 100억 달러로 평가 받았다.

이에 앞서 스페이스 엑스의 CEO는 수백 개의 초소형 인공위성을 기존의 인공위성보다 지면 가까운 궤도에 띄워 저렴한 비용으로 더 빠른 인터넷을 지구 전역에 공급하겠다는 통신위성 인터넷 망 구축 계획을 밝혔다. 구글도 '구글X' 라는 비밀연구소에서 이와 비슷한 프로젝트인 룬(LOON)을 진행하고 있었다. 룬 프로젝트는 수천 개의 기구 즉, 풍선을 띄워 인터넷 플랫폼으로 활용하여 전 세계에 와이파이를 공급하는 범 지구적인 인터넷 망 구축 프로젝트다. 구글과 스페이스 엑스의 두 프로젝트는 풍선과 인공위성이라는 다른 도구를 사용하기는 하지만 인터넷의 혜택을 받지 못하는 곳까지 인터넷을 공급하겠다는 같은 목표를

갖고 있었기에 이번 투자가 가능했다.[3]

그러나, 스페이스 엑스의 원대한 목표는 이것이 전부가 아니다. 로켓과 우주선의 개발 및 발사를 통한 우주 수송(상업 궤도 수송 서비스)을 업무로 하는 스페이스 엑스의 궁극적인 목표는 바로, 8만여 명이 거주할 수 있는 화성 주거지를 2030년쯤 완성하는 것이다.

스페이스 엑스의 목표는 공상과학소설이나 영화에서나 나올법한 이야기라고 생각될 것이다. 실제로 항공우주 전문가들을 비롯하여 많은 사람들이 비웃었지만, 지금은 전세계 모두가 스페이스 엑스의 실험을 주의 깊게 지켜보고 있으며, 그들이 도전과 실패 그리고 성공을 거듭하며 한 단계씩 목표에 근접해가는 과정을 함께 지켜보고 있다.

스페이스 엑스는 2002년 기존 우주선 가격을 10분의 1로 낮추는 데 초점을 맞춰 설립되었다. 이를 위해서 보조 추진로켓 회수, 발사 후 분리된 1단 로켓의 재착륙, 탄소강화섬유 가격 절감 등 다양한 아이디어를 실험했으며, 수많은 도전과 실패, 재정적인 어려움을 겪었다. 하지만, 2006년 3월 '팰컨' 1호는 발사에 성공하였다. 2010년 6월에는 조금 더 큰 발사체인 '팰컨' 9호의 발사를 성공시켰고, 그 후 여덟 차례 연속 팰컨 9 발사에 성공하면서 전 세계를 깜짝 놀라게 했다. 당시 NASA는 팰컨 9 수준의 로켓을 개발하기 위해서는 최소한 36억 달러가 필요하다고 예측했다. 그러나 스페이스 엑스는 3억여 달러에 개발에 성공했으며, 개발기간도 획기적으로 줄였다.

우주항공기술 전략연구원은 스페이스 엑스가 발사 비용을 낮출 수 있었던 또 다른 요인을 다음과 같이 분석했다. “특별 제작된 비싼 외주

---

[3] “SpaceX Raises $1 Billion In New Funding From Google And Fidelity”, TechCrunch, 2015.01.20, http://techcrunch.com/2015/01/20/spacex-raises-1-billion-in-new-funding-from-google-and-fidelity/

부품을 거의 쓰지 않고 80% 이상의 부품을 자체 공장에서 제작한다. 본사의 설계실과 제작공장을 하나로 연결해 설계자와 제작자들이 서로 긴밀히 협력할 수 있는 환경을 조성했다. 설계가 변경되더라도 빠른 시간 내에 제작과정에 반영할 수 있고, 가공기술자의 의견이 즉시 설계자에게 전달되어 제품을 쉽게 구현할 수 있도록 했다. 이와 함께 엔진의 효율적이고 가격 경쟁력 있는 대량생산을 위해 공장의 제작 책임자는 과도한 고급화(즉, 고가화)를 추구하는 항공우주분야가 아닌 경쟁력 있는 양산가격을 목표로 하는 자동차회사 출신을 기용했다."[4] 스페이스 엑스는 기술개발 및 아이디어에 대한 투자와 실험 외에 위와 같은 시도와 노력이 함께 있었기에 비용 및 개발기간을 획기적으로 줄이는 것이 가능했다.

영화 '인터스텔라'를 제작한 크리스토퍼 놀란 감독은 영화를 준비하면서 미 항공우주국 나사(NASA)는 물론 스페이스 엑스를 많이 참고했다고 밝힌 바 있다. 실제로 스페이스 엑스는 그들의 기술력을 인정받아 2008년, 나사와 2012년부터 2015년까지 총 12회에 걸쳐 국제 우주정거장에 필요한 물자를 수송해주는 내용의 계약을 16억 달러에 체결했다.

그리고 2012년 5월 민간 우주항공회사 최초로 '드래곤 캡슐'을 우주정거장(ISS=International Space Station)에 도킹시키는데 성공했다. 음식과 의류, 장비 등 520㎏ 무게의 화물을 전달하고 다시 620㎏의 노후장비와 쓰레기 등을 싣고 발사 9일 만에 멕시코 북서부 마하칼리포르니아 주에서 서쪽으로 약 900km떨어진 태평양 해상에 낙하했다. 임무를

---

[4] "스페이스X의 성공요인-2. 엘론 머스크(Elon Musk)", 우주항공기술 전략연구원, 2015.06.25, http://blog.naver.com/spsssjk/220401266636

마치고 무사히 귀환한 우주화물선 드래곤은 민간 해운, 선박업체인 '아메리칸 머린(American Marine)'의 선박에 의해 회수되어, 미 로스앤젤레스(LA)항구를 거쳐 '스페이스 엑스'의 공장이 위치한 텍사스 주 맥그리거로 옮겨졌다. 이로써 발사, 도킹, 재진입 등을 모두 성공적으로 마치며 새로운 역사를 썼다.

2014년에는 나사의 퇴역한 우주왕복선의 후속 차세대 우주선으로 드래곤의 업그레이드 버전인 '드래곤V2'가 선정되어 68억 달러에 이르는 대규모 우주선개발 프로젝트에 참여하고 있다. 이 프로젝트는 국제우주정거장에 우주비행사를 수송하는 목적으로 시작되었으며, 2017년 발사를 목표로 현재 개발 및 테스트를 거치고 있다.

지금까지 애플과 구글 외에 소개한 테슬라 모터스, 페이팔, 스페이스 엑스. 3개 기업의 공통분모는 일론 머스크(Elon Musk)라는 경영자로 모아진다.

그는 물리학과 경제학 학위를 가지고 있으며, 공학자이며, 경영자이다. 24살에 창업을 한 창업자이며, 이메일 결제 서비스를 고도화 시켜 전자결제시장을 확대한 개척자이다. CTO로 기술개발을 주도하면서 CEO로 전문경영을 책임지는 것은 물론, 그가 2002년 6월 설립한 세 번째 회사 스페이스 엑스(Space X) 에서는 발사체의 디자인까지 담당하고 있는 최고 디자이너이기도 하다.

영화 아이언맨의 실제 롤모델로 대중에 많이 알려진 일론 머스크는 위 3개 기업 외에도 Zip2를 시작으로 솔라시티까지 각기 다른 분야에서 모두 성공을 거두며 비즈니스의 지형을 바꿔놓았다.

국민대 전자공학부 정구민 교수는 한 언론사에 기고한 글을 통해 "그가 도전해 온 사업들은 금융, 항공, 자동차, 에너지 등 생활과 안전에 필수적인 동시에 변화가 상당히 느린 산업이다. 진입 장벽이 매우 높고,

안전과 생활에 직결되기 때문에 누구나 고비용을 지급해 온 산업이다. 그러나 이러한 고비용을 지급하는 보수적인 산업을 고정 관념으로 여기고, 이를 깨기 위한 역발상과 최적화로 도전하여 산업의 변화를 만들어 내고 성과를 내고 있다는 점에서 큰 의의가 있다." 라고 말했다.[5]

미국 경제잡지 '포춘' 은 '2013년 비즈니스 분야 톱 인물' 1위로 일론 머스크를 선정했다. 이에 앞서 '타임' 도 '가장 영향력 있는 세계 100대 인사' 중 하나로 일론 머스크를 선정했다.

디자인과 경영, 경영디자인을 이야기하는 이 책에서는 일론 머스크를 이 시대가 원하는 경영디자이너라고 소개하고 싶다. 대담한 이상에 아이디어를 현실화 시키려는 접근과 시도, 기술과 디자인과 상업성을 접목시켜 연속적으로 혁신을 주도하기 때문이다.

2015년 7월 14일, 테슬라 모터스의 한국과 일본시장에 판매를 담당하게 될 부사장급 임원을 채용한다는 공고가 났다. 이 회사는 바로 경영디자인으로 사고하는 인재, 경영디자이너를 원하고 있지 않을까.

[5] "[정구민]엘론 머스크 방식의 산업혁명을 기대한다", 아이뉴스24 전문가기고, 2015. 08.03, http://opinion.inews24.com/php/news_view.php?g_serial=912049&g_menu=041700&rrf=nv

CHAPTER 2

21세기의 리더, 디자이너

01 패러다임의 변화

미국의 과학사학자인 토마스 쿤(Thomas Samuel Kuhn. 1922~1996)은 "모든 사람은 자기 나름대로의 규칙과 법칙을 가지고 있으며, 이는 사물과 상황의 지각(perception)에 있어 필터와 같은 역할을 한다"고 설명한 바 있다. 사람은 자신이 보고 싶은 것만 보는 성향이 있으며 그 외의 것은 자신의 고정관념이나 선입견에 따라 잘못 보거나 사물이나 현상을 선택적으로 지각하게 된다는 것이다. 이처럼 사물이나 현상을 지각하고 인식함에 있어 고정관념이나 선입견과 같은 사고 필터로서의 지각 체계를 쿤은 '패러다임(paradigm)' 이라고 정의했다.

한 시대의 패러다임은 스스로의 범주를 설정하고 안주하려는 경향이 짙다. 그 결과 미래를 예측하는데 적절하지 않은 낡은 패러다임이 생기게 된다. 낡은 패러다임은 사회를 속박하고 구성원을 반발하게 한다.

이런 과정에서 새 패러다임이 나타나서 낡은 패러다임을 대체한다. 이같이 낡은 패러다임과 새로운 패러다임 간의 연속적 전환을 통해 인류 역사가 변화한다.

1990년 앨빈 토플러(Alvin Toffler. 1928~)는 산업사회가 정보사회로 전환되면서 권력의 원천이 지식으로 이전된다고 주장했으며, 1993년 피터 드러커(Peter Ferdinand Drucker. 1909~2005)는 경제 발전의 원동력이 전통적인 생산요소인 토지, 노동, 자본에서 '지식' 으로 이동한다고 주장했다. 미래학자들의 이러한 주장은 곧 현실화되어 오늘날 세계는 '지식기반 경제(knowledge based economy)의 시대' 로 나아가고 있다. 지식기반 경제란 경제 성장이나 부의 창조가 지식에 의해 주도되는 경제를 의미하는데, 경제협력개발기구(Organization for Economic Cooperation and Development: OECD)에서는 지식산업을 '중간 이상의 기술을 가진 제조업과 금융, 보험, 통신 등과 같은 서비스' 로 정의했다. 현재 OECD국가들에서 지식기반 산업이 차지하는 비중은 각국 GDP의 50% 이상으로 추정되고 있으며, 시설투자와 비슷한 수준인 GDP의 8% 정도가 지식투자(R&D, 소프트웨어, 교육에 대한 공공투자)로 이어지고 있다고 조사되었다.

지식기반 경제의 주요 동인은 정보기술(Information Technology, IT)의 발전과 세계화의 확산이다[그림 1]. 최근에는 정보 기술이 통신 또는 인터넷과 분리해서 생각할 수 없을 정도로 밀접한 관련을 맺게 되면서 정보통신 기술(Information Communication Technology)이라는 용어로 불리기도 하는데, 이러한 정보 기술은 정보의 분석, 전송, 저장에 관련된 비용을 낮춤으로써 지식의 중요성을 부각시켰다. 정보 기술 산업은 그 산업 발생 자체만으로 1999년 미국 경제 성장의 33%, 캐나다 경제 성장의 19%, 프랑스 경제 성장의 15% 정도 기여한 것으로 추정되

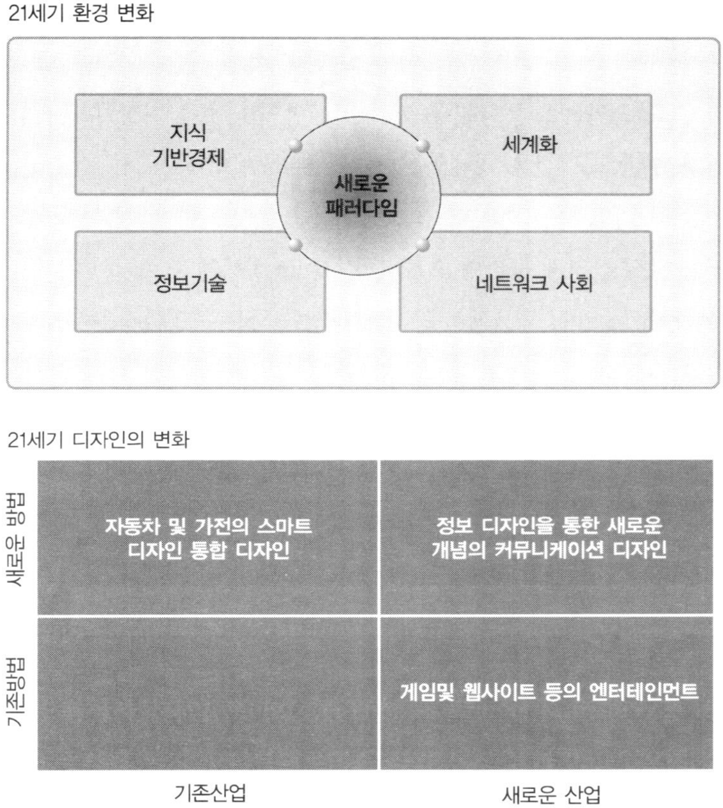

[그림 1] 21세기 새로운 환경 변화와 디자인의 변화

고 있으며, 정보 기술의 급속한 혁신으로 인해 정보통신 분야뿐만 아니라 신 물질, 생명공학, 로봇, 소프트웨어 등 타 분야에서의 기술 혁신이 가속화되고 있다.

현재 인간 생활 전반에서 일어나고 있는 근본적 변화의 원인은 산업과 경제 활동 전반에 걸친 정보 기술의 응용, 지식 관련 신제품, 새로운 시장의 확대에서 찾아볼 수 있다.

특히 디지털 기술의 급격한 발전은 시간과 공간을 뛰어넘어 전 세계의 동시 연결을 가능하게 했으며 이로 인해 정보 기술은 세계화를 실현시킨 중요 요인으로 등장했다. 이와 더불어 인터넷은 가장 효율적인 네트워킹 수단으로 실물 경제와 다른 이른바 '인터넷 비즈니스(Internet Business)' 라고 하는 사이버 경제 공간을 창출했으며, 이에 따라 오늘날 기업들은 실물 경제 공간인 오프라인(off-line) 세계와 사이버 경제 공간인 온라인(on-line) 세계에서 동시에 경쟁을 하는 경영환경을 만났다. 이같이 디지털화는 각 산업의 급속한 규제 철폐와 시장의 글로벌화를 가속화시켜 기존 기업의 전통적인 경쟁 체제를 급속히 해체시키고 있다.

실리콘 밸리(Silicon Valley), 보스턴의 루트 128(Route 128)과 같은 기술 중심 지역에서 성공한 주식 투자가들이 시장에 등장해 완전히 새로운 범주의 사업군을 형성하고 시장을 지배하면서 처음에 투자한 비용을 수 십 배로 회수하는 '킬러 애플리케이션(killer application)' 또는

킨들아마존의 아이폰용 킨들을 이용하면 아이폰이나 아이팟 터치 사용자가 디지털 저거인 잡지, 웹 사이트 콘텐츠 등을 구매해서 읽을 수 있다. 아직도 킨들같은 e북 리더의 열풍에 휩쓸리지 않고 있다면, 아이폰용 킨들만큼 훌륭한 대안도 없다. 왜냐하면 여기에는 별도의 비싼 리더 디바이스가 필요없기 때문이다. 사용자는 구입과 동시에 아마존에서 아이폰으로 책을 다운받을 수 있다.

애칭으로 '킬러앱(killer app)'이라 불리는 신제품과 서비스가 등장했다. 활, 도르래, 콤파스, 안경, 활자, 증기기관, 아스팔트, 포드의 T모델 등이 과거의 킬러앱이었다면, 애플(Apple)의 아이폰, 아이패드, 유튜브, 페이스북, 카카오톡 등은 최근의 킬러앱이다. 킬러앱은 그와는 전혀 무관한 기존의 제품들을 시장에서 쫓아내거나 무관해 보이는 산업들을 파괴하고 재구성해 협력업체, 경쟁자, 고객, 시장 지배자들 사이의 긴밀한 관계를 뿌리째 흔들어 놓으면서 새로운 경쟁 구도를 만든다.

디지털 기술의 확산은 급속한 산업 변화로 이어졌다. 유통 채널의 개선이나 가치 사슬 통합과 같은 부분적인 변화를 거쳐 산업의 전환이나 융합과 같은 혁명적인 변화를 초래하기 시작한 것이다[그림 2].

디지털 경제는 실물 경제에서 활동하는 기업들의 사업 영역과 경쟁우위 요소에 커다란 영향을 가져왔고, 기업 경쟁력을 결정하는 주요 요인 중 하나인 디자인 분야에도 큰 변화를 불러일으키고 있다.

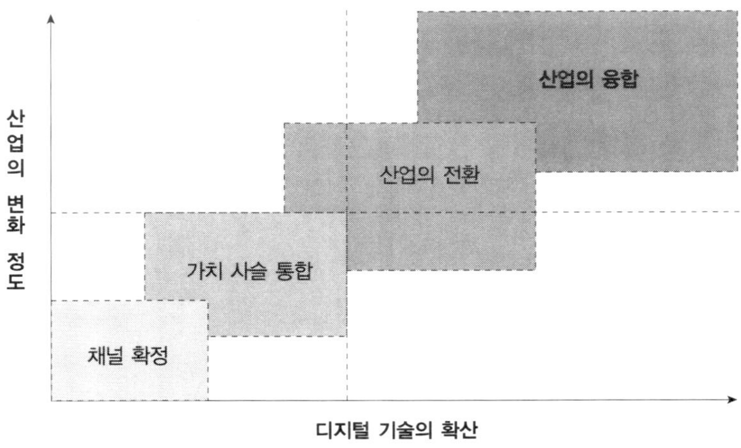

[그림 2] 디지털 기술의 확산 효과

애널로그 콘텐츠 ↔ 디지털 콘텐츠

CD-타이틀 전자출판 / 인터넷(web) / 게임 / 디지털영상 멀티미디어

산업분류						
인력(명칭)	제품디자이너 시각디자이너 환경디자이너	인터랙티브 디자이너	인터페이스 디자이너	정보 디자이너	캐릭터 디자이너 프로그래머	캐릭터 디자이너 시나리오 작가
상품	기계기술 애널로그 제품	신소재/ 신기술 서비스	지적기술 디지털(정보, 멀티미디어) 콘텐츠			
트렌드	문화 추종		문화 창조			
정책	규제		탈규제			
문화	획일성		다양성			

[그림 3] 디지털 기술의 발전에 따른 디자인산업의 핵심요소

디자이너의 능력과 디자이너가 참여하는 제품 및 서비스 개발 및 경영 전략, 인프라의 관계가 변화함에 따라 디자인 산업 역시 전통적인 애널로그형 디자인산업에서 뉴 미디어 산업으로 변화하여 궁극적으로는 고품질화, 다양화로 이어지는 디지털 디자인산업으로 이어질 것이다[그림 3].

디자인 분야간 경계가 더욱 불분명해지고, 디자인산업 범위 또한 확대, 통합 발전되는 추세이다. 1979년 MIT 공과대학에서 첨단기술, 사회과학, 예술의 통합 연구를 위해 미디어 랩(Media Lab)을 설립할 당시 니컬러스 네그로폰티(Nicholas Negroponte. 1943~)는 이 연구기관이 기술, 사회, 과학, 예술이 통합되면서 사인, 심볼, 시스템에 대한 새로운 이론을 연구하게 될 것이라고 발표했다. 처음에는 방송 및 영상산업과 출판 인쇄 산업, 그리고 컴퓨터 산업이 통합되는 비교적 단순한 산업을 예견했다. 그러나 21세기에 들어선 후에는 1979년과 달리 이들 3개 미디어분야가 더욱 통합되어 일원화된 형태를 띠고 있다. [그림 4]에서 보듯이 1979년과 2000년 MIT 미디어 랩의 산업 발전 유형도는

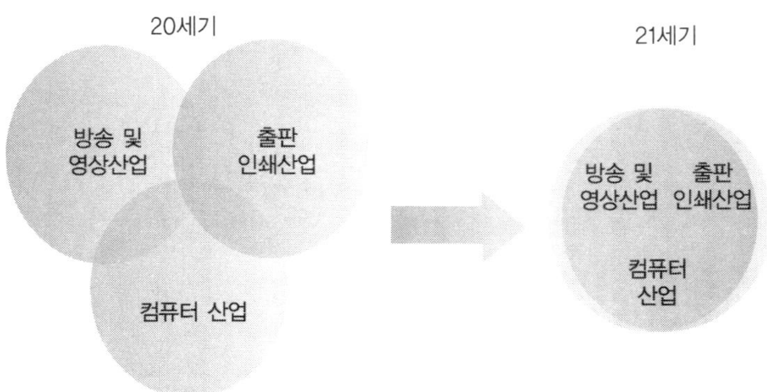

[그림 4] MIT Media lab의 변화된 전략 모델

이제 영역의 구분이 없는 통합된 미디어의 시대가 확실히 도래했음을 알게 한다. 미디어랩은 이 같은 통합적 미디어 현황을 근간으로 디지털 시대의 삶과 창조적 미래에 대해 집중적인 연구를 진행하고 있으며, 디자인산업 또한 이러한 통합 활동의 일환으로 그 역할과 활동을 변화시켜 나가고 있다.

디지털 기술의 발전에 이어 디자인 패러다임을 변화시키는 두 번째 원동력은 세계화(globalization)의 진전이다. 세계화의 가장 단순한 형태는 국제화 모델이다. 국제화는 '둘 이상의 민족 국가들 사이에서 원자재, 중간재, 완제품, 서비스, 화폐, 사상, 그리고 국민들이 서로 교류하는 과정' 을 일컫는다. 그러나 국제화 모델에서 출발한 세계화는 1980년대 이후 크게 두 가지 축을 따라 흘러가고 있다. 첫 번째 축은 [그림 5]에서 보는 바와 같은 '현지 적응성' 의 확대이다. 즉 기업은 다국적화하면서 한 민족 경제에서 다른 민족 경제로 자본과 노동이 재분배되고 이전된

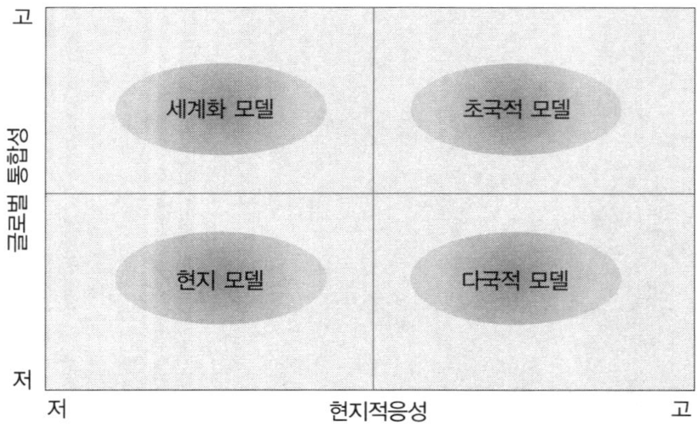

source: Bartlett, A. Christopher and Sumantra Ghoshal, *Managing Across Borders: The Transnational Solution*, HBS Press, 2002 (ISBN 0875842097).

[그림 5] 세계화의 진전

다는 개념이다. 두 번째 축은 '글로벌 통합성'의 증대로 여러 국가간의 연결 고리를 다양하게 만드는 과정이다. 국가와 국가간의 연계가 강화되면서 어느 한 지역에서 벌어지는 사건이나 의사 결정이 지구 반대편의 국가에도 상당한 영향을 미치게 되었다.

이러한 두 가지 흐름, 즉, '현지 적응성'과 '글로벌 통합성'이 동시에 진행되면서 세계화의 진전은 자본의 흐름, 전략적 제휴, 생산 입지, 해외 직접투자(FDI), 복지, 실업 등에서 새로운 현상을 유발하고 있다. 특히 세계화의 진전은 지구촌 국가들 간의 역학 구조에 큰 영향을 미쳤다. 과거 냉전 구도 하에서 개발도상국들은 자본주의 또는 사회주의 계획 경제 노선에 따라 미국과 소련으로 양분된 경제 발전의 길을 걸었다. 하지만 1970년대에 들어서면서 이데올로기에 기초한 경제 구조에 균열이 생기기 시작하더니 1980년대에는 사회주의에 대한 자본주의의 우월성이 시대적인 흐름으로 자리잡게 되었다. 결국 세계화의 진전은 각국의 이데올로기를 비롯해 사람들의 사고 방식과 문화, 생활 패턴에 커다란 영향을 미치게 되었고 세계적인 디자인과 세계 시장을 대상으로 한 디자인 활동의 글로벌화는 디자인 목표를 바꾸고 가치를 확대시키고 있다.

02 새로운 리더의 등장

리더는 한 개인의 업적을 이루는 데서 나아가 사회적, 시대적 패러다임의 전환과 변화를 이끌어낸다. 따라서 각 시대의 대표적인 리더는 환경 변화와 더불어 시대를 이끌어 가는 주요 분야에서 변화를 대변한다. 시대를 이끌었던 리더들의 업적과 저서 및 활동들은 그 시대의 상황과 시대를 이끌어 간 중요한 이슈가 무엇이었는지를 설명해준다. 때문에 이러한 리더들을 살펴보면 각 시대에 어떤 분야가 갈 만큼의 영향력을 행사했는지를 알 수 있다.

레오나르도 다빈치
이탈리아의 과학자, 예술가

16세기 예술 중심 시대: 레오나르도 다빈치 (Leonardo da Vinci, 1452~1519)

유럽 역사에서 르네상스라고 불리는 15세기와 16세기는 오늘날 우리가 알고 있는 세계사의 큰 윤곽이 결정된 변혁의 시기로 기록되어 있다. 당시 유럽의 여러 왕국들은 강국으로 성장했으며 종교와 사상, 정치체제에 많은 변화를 이끌었다.

그러나 이 시대를 움직였던 중심 가치는 정치나 종교보다는 예술에 모아졌다. 르네상스 시대의 예술은 단순히 심미성을 위해 존재하는 행위가 아니라 인간과 집단이 소통하고 새로운 변화를 창출하는 영역이었다.

그 대표적인 인물로 레오나르도 다빈치를 들 수 있다. 이탈리아의 화가, 조각가, 과학자, 기술자이자 철학자인 그는 단순히 명화를 그린 화가가 아니라 르네상스 시대를 살며 시대의 대표작을 배출해 낸 위대한 인물이며 시대를 이끈 리더였다.

그는 자신의 회화와 소묘를 통해 지식의 미개척 분야를 발전시키고 세상을 종합적으로 이해할 수 있는 길을 발견했다. <그림의 과학>에서 살펴볼 수 있듯이 건축, 기계학 그리고 해부학에 대한 논문을 쓰기 시작하면서 그는 새로운 이론들과 자신이 관찰한 결과들을 그림으로 설명하고, 자연의 비밀과 새로운 기술을 예술로 표현하며 시대의 변화를 이끌었던 인물이다.

이처럼 16세기 인류의 삶에 나타난 새로운 변화는 예술 속에 나타난 새로운 메시지와 결과물에 집중되었으며 예술과 예술가에 대한 존경과 관심은 최고의 가치로 여겨졌다.

17세기 정치 중심 시대: 샤를르 몽테스키외 (Charles Montesquieu, 1689~1755)

샤를르 몽테스키외
프랑스의 사상가

17세기 인권과 자유, 평등에 대한 시대적 열망은 샤를르 몽테스키외와 같은 인물을 탄생시켰다. 그 법과 정치에 대한 새로운 발상을 가지고 시대적 변화를 이끌었다.

17세기는 비합리적이거나 우연적인 것을 배척하고 이성적, 논리적, 필연적인 것을 중시하는 태도 아래 철저한 합리성과 과학에 따른 실천 기준과 생활 태도가 일반화된 시기였다. 때문에 감각적 경험론을 혼란스러운 것이라 경시하는 사고가 팽배하고 수학적 인식을 원형으로 한 논증적 지식을 중시했으며, 계몽사상과 같이 인간의 자유와 평등, 인간가치를 추구하려는 사상이 강하게 나타났다.

특히 절대주의를 시작으로 정치 형태가 구체화되고, 청교도혁명, 시민 혁명, 종교혁명 등 많은 정치적 갈등과 혁명 활동이 나타났으며 정치와 권력, 법과 관련된 이슈가 시대적 이슈이자 삶의 중심가치로 자리잡게 되었다.

이러한 배경 속에서 몽테스키외는 1748년에 <법의 정신>을 완성한다. 그의 이론에 따르면 법은 선험적인 이론이어서는 안되며, 인간이 생활하고 있는 구체적 현실 상황에서 출발해 개인의 자유를 3권 분립에 의해 명확히 규명할 수 있어야 했다. 이러한 입법, 사법, 행정의 3권 분리와 견제에 대한 내용은 이후 왕정복고, 미국의 독립 등에 직접적인 영향을 미치고, 19세기 자유주의에 있어 '자유' 에 대한 기본적인 정의를 규정하는 데 큰 공헌을 하게 된다. 특히 법과 정치학의 기본이 다져지는 가운데 구체적인 사회 분석을 통한 근대 사회학 방법론과 연구 영역이 구체화 되었다.

17세기는 몽테스키외와 자유와 평등을 갈망했던 사람들에 의한 이성 중심의 많은 사상들과 역사적인 사건들의 소용돌이 안에서 법과 정치 질서를 통한 시대적 변화와 가치를 추구했던 정치 중심의 시대로 기록된다.

18세기 기술 중심 시대: 제임스 와트 (James Watt, 1736~1819)

제1혁명이라 불리는 '신석기 혁명' 에서 이어지는 18세기 '산업 혁명' 은 인간을 기술 가치 중심으로 변화하게 만든 중요한 역사적 사건이다.

스코틀랜드의 공학자이자 발명가인 제임스 와트는 이러한 혁명의 대표적인 주역이라 할 수 있다. 그가 발명한 증기기관은 수력, 축력, 인력, 풍력 등 농업사회의 기본 동력을 능가하는 '동력 혁명'을 가져왔으며, 농업 중심의 인간 활동이 공업으로의 새로운 전환을 이루면서 삶의 패턴과 목표, 중심 가치에 변화를 일으켰다. 이를 계기로 기술에 대한 적극적인 관심과 기술 가치 우선이라는 시대적인 흐름이 형성되기 시작한다.

제임스 와트
영국의 기계 기술자

사회 전반에 걸쳐 이루어진 기술 발전과 그에 따른 급속한 변화 속에서 기술 혁신은 물질적 재화의 생산을 중심으로 하는 시장 경쟁을 촉발하고, 중상주의 이후 이어진 '상업 혁명'을 촉진해 세계적인 구도의 자원 획득과 지배 체제를 불러 일으켰다. 인류의 활동은 더욱 발달된 기술력 획득으로 집중되었으며, 이를 통한 물질적 재화와 권력 획득 활동이 늘어났다.

이후 개발되는 새로운 기술들은 인류 역사를 변화시키는 결정적 요인들로 작용했다. 18세기에 들어서면서 기술은 인류에게 주어진 새로운 삶의 수단이자 목표이며 최고의 가치를 의미했고, 많은 발명가와 기술자들이 그 선봉에 서 있었다.

칼 마르크스
독일의 사회주의자, 혁명가

19세기 경제 중심 시대: 칼 마르크스 (Karl Heinrich Mark, 1818~1883)

인류의 역사 발전에서 빼 놓을 수 없는 또 하나의 인물이 칼 마르크스다. 그는 인류에게 경제라는 새로운 삶의 공식을 찾게 해 준 19세기 경제 중심 시대의 대표적인 인물이다.

18세기에 일어난 산업혁명은 단순히 경제 구조에서만 혁명적인 변화를 가져온 것이 아니라 이후 정치, 사회 구조에도 커다란 변화를 가져왔다. 정치적 변화로서 주목할 만한 것은 산업 부르주아지(bourgeoisie)가 발흥한 결과 기존 지주 지배의 정치 체제에 동요가 시작되었다는 점이다. 영국의 신흥 부르주아지는 1832년의 선거법 개정에 의해 피선거권을 얻었으며, 노동자 계급도 일반 남자의 보통 선거권을 요구하는 차티스트 운동을 일으켰다. 이러한 정치 투쟁은 자본주의 체제가 그 내부에 잉태한 자본과 임금 노동의 모순과 대립되면서 영국 사회를 크게 동요시켰다. 또한 자유주의를 표방하는 산업 부르주아지는 정부가 취한 기존의 중상주의적인 모든 규칙과 통제가 그들의 자유로운 경제 활동을 방해한다는 입장에서 선회해 이의 철폐를 위한 강력한 캠페인을 전개했다. 이러한 자유무역이 갖는 침략적인 역할에 주목해 이를 자유무역 제국주의라 부르는 견해가 나오게 되었는데, 이 문제를 놓고 경제사학계에서 활발한 논쟁이 전개되었다.

이러한 정치, 경제적 환경 속에서 많은 학자들이 경제학 연구의 중요성을 깨닫게 되었고 1847년 공산주의자 동맹이 결성되면서 마르크스와 엥겔스(Friedrich Engels, 1820~1895)는 <공산당 선언>을 집필, 발표하면서 세계는 '사회주의 혁명' 이라는 거대한 물결에 휩쓸리게 된다.

19세기를 경제 중심의 혁명적 시대로 이끈 칼 마르크스는 소련이 붕괴된 오늘날까지 역사적인 인물로 남아 있다. 그의 이상은 실패했다고 할지 몰라도 그의 주장은 권력을 중심으로 한 정치와 법 중심의 인류 역사를 자본과 경제 중심의 패러다임으로 전환시킨 혁명의 근원이었으며, 그는 19세기 인류가 가졌던 경제 중심의 가치 활동에 커다란 변화와 흐름을 주도했던 세기의 리더로 남아 있다.

20세기 경영 중심 시대: 프레드릭 테일러 (Fredrick Winslow Taylor, 1856~1915)

프레드릭 테일러
미국의 경영학자

이데올로기, 자유민주주의, 사회주의 그리고 두 차례에 걸친 세계대전은 인류 역사를 혼동과 굶주림으로 몰아넣었다.

전쟁으로 피폐해진 삶 속에서 인류는 역설적으로 자본주의 체제에 입각한 풍요로운 경제 활동을 희구하였다. 이런 상황에서 "경영학의 아버지"로 불리는 프레드릭 테일러는 개량과 효율을 강조하며 기업 성장을 추구하는 경영학의 기반을 마련했다. 우수한 성적으로 입학한 하버드대학을 포기하고 펜실베니아에 있는 철강회사에서 노동자, 기계사, 엔지니어로 근무한 테일러는 기업이 주먹구구식으로 비능률적인 경영을 하는 이유가 노동자의 작업에 대한 과학적 기초가 없기 때문이라고 판단했다. 그는 "과학적 관리원칙(Principles of Scientific Management: 1911)"이라는 책에서 "경영의 목적은 종업원이 자신의 능력을 최대한 활용할 수 있도록 하는 것"이라고 주장하며, 과학적 관리를 통해 기업과 경영의 발전을 가져와야 한다고 주장했다.

현재 작업 개선 기법으로 많이 보급되어 있는 산업공학(Industrial Engineering: IE)은 테일러의 과학적 관리법에 기초해 발전된 것이며, 이러한 테일러의 방법은 공장 작업을 중심으로 사무 작업, 세일즈 활동의 개선에까지 폭넓게 응용되었다. 20세기 자본주의와 기업의 발전은 경영의 급속한 발전과 경영 중심의 인류 역사를 이끌었으며 그 선두에 테일러가 있었다. 또한 20세기 경영학의 석학들을 통해 미국과 독일을 중심으로 경영학의 역사가 쓰여지기 시작했으며 이를 중심으로 세계는 '경영' 이라는 새로운 패러다임의 매력에 빠지게 된다.

이처럼 각 세기를 이끌어 왔던 리더들을 살펴보면 역사상 주요 테마가 늘 변화했음을 알 수 있다. 16세기의 주요 테마는 예술이었으며, 17세기의 관심사는 정치 및 법철학이었다. 산업혁명이 일어났던 18세기의 주요 테마는 기술의 발전이었으며, 19세기에 이르러 인류 역사를 이끈 학문은 경제학으로 이어졌다. 그리고 20세기에 이르러 경험과 감에 의존해서 이루어지던 관리가 과학적인 방법에 의해 진보를 이루면서 생산성 극대화에 따른 효율과 효과라는 개념이 강조된 경영이 중요한 화두로 자리잡게 됐다. 그렇다면 21세기의 최대 관심사는 무엇이며, 21세기를 이끌어 갈 지도자는 어느 분야에서 나올 것인가?

21세기 디자인 중심시대: ? (?~?)

세기말 많은 학자들과 시대적 인물들은 21세기를 예측하며 많은 정의와 키워드들을 내놓았다. 그 중 단연 중요한 가치는 '3D(Design, DNA, Digital)' 일 것이다. 그 중에서도 디자인의 가치와 역할은 기업과 경영에 있어 가장 중요한 경쟁력으로 대두되고 있으며 그 원인은 두 가지 측면에서 찾아볼 수 있다.

첫 번째, 시장의 고객들이 점점 심미적 가치를 중요시 여긴다는 것이다. 예전의 소비자는 가격 대비 품질이 뛰어난 제품을 구매했으며 품질 혹은 기능 개선이 고객 유지의 주요 수단이었다. 때문에 기업 역시 제품의 품질이나 기능에 관심을 집중해 왔다. 그러나 기술의 발달이 급속히 빨라지고 평준화되면서 제품 간의 품질 차이가 크게 나지 않게 되었고 고객들은 또 다른 욕구를 만족시켜 줄 수 있는 제품을 선택하고 구매하기 시작했는데 그것이 바로 제품이 갖고 있는 브랜드 또는 디자인 가치였다. 재료, 생산, 기능성, 품질에 따른 가격 결정이 아닌 브랜드나 디자인이 가진 무형적 가치 자산에 따라 제품의 가격이 결정된다는 것이다. 때문에 21세기의 기업은 경영 자체에 대한 관심을 넘어 소비자를 철저히 이해하고 그것을 기반으로 독특한 이미지를 창출해야 하며 이에 따라 마케팅과의 통합을 통해 좋은 디자인을 개발하기 위해 계속해서 노력하고 있다.

디자인이 중요시되는 두 번째 이유는 기업 경쟁력의 원천이 생산 중심에서 마케팅으로 변화된 것처럼 디자인이 기업이미지 차별화의 핵심 요인으로 작용하기 시작했다는 점이다. 생산 중심에서 고객 중심으로 변화한 산업 시대의 기업은 대량 생산, 대량 유통, 대량 소비의 논리에 따라 소품종 대량 생산을 위한 디자인만 개발하면 되었다. 그러나 정보

기술 발전은 소비자의 생활 방식과 상품 선택 기준, 그리고 사고방식을 변화시켰고 세계화에 따른 시장 개방은 세계 일류기업과 지방 중소기업이 경쟁하는 완전 경쟁시대를 만들었으며, 정보화는 소비자 태도의 변화를 가져왔다. 소비자들이 가지고 있는 다양한 욕구를 고루 충족시키기 위해 특성 있는 디자인 개발을 요구하는 다품종 소량생산이 보편화되었으며 기업은 사용자 중심의 차별화된 디자인을 개발하기 위해 '맞춤형 조립 생산방식' 을 확대, 보급하고 있다.

제품의 품질이나 기능을 떠나 일단 만들기만 하면 팔리던 1980년대에는 기업의 최대 목표가 생산량 증대였다. 때문에 생산을 증대하기 위한 수단으로서 과학적 관리에 힘썼으며 경영의 초점은 효율적인 생산에 집중되었다. 또한 효율 추구를 목표로 삼아 제조 과정의 편의를 추구하고 유통 등에서 비용을 감소하는 방안을 추구했다. 그러나 소비자의 요구가 커지고 소비자의 위상이 높아짐에 따라 기존의 방식들로는 장기적인 이익을 추구할 수 없게 되면서 1990년대 들어와 고객 만족을 통해 장기적인 이윤을 추구하게 되었다. 소비자는 브랜드를 구입에서 중요한 기준으로 채택하게 되었으며 기업에서는 브랜드에 체화된 이미지와 디자인을 통한 기업문화 형성이 경쟁력 향상의 핵심 원천이라고 인식하게 되었다. 이제 기업 경영 활동은 제품을 만들고 파는 개념에서 기업문화 자체를 만들어내는 개념으로 변화하고 있다.

그렇다면 과연 디자인이 21세기를 이끌어갈 중심 영역이 될 수 있을 것인가? 21세기 인류에게 디자인은 어떤 의미이며 어떻게 이해될 수 있을 것인가?

03 디자인의 새로운 가치

오늘날 정보 기술의 발전과 거대 자본주의 중심의 세계화, 지식기반 경제 구축과 같은 새로운 흐름 속에서 여타의 분야와 마찬가지로 디자인 분야 역시 의미와 목표, 역할, 내용, 사회와의 관계 등 새로운 패러다임을 어떻게 규정할 것인지에 대해 많은 고민을 하고 있다.

디자인은 '표시한다' 라는 의미를 가진 라틴어 Designare, '밑그림을 그린다, 소묘하다' 라는 뜻을 가진 이탈리아어 Disegno, '목적, 계획' 을 뜻하는 프랑스어인 Dessein, '회화에서의 스케치' 를 뜻하는 프랑스어 Dessin 등에서 유래했다고 한다. 어의에서 살펴본다면 '디자인' 이라는 단어가 지기는 기본적인 의미는 '계획' 내지 '설계' 라고 볼 수 있다. 디자인이 계획이나 설계의 의미로 쓰이는 경우는 쉽게 찾아볼 수 있다. 반도체 칩 디자인, 시스템 디자인, 플랜트 디자인 등의 사례와 같이 공학자들은 디자인을 설계라는 의미로 사용하고 있다. 또한 도시계획가나 조경가들은 디자인을 계획이라는 의미로, 자동차 산업에서는 차체의 형태와 색채를 창출하는 스타일링이라는 의미로 사용하고 있다.

이러한 사례에서 볼 수 있듯이 디자인은 아름다운 유용성을 목적으로 공업이나 산업에서 계획하고 설계하는 과정을 지칭해 왔다. 우리는 디자인의 의미를 다분히 시각적인 부분에 국한해 사용하면서 예술과 상업의 경계선상에서 단순히 외형적 가치를 부가하는 기능이라는 편협한 시각으로 인식하고 있었다.

하지만 본래 외래어인 디자인의 의미는 포괄적이고 복합적이며 고정적인 것이 아니라 계속 변화하는 개념으로 사용되었다. 디자인이라는 용어는 그 포괄성 때문에 사회의 여러 분야에서 조금씩 다른 의미로 사용되고 있으며 그로 인해 다른 영역으로의 확장도 가능하다. 그러나 디자인의 분야나 영역 확장은 단순히 언어의 사회성이나 역사성에 의한 어의(語義)의 변화만을 의미하는 것은 아니다. 디자인이 갖고 있는 창의성과 체계적인 프로세스를 다른 분야에 응용하는 진정한 의미의 변화를 일컫는 것이라고 할 수 있다.

인류는 역사상 수많은 변화의 물결 속에서 엄청난 발전을 거듭해 왔다. 인류가 그 동안 겪어왔던 변화 중에는 파급 효과가 무척 크고 변화의 속도가 매우 신속해 변혁이라고 불릴 수 있는 혁명적인 변화가 3가지 있었는데 바로 B.C. 7천년 경 신석기 시대의 '농업 혁명', 18세기 중반의 '산업 혁명' 그리고 20세기 후반 정보화 시대의 '디지털 혁명'이다.

산업 혁명은 20세기까지 지속되어 우리의 생활 모습을 크게 바꾸어 놓은 공업 사회 또는 산업 사회를 만들었으며 현재까지도 그 영향력은 지속되고 있다. 산업 혁명은 기존의 삶에 대한 가치관과 미의 가치에 대한 혼란을 불러 일으켰으며, 그 이후부터 디자인은 인간에게 보다 큰 의미로 다가오기 시작했다. 또한 과거 수공예 제품이 지닌 정교한 장식미에 익숙해져 있던 사람들에게 기계 기술에 의해 생산된 제품의 기계 미학은 제품의 품질을 넘어서는 문화적 충격을 주었으며 이러한 기계 미학의 승리로 인해 산업 혁명은 이른바 '생산자 중심의 디자인'이 자리잡는 계기를 마련했다. 산업 혁명 이후 우리에게 또 한 번의 혼돈을 가져다 주고 있는 디지털 혁명은 그 변화의 속도와 파급 효과라는 측면에서 지금까지의 변화와는 또 다른 모습을 보여주고 있다. 디지털 환경은 디자인의 도구이자 디자인 대상으로서의 역할을 하며 디자인의 중심 축에 자리잡게 되었다. 이제 대량 생산된 제품의 기계 미학으로 대변되던 우수한 디자인의 의미가 디지털 시대를 맞이해 새로운 디자인의 패러다임을 필요로 하게 되었고 디지털 혁명에 의해 '디자인혁명'이 촉발되기에 이른다.

과거 '생산자 중심의 디자인'은 '마케팅 중심의 디자인'으로 변화되었고 다시 '사용자 중심의 디자인'으로 변화하고 있다. 다시 말해 새로운 디자인혁명은 더 이상 기술을 최고의 목표나 가치로 삼지 않으며 정보화를 바탕으로 하는 인간 중심의 디자인을 지향하는 것이다.

1970년대부터 제품의 디자인을 평가하는 주요 변수로서 사용성(usability)을 인식하기 시작했다. 제품이 제공하는 기능성과 제품을 소유하면서 갖게 되는 경제적, 상징적 가치에 의해 디자인의 우수성을 평가하던 소비미학이 소비자가 제품의 가치를 자기 중심적으로 인지하기 시작하면서 새로운 변환기를 맞게 된 것이다. 이러한 디자인 패러다임의 변화는 소비자에게 시각적 만족을 전달하는 역할에서 탈피해 시각뿐만 아니라 인간의 모든 감각을 통해 소비자의 정신적 내면에 어떤 감응을 주는 방향으로 전개되고 있다. 디자인이 인간의 모든 감각에 닿아야 한다는 이러한 인식은 디지털 혁명과 그에 따른 디자인혁명에 의해 촉발된 '사용자 중심의 디자인'이라는 개념이 등장하기 시작하면서부터 디자이너들에게 더욱 깊이 각인되기 시작했다. 사용자 중심의 디자인은 디자인을 통해 소비자의 감정을 자극해 새로운 메시지를 강하게 전달하고 그것이 소비자의 내면에 명확하게 인식될 것을 요구하고 있다.

이러한 변화의 과정 속에서 21세기 디자인의 가치는 지난 역사와는 다른 의미로 해석되고 있으며 새로운 역할과 가치를 부여 받고 있다.

조화로운 창조와 비전 제시

디자인의 개념과 목표는 새로운 시대적 상황에 따라 변화해야 한다. 산업 시대의 디자인은 기업과 물질의 소비를 촉진시킨다는 면에서 '물질적 가치의 효과적인 표현' 이 주된 역할이었으며 조화로운 환경을 구체적으로 구현하는 것과는 거리가 있었다. 무엇보다도 새로운 시대의 디자인은 획일적인 개념을 극복한 '조화로운 창조와 비전 제시' 의 개념이 요구된다. 지난 산업 시대의 디자인의 가치가 물질과 기능, 보편, 혁신에 바탕을 둔 개념이었다면 앞으로 정보 지식 시대의 디자인은 물질과 비물질, 기능과 의미, 보편과 다양, 변화와 지속이 공존하고 지금까지 분리되었던 생산자, 사용자, 디자이너는 물론 인간과 자연, 도구가 상호 융합되고 조화되는 개념이어야 할 것이다.

뉴미디어 시대의 총아로 각광받고 있는 게임 애니메이션 캐릭터들

시야 확대와 기회 증대

지금까지 전통적인 산업디자인의 대상은 하드웨어적이고 물질적인 가시적 제품에 국한되어 왔고 디자인의 내용은 흔히 외형적이고 표면적인 수준에 머물렀다. 그러나 정보, 지식 사회와 함께 기존의 물질적이고 하드웨어적인 영역을 초월하는 비물질, 소프트웨어, 비가시적 가치 등이 사회의 주요 가치로 등장하면서 디자인 분야는 이들 가치를 디자인의 영역으로 수용하는 적극적인 자세를 요구 받고 있다.

이를 위해서는 먼저 디자인의 영역과 내용, 방향에 대한 시야를 넓힐 필요가 있다. 특히 시각과 청각, 후각, 미각 등의 감각을 디자인의 내용에 포함시킬 필요가 있다. 이러한 디자인의 의식 전환을 바탕으로 새로운 시대에 부상하고 있는 멀티미디어, 정보 오락기 등의 커뮤니케이션 수단이 새롭게 부상하고 있다. 이제 디자이너는 게임기의 외형이나 스크린의 인터페이스, 게임의 캐릭터는 물론 사이버 스페이스와 디지털 디자인의 목적과 의미 창출에도 많은 관심을 가져야 한다. 미디어와 기술이 발전함에 따라 디자인의 영역과 대상이 제품 중심에서 콘텐츠 영역까지 확대되고 있는 것이다.

전문 영역 간의 융합

이제 디자이너들은 시각, 제품, 공예 등과 같은 기초 디자인 영역 간의 구분은 물론 더 나아가 타 영역과 구분하는 담을 허물어야 할 시기에 이르렀다. 영역 구분과 세분화 보다는 필요한 또는 연계되는 영역과의 관계를 보다 잘 융합시킬 수 있는 자세가 필요하다. 일례로 컴퓨터와 인터넷 등 전문 기술의 발달로 기존에 전문적으로 분리되어 수행되던 제품

디자인과 패키지, 홍보, 판매, 서비스 디자인 등이 오늘날 통합 서비스 디자인으로 수행되면서 비용 절감과 함께 더욱 질 좋은 디자인 제품을 생산하고 있다. 이처럼 새로운 환경 속에서 디자이너는 해결해야 할 문제에 따라 전문 분야들을 통합해 총 지휘자로서 조정하는 제너럴리스트가 될 수 있어야 한다.

사용자 참여 디자인

예전에는 이미 완성된 제품에 대해 소비자의 의견을 반영하기 어려웠다. 때문에 디자인의 주체는 디자이너 자신이었으며 소비자는 단순히 제품의 선택권만을 가지고 있었다. 그러나 디지털로 대변되는 환경의 변화에 따라 디자인의 주체에도 변화가 생겼다. 정보화 시대의 도래는 디자이너와 소비자 사이의 공간적, 시간적 장벽을 낮추는 역할을 했고 사용자 중심의 디자인이라는 새로운 패러다임의 도래에 맞춰 이른바 사용자 참여 디자인으로 발전하게 되었다. 정보화 시대의 디자인에서 나타나게 될 변화의 방향을 '주문형 특성화, 디지털화, 네트워크화' 라고 보는 견해가 있는데 여기서 '주문형 특성화' 는 사용자와 디자이너의 벽을 허무는 것을 의미한다. 다시 말해, 사용자 참여 디자인이라는 말처럼 사용자가 디자인 과정에 참여해 개별적인 요구에 따라 특성화된 디자인을 창출하는 것을 뜻한다. 물론 과거에도 고객의 요구를 파악하기 위한 조사 활동이 디자인의 중요한 수단이었으며 전체 디자인 활동에서 중요한 부분을 차지하고 있었다. 그러나 사용자 참여 디자인이라는 개념은 소비자의 의견을 디자이너가 수용해 제품에 반영하는 수준에 그치지 않고 사용자가 직접 제품을 개선해 나가고 새로운 용도를 만들어 갈 수 있으며, 사용자의 의지를 지속적으로 제품에 반영시킬 수 있도록 하는 것,

그런 가능성을 가진 유형 또는 무형의 제품을 디자인하는 것을 의미한다. 이제 디자인은 디자이너와 사용자가 함께 만들어가는 활동으로 전환되기 시작한 것이다.

이렇게 디자인의 가치를 요약해 보면 디자인은 종래의 가치에 비해 보다 다양하고 개방적이며 유기적인 통합의 방향으로 발전하고 있음을 알 수 있다. 때문에 디자이너의 시야 확대에 따라 디자인의 기회는 더욱 증대될 것으로 보인다. 과거에 디자인은 패키지의 포장과 같은 단편적 기능에 머물렀지만 오늘날에는 다양한 인위적 디자인 관련 가치를 종합하는 통합적 코디네이터의 역할을 필요로 한다. 디자인의 내용과 관련해서는 디자인에 대한 의미 부여와 사용자 참여가 보다 확산될 것이다. 디자인의 방법과 조직은 다양한 분야와 유기적으로 협동하는 방향으로 전환될 것이고 협의의 가치적인 측면을 벗어나 종합적인 양상으로 확산될 것이다.

그리고 이러한 가치들을 통해 디자인이 21세기의 중심 가치가 될 수 있다면 여기에는 두 가지 조건이 요구된다. 첫 번째, 디자인이 광범위한 분야에 걸쳐 적용되어야 한다. 단순히 제품을 통해 기업을 만족시키는 범위가 아닌 정치, 기술, 사회에 이르는 다양한 측면에서 디자인의 필요성과 중요성이 인식되어야 한다. 두 번째, 디자인이론이 개발되어야 한다. 이론은 단순히 학문적인 가치를 넘어 실제로 사용할 수 있는 행동과 프로세스의 기반을 마련하고 다양한 분야에서 만족할 수 있는 토대가 되어야 한다. 이제 21세기를 이끌어갈 디자인의 변화를 이끌 수 있는 새로운 환경과 변화 주체의 모습을 '디자인산업의 4대 혁명'을 통해 살펴보고자 한다.

CHAPTER 3

디자인, 그리고 혁명

01 혁명의 태동

우리는 변화의 소용돌이 속에 살고 있다. 인간이 소유하고 있는 자원이나 인류가 속해있는 제도 중에서 영원히 변하지 않는 것은 없다. 변화는 인간의 삶 그 자체라고도 볼 수 있다. 모든 변화에는 그 변화를 일으키는 원인이 있게 마련이며 그 원인은 변화에 앞서 존재한다. 변화는 무작위적이고 단속적인 것이 아니라 과거에 변화된 결과에 바탕을 두고 새로운 변화의 인과관계에 따라 단계적, 연속적으로 일어나는 것이다. 변화는 그 속도와 방향을 기준으로 '진화(evolution)와 '혁명(revolution)' 이라는 두 가지 개념으로 나눌 수 있다.

먼저 변화의 속도를 생각해보면 자연에서 일어나는 것이든 사회에서 일어나는 것이든 어떤 변화를 겪고 있으면서도 그 변화가 가시적인 결과물로 나올 때까지는 진행 상황을 깨닫지 못하는 것이 보통이다. 특히 과거에는 변화가 오랜 기간에 걸쳐 아주 점진적, 지속적으로 이루어졌으며 그 과정을 모두 겪고 결과를 분명히 깨닫기에는 인간의 수명(壽命)이 너무 짧았다. 따라서 설령 변화가 가져오는 결과를 인식하더라도 그것이 어느 출발점에서 시작되어 어떤 과정을 거쳐 진행되었는지를 파악하는 것이 쉽지 않았다. 물론 인류가 비교적 단기간에 급격한 변화를 겪은 시대도 있었다. 그럴 때에는 변화의 원인에서 과정, 결과에 이르기까지 모두 경험하고 파악하게 된다. 따라서 점진적이고 지속적으로 이루어지는 '진화'는 인간이 좀처럼 인식하기 어려운 반면, 급격한 변화인 '혁명'에 대해서는 확실한 이해가 가능한 것이 보통이다.

진화와 혁명을 구분하는 또 한 가지 기준은 방향, 즉 예측(expectation)능력이다. 점진적으로 이루어지며 일정한 추세(trend)를 가지는 변화는 현상에 대한 관찰을 통해 그 진행 방향을 예측하는 것이 가능하기 때문에 진화라고 부르며, 급격히 이루어져 추세를 파악하기 어려운 변화는 혁명이라 부르는 것이 보통이다.

그러나 변화의 속도와 방향이라는 두 가지 기준에 따른 진화와 혁명의 구분이 절대적인 것은 아니다. 농업 혁명이라고 부르는 과거 수 천년에 걸쳐 이루어졌던 변화는 이와 같은 기준을 적용해 혁명이라고 표현하기에 적합하지 않은 측면이 있다. 또한 현대에 이루어지고 있는 변화는 그것이 진화이건 혁명이건 모두 그 변화의 속도에 있어서 과거와는 비교할 수 없을 정도로 빠르게 진행되고 있으며, 그 속도는 변화가 거듭될수록 가속화되는 경향을 보이고 있다. 반면 최근 디지털 기술의 급속한 발전에 따른 정보 혁명에서 보는 바와 같이 추세를 예측하면서도 혁명적인 변화로 간주할 수 밖에 없는 변화도 얼마든지 있다.

이처럼 진화와 혁명을 과학적으로 구분하는 것은 불가능하다. 다만 기존의 틀을 깨고 어떤 새로운 원리, 원칙을 만들어 또 다른 틀을 확립할 때 변화는 완성되는 것이며 그것을 찾아가는 과정이 바로 변화의 과정이라고 볼 때 새로운 원칙을 만들어 나간다는 측면에서 진화와 혁명의 공통점을 찾을 수 있고 그런 의미에서 양자간의 구분은 필요 없게 된다.

인류사 1만 년 동안에 일어난 3대 혁명 중 21번째 혁명인 산업 혁명, 그리고 20세기에 정보 혁명이 있었다. 그 중 18세기 산업 혁명의 경우는 16세기에서 19세기 전반에 이르는 영국 자본주의 발전과정의 클라이맥스로서 18세기 후반 면 공업에서 기술이 혁신적으로 발전하기 시작해 이후 100여 년 동안 진행된 전 산업에 걸친 변혁의 과정을 일컫는다. 여기서 클라이맥스라는 표현에는 다소 무리가 있는 것이 사실이다. 100여 년에 걸친 산업 혁명기에 기술적인 차원에서만 본다면 혁명이라고 할 만한 폭발적이고 급격한 변화는 존재하지 않았기 때문이다. 그 과정에는 특별히 주목할 만한 어떤 분수령을 이루는 사건도 없었다. 와트의 증기 기관, 제니 방적기, 철도 등 중요한 발명품들도 오랜 시일에 걸친 사소한 기술적인 발전이 끊임없는 시행착오의 과정을 거치면서 나타난 결과로 결코 하룻밤 사이에 출현해 잠들어 있던 사람들을 깜짝 놀라게 한 사건은 아니었다.

전체 인구 중에서 차지하는 공업 인구의 비중이나 산업 생산 전체에서 차지하는 공업 생산물의 비중 등을 본다면 오히려 영국의 산업화는 19세기에서 20세기로 넘어오는 시기의 특징이지 소위 산업 혁명기의 특징으로 볼 수는 없었다. 영국이 '세계의 공장'으로 불리기 시작한 1840년대~1850년대에도 오늘날의 관점에서 본다면 영국은 여전히 농업국이었지 공업국은 아니었다. 이런 역사적 사실들을 근거로 일부 학자들은 산업 혁명이라는 용어 대신 '산업화(industrialization)'라고 부르기를 주장하며 산업 '혁명'이란 것이 과연 존재했는가 하는 의문을 나타내기도 한다. 그런데도 구태여 이 시대를 가리켜 산업 '혁명'의 시대라고 부를 수 있는 근거는 무엇일까? 사실 이 용어가 처음 등장한 것은 1840년대 사회 사상가들의 입을 통해서였다. 당대의 사상가들은 점진적인 기술 변화의 배후에서 전개되는 중대한 사회적 변화, 돌이킬 수 없는 변화를 읽어냈고 이를 혁명이라는 용어로 표현했다. 무엇보다 이때 중세 봉건제 하의 양대 세력이었던 봉건 영주와 농노를 대신해 자본가와 산업 노동자가 사회의 중추 세력으로 등장했으며 또 경제 생활의 중심이 농업에서 공업으로 이동하고 도시가 서서히 형성되기 시작했다. 산업 혁명의 선두주자인 영국은 막강한 공업을 무기로 세계 시장을 석권했고 경제 활동의 무대를 과거와는 달리 세계적인 범위로 확대시켰다. 그리하여 한 민족이 자본주의를 받아들일 수 있는가 없는가로 문명이냐 야만이냐를 결정하게 되는 사상 유례 없는 시대가 도래한 것이다. 산업 혁명이 '혁명' 일 수 있는 까닭이 바로 여기에 있다.

한편 20세기가 끝나갈 무렵 시작된 디지털 혁명이 여전히 진행중인 가운데, 명확하게 드러나지 않으면서도 인류의 모든 환경에 영향을 미쳐온 디자인 분야에서 디지털 기술을 추진력으로 하는 또 다른 변화가 진행되고 있다. 21세기 디자인산업의 변화는 혁명이라 부를 수 있을 만큼 인류의 미래사를 여는 새로운 것이라고 할 수 있다. 다만 이것을 변화라고 인식하기 어려웠던 것은 과거에도 이러한 변화의 조짐이 존재하지 않았던 것은 아니지만 누구도 그 변화의 방향을 명확히 제시하거나 그것을 원칙으로 정립하려는 시도가 없었기 때문이다.

이제 디자인 분야에서의 변화 역시 혁명이라고 부를 수 있는 이유는 디자인 분야에서 과거의 변화에 힘입어 가시적인 결과물들이 하나 둘씩 나타나기 시작했으며 그 변화의 속도가 더욱 빨라지고 있다는 것, 그리고 이를 새로운 원칙으로 체계화하고 그 변화의 방향을 제시하고자 하는 시도가 이루어지고 있기 때문이다.

현대적 감각의 큐빅 문화를 보여주는 디자인, IDEO

02 또 하나의 혁명

현재 진행되고 있는 디자인혁명은 4단계로 압축된다. [그림 6]에서 보는 바와 같이 그 첫 번째 단계가 기존 디자인산업 간의 연계(interconnection)다. 지금까지 혁명 전 단계에서의 디자인은 그 적용 대상에 따라 시각디자인, 제품디자인, 환경디자인, 패션디자인 등 별도로 분화되어 있었다. 그러나 1단계 혁명에서는 기존 디자인산업 간의 연계가 강화되면서 서로 이질적이었던 디자인 분야가 서로 강한 연계를 맺게 되는 것이다. 특히 디지털 혁명과 함께 사이버 혹은 멀티미디어 디자인이라고 하는 새로운 디자인 분야가 부상하고 있는 것도 주목할 만한 특징이다. 디자인산업의 2단계 혁명은 디자인 요소의 확장 또는 복합화이다. 과거 디자인은 대상에 따라 시각적 요소, 촉각적 요소, 청각적 요소 등 몇 가지 요소

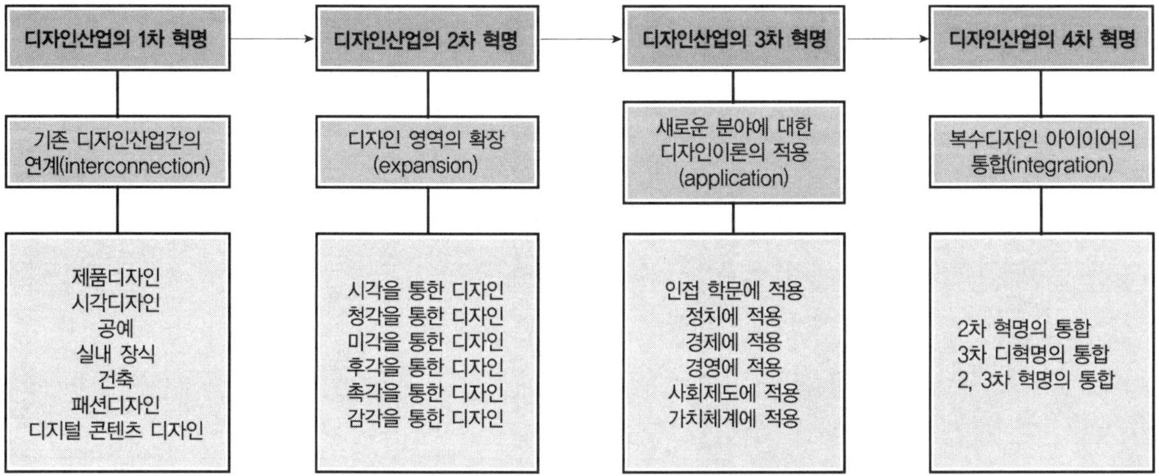

출처: 이 표는 조동성(2003)에 한글로 처음 소개 되었고, Cho(2004)에 영어로 소개되었다.

[그림 6] 디자인산업의 4단계 혁명

들을 활용해 디자인을 해 왔다. 특히 그 중에서도 시각적 요소가 디자인의 주류를 형성했다. 그러나 최근에는 소위 오감이라고 불리는 디자인의 모든 요소들이 디자인 분야에 적용되고 있다.

예컨대 자동차의 경우도 기존의 스타일링 중심의 시각디자인 요소뿐만 아니라 엔진이나 브레이크 소리(청각), 좌석 시트의 질감(촉감), 자동차 내부의 냄새(후각) 등 다양한 디자인 요소들을 복합적으로 고려해 디자인 작업을 하고 있다. 이 같은 디자인 요소의 확장 내지 복합화가 2단계 혁명의 주요 내용이다. 특히 이 시기에는 기존의 오감 이외에 육감이라고 하는 6번째 감각을 디자인의 요소로 적용시키는 실험적인 시도들이 보이고 있다.

디자인산업의 3단계 혁명은 타 분야로부터 디자인 원칙을 흡수해서 새로운 분야에 디자인이론을 적용하는 단계다. 디자인과 밀접한 관련이 있는 인접 학문, 즉 경영, 경제 분야를 비롯한 공학, 사회학, 인문학에 이르기까지 디자인 인접 학문에서 디자인과 관련된 원칙을 적극 흡수함으로써 디자인 분야의 체계화와 발전을 이루는 단계이다. 최근 필립스(Philips)를 비롯 몇몇 선진 업체에서는 미래 디자인 개발을 위해 디자인 분야뿐 아니라 사회학, 심리학, 역사학, 인류학, 공학 등 디자인 인접 학문과의 학제간 연구와 조사를 통해 새로운 디자인 흐름과 내용을 개발하고 있는 실정이다.

이러한 추세가 디자인산업의 3단계 혁명이 일어나는 단초들이다. 이렇게 인접 분야에서 흡수된 디자인이론은 전통적인 디자인 영역을 넘어선다. 디자인이론은 디자인뿐 아니라 정치, 경제, 경영, 사회 등 인접 학문에 영향을 미칠 수 있다. 이것이 디자인 원칙의 일반화 과정이다. 디자인이론이 인접 학문과의 교류를 통해 상호 작용할 때 디자인산업의 3단계 혁명이 완성되는 것이다.

끝으로 디자인산업의 4단계 혁명은 앞에서 언급한 3가지 혁명이 전부 혹은 일부 통합되어 발생하는 경우를 의미한다[그림 6]. 가장 보편적으로는 1단계와 2단계 디자인산업 혁명이 동시에 일어나는 경우이며, 1단계와 3단계 혹은 2단계와 3단계의 혁명이 동시에 일어날 수도 있다. 특히 디지털 기술의 확산과 새로운 산업의 등장으로 1단계, 2단계, 3단계의 디자인혁명이 한꺼번에 통합되는 역동적인 혁명도 가능하다.

03 디자인혁명의 의의

지금까지 우리는 디자인의 개념 정의를 통해 디자인 적용 분야의 확대 가능성을 살펴봤으며, 환경 변화를 통해 디자인 영역의 확장 추세를 관찰해 보았다. 미래란 현재의 연장선상에 존재하는 것이다. 미래가 어떤 급격한 변화에 의해 단절적인 모습으로 나타날 수도 있으나, 그러한 변화마저도 현재를 통해 그것이 태동할 필요성과 가능성을 점쳐볼 수도 있다. 따라서 우리가 미래를 예측하기 위해서는 현상에 대한 관찰과 분석이 선행되어야 한다.

이론이나 모델은 변화에 대한 설득력과 미래에 대한 예측 능력이 있다. 그러므로 디자인산업의 4대 혁명을 토대로 미래를 예측할 수 있는 이론적 근거를 만들어 낼 필요가 있다. 그런 과정을 거침으로써 이론은 일반화라는 충분 조건을 갖추게 되는 것이다.

그러므로 디자인혁명은 수많은 환경 중 하나인 디자인의 변화 방향에 대한 거시적인 연구를 통해 디자인산업의 개념을 체계적으로 정리하고, 미래에 우리가 디자인 분야에서 경쟁력을 가질 수 있는 영역을 예측하는 이론적 근거를 마련한다는 데서 그 의의를 찾을 수 있다.

CHAPTER 4

디자인산업의 4단계 혁명

01 디자인산업의 1차 혁명: 기존 디자인산업간의 연계

정보통신 기술의 발달로 인해 새로운 산업이나 전통 산업 등 모든 분야에서 범세계적인 경쟁이 더욱 격화되고 있으며 산업은 더욱 더 세분화, 전문화되는 경향을 보이게 되고, 한 기업 내에서 일어나는 가치활동들조차 경쟁력을 갖추지 못하면 아웃소싱(outsourcing)의 대상이 되고 있다. 이렇게 디지털 혁명으로 대변되는 20세기 말의 환경 변화는 기존에는 존재하지 않던 새로운 산업을 등장하게 했고 새로운 산업 분야에서도 디자인의 중요성은 더욱 강조되고 있다. 디지털 혁명이 산업이나 기업의 가치 사슬에 있어 근본적인 변화를 가져온 것이다.

이러한 변화를 요약해서 표현할 수 있는 단어가 바로 개방화와 네트워크화라고 할 수 있다. 정보의 흐름이 빨라지고 탐색 비용과 거래 비용이 획기적으로 감소함에 따라 기업은 그 동안 내부에서 자체 사업으로 수행하던 다양한 활동들을 조직 내에서 수행할 필요가 없어졌다. 이에 따라 조직 내에서 이루어지던 가치 활동들이 경쟁력이 없는 경우에는 기업 외부에 개방된다. 개방화와 함께 기업의 여러 가치 활동들이 외부에서 조달되지만 기업 내에서 나뉘어 수행되는 기업 활동들은 여전히 하나의 유기적인 시스템을 이루기 위해 네트워크화 할 수 밖에 없다. 디지털 요소의 도입에 따라 기업 활동이 개방화, 네트워크화 되는 과정을 도식적으로 살펴보면 다음과 같다.

현재 기업 내에서 핵심 활동을 제외한 많은 활동들이 기업 외부에 개방되어 보다 경쟁력 있는 외부의 경제 주체에 의해 수행되고 있는데, 이는 기업간 거래(B2B) 규모가 전체 거래 규모에서 막대한 비중을 차지하며 그 규모가 계속 증가하고 있다는 사실을 통해서도 알 수 있다. 개방화와 네트워크화로 인해 가치 사슬상의 각 활동들이 점점 전문화, 세분화되어 각각의 활동 자체가 하나의 기업이나 산업을 이루고 있으며 이렇게 전문화된 기업이나 산업들이 서로 연결되어 하나의 시스템으로 작용하기 위해서 산업간 혹은 기업간 연결 고리가 점차 강화되는 현상이 나타나게 된다[그림 7]. 이러한 현상을 '기업간 연계성의 강화' 라고 표현할 수 있다.

네트워크로 연결된 시스템에서는 주체들간의 연계성이 강화될 수 밖에 없다. 네트워크를 구성하는 주체 하나의 조그만 변화도 결국 모든 네트워크와 연결되어 파급되기 때문이다. 결국 디지털 혁명으로 인해 나타나는 사회 전반적인 여러 가지 파급 효과 가운데 하나가 바로 산업간 연계성의 강화라고 볼 수 있다.

산업간의 연계 강화 현상은 디자인산업에 있어서도 예외가 아니다. 디자인산업은 초기에 하나의 단일 영역으로서 구분조차 제대로 이루어지지 않던 단계를 벗어나 가치 사슬에 의해 체계적으로 세분화되는 단계로 나아가고 있다.

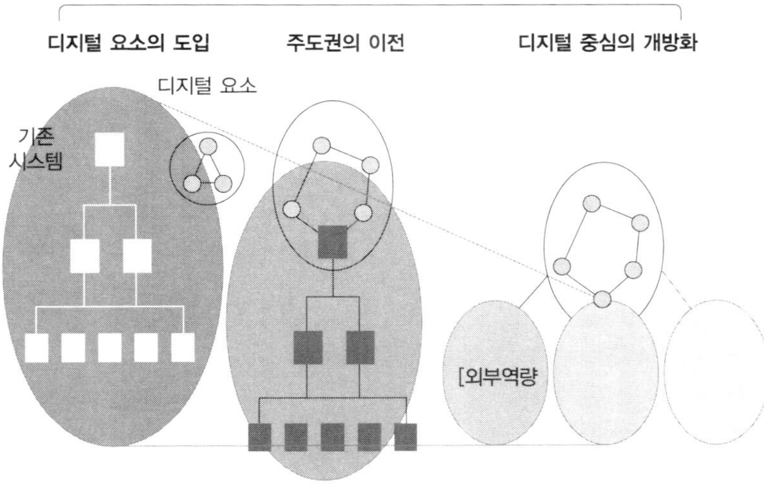

[그림 7] 기업 시스템의 개방화, 네트워크화 과정
(출처: 전통 기업의 디지털 전략, 2004년 4월 삼성경제연구소 심포지엄 자료)

[그림 8]의 디자인 분류 체계는 기존의 분류 체계와 두 가지 면에서 차이점을 보이고 있다. 첫째는 그 동안 제품디자인과 시각디자인을 중심으로 이루어졌던 디자인산업의 범위를 패션디자인, 공예디자인, 환경디자인으로 확장한 것이다. 둘째는 제품디자인과 후기 단계인 시각디자인이 가진 구조적 차이점을 확실하게 한 것이다.이와 같이 가치사슬에 의한 디자인산업의 분류 체계는 산업에서 일어나는 여러 가지 활동의 경제적 가치를 분류 기준으로 삼고 있다. 따라서 생산 활동의 물리적 성질을 기준으로 한 기존의 표준 산업 분류에서 얻을 수 없는 성질 즉, 디자인을 통해 창출되는 부가가치의 원천과 크기를 파악할 수 있다. 가치사슬을 통한 디자인산업 분류를 토대로 통계청에서는 새로운 산업 분류를 시도했으며 내용은 [그림 9]와 같다.

새로운 분류를 과거의 산업 분류와 비교해 보면 조경이라는 분야가

<table>
<tr><th>핵심활동
산업분류</th><th>소비자 조사</th><th>제품 조사</th><th>제품 제조</th><th>제품 포장</th><th>광고</th></tr>
<tr><td>수송기기(자동차, 선박 등)</td><td colspan="3" rowspan="3">제품디자인</td><td colspan="2" rowspan="8">시각디자인</td></tr>
<tr><td>전자 정보기기(TV, 라디오, 컴퓨터 등)</td></tr>
<tr><td>정밀기기(시계, 카메라 등)</td></tr>
<tr><td>섬유(염색)</td><td colspan="3" rowspan="2">패션디자인</td></tr>
<tr><td>패션</td></tr>
<tr><td>공예품</td><td colspan="3">공예디자인</td></tr>
<tr><td>건축</td><td colspan="3" rowspan="2">환경디자인</td></tr>
<tr><td>인테리어</td></tr>
</table>

[그림 8] 가치 사슬에 의한 디자인산업의 신 분류체계

71	전문서비스업
713	광고업
7139	기타 광고업
71391	옥외 및 전시 광고업
71393	광고물 작성업
72	건축기술, 엔지니어링 및 기타 과학기술 서비스업
721	건축기술, 엔지니어링 및 관련기술 서비스업
7211	건축 및 조경 설계 서비스업
72111	건축설계 및 조경설계 서비스업
72112	도시계획 및 조경설계 서비스업
73	기타 전문, 과학 및 기술 서비스업
732	전문디자인업
7320	전문디자인업
73201	인테리어 디자인업
73202	제품 디자인업
73203	시각 디자인업
73209	기타 전문 디자인업

[그림 9] 통계청에서 발표한 9차 표준산업 분류(2008년 2월 개정)

관련 산업에 포함되었으며, 전문 디자인산업을 소분류로 구분한 뒤 제품, 시각, 인테리어 등의 디자인산업이 하위 분류에 포함되었다.

이렇게 전문 디자인산업이 소분류로 명시되었다는 사실만으로도 과거에 비해 디자인산업에 대한 시각이 달라진 것을 확인할 수 있다. 그러나 새로운 분류체계도 디지털 시대의 급변하는 환경에 발 빠르게 대응하고 디자인산업의 발전 추세를 따라가는 것이라고 보기에는 부족한 점이 없지 않다.

이와 같이 디지털 혁명에 의해 촉발된 디자인산업의 첫 번째 혁명단계에서는 기존에 존재하지 않던 새로운 디자인산업 즉, 디지털 콘텐츠 디자인이 포함되면서, 이와 동시에 전체 디자인산업 내에서 세분화된 각각의 디자인산업의 상호간 연계성이 강화되는 현상이 벌어지고 있다. 통일성 있는 제품을 디자인하기 위해서는 각각의 분야에서 가장 경쟁력 있는 디자이너나 기업들이 모여 상호간에 밀접한 연관관계를 형성할 수 밖에 없는 것이다. 혁명의 전개과정을 정리하면 [그림 10]과 같이

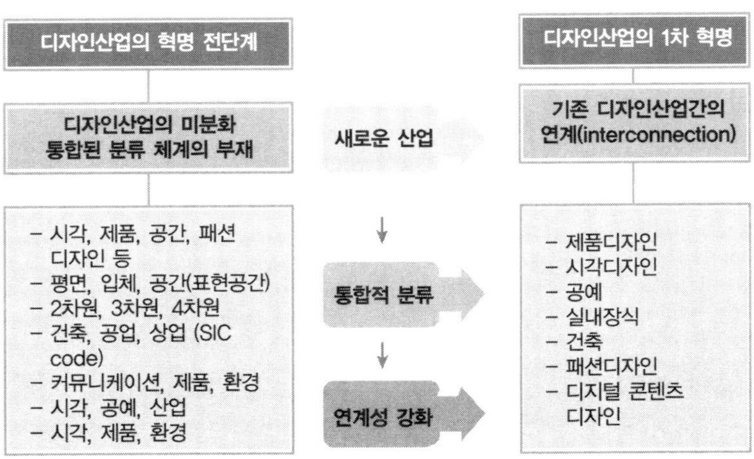

[그림 10] 디자인산업의 1단계 혁명 과정

도식화 할 수 있다.

디자인의 1차 혁명은 디지털 혁명에서 그 원인을 찾을 수 있는데, 디자인의 적용 대상과 디자인 수단이라는 두 가지 측면으로 나누어 볼 수 있다.

디자인 적용 대상 측면에서는 디자인이 적용되는 새로운 산업이 등장했고, 이와 함께 디지털 콘텐츠 디자인인 게임이나 애니메이션 등 새로운 제품이 개발되었다.

디자인 수단의 측면에서는 디지털이라고 하는 새로운 수단이 등장했다. 디자인과 생산에 컴퓨터를 이용하는 CAD(Computer Aided Design), CAM(Computer Aided Manufacturing)이 등장했고 컴퓨터로 만들어진 3차원 CAD · CAM 자료로부터 그 물리적인 모형 형상을 신속하게 조형하는 RP(Rapid Prototyping)기술까지 등장하여 예전에는 상상할 수도 없었던 복잡한 제품의 형상도 3D프린터로의 모형제작까지 가능해졌다. 또한 디자인을 위한 정보 수집의 수단으로도 디지털 매체를 이용하고 있다. 디지털이 디자인의 대상인 동시에 도구가 된 것이다.

02 디자인산업의 2차 혁명: 디자인 영역의 확장

두 번째 단계의 혁명은 지금까지 주로 시각적인 영역에 국한시켜 왔던 디자인을 동일한 디자인 원칙을 오감의 영역에 적용하자는 것이다. 한 제품에 다섯 가지 영역의 기능을 갖도록 하고 이들이 통일된 전체를 이루게 하기 위해서는 모든 영역을 하나의 원칙에 따라 디자인할 필요가 있다.

기존 산업에 있어서 디자인은 대부분 제품 자체의 외형에 관한 것이거나 제품의 포장에 관한 것으로서 다분히 시각적인 영역에 관련되었으며, 부분적으로 패션디자인 등에서 촉감이라는 영역을 고려 대상으로 삼았을 뿐이었다. 그러나 미래에는 현재의 시각 위주 디자인에서 촉각이나 청각, 미각, 후각 등 모든 감각을 이용한 디자인이 디자인 요소에 포함될 것이다. 현재에도 이미 어떤 이미지 전달이나 분위기 또는 감정 표현을 위해서 여러 감각을 복합적으로 이용하는 사례들을 볼 수 있다.

기계 기술과 디지털 기술의 발달은 다양한 감각적 영역을 제품화 할 수 있게 하는 원동력이 되었다. 이제는 단순히 제품의 기능성에 의해서 경쟁력이 결정되는 시대에서 벗어나 오감의 모든 영역에서 사용자가 제품을 통해 느끼는 만족감의 차이에 따라 제품의 경쟁력이 결정된다.

사용자 중심 디자인이라는 패러다임 아래에서의 제품은 디자인을 통해 소비자의 감정을 자극해 새로운 메시지를 강하게 전달하고 그것을 소비자의 내면에 명확하게 인식시키고 지속되게 할 것이 요구되고 있다.

제품의 디자인을 평가하는 중요 변수로서 사용성을 인식하기 시작한 것은 1970년대부터다. 제품이 제공하는 기능성, 그리고 제품을 소유하면서 갖게 되는 경제적, 상징적 가치에 의해 디자인의 우수성을 평가하던 소비 미학은 소비자가 제품의 가치를 자기 중심적으로 인지하기 시작하면서 새로운 변환기를 맞게 된다. 소비자들의 제품에 대한 가치 평가가 자기중심적으로 이루어지면서 디자인 패러다임의 변화는 이제 디자인이 단순히 소비자에게 시각적 만족만을 주는 것에서 탈피해 인간의 모든 감각을 통해 소비자의 정신적 내면에 감동을 주는 방향으로 전개되고 있다.

사용자 중심의 디자인 패러다임 하에서 제품은 이제 제품디자인에서 시각적인 부분만을 고려해서는 더 이상 경쟁력을 가질 수 없으므로 이제 오감의 영역을 명확히 디자인의 대상에 포함시키고 그들을 하나의 통일된 원칙에 의해 디자인할 필요성이 강하게 제기된다[그림 11].

디자인산업의 두 번째 혁명은 이러한 원칙이 확립되고 그 원칙이 각각의 영역에 모두 적용될 때 완성되는 것이다. 현재 진행되고 있는 변화는 이러한 혁명의 과정이다. 따라서 모든 영역의 디자인에 적용할 수 있는 디자인의 대원칙을 찾아내고 이를 디자인의 이론으로 확립한다면 급변하는 환경에서 모든 산업이 경쟁력을 갖도록 하는 도구로서 디자인을 크게 활용할 수 있을 것이다[그림 12].

현재 이루어지고 있는 디자인 요소 확장의 예를 살펴보면 미래의 디자인이 어느 영역까지 확장될 수 있을지 그 가능성을 가늠해 볼 수 있다. 먼저 영화의 경우를 살펴보자. 과거 무성영화를 제작하던 시절에는 배우의 대사뿐만 아니라 그 어떤 소리도 영화의 제작 과정에서 중요한 고려의 대상이 되지 않았다. 다만 영화 상영 시 연사의 해설만이 관객들에게 의미를 전달하는 데 도움을 줄 뿐이었다. 그러나 기술의 발달과 함께 영화의 제작에도 청각적 효과 즉, 음향이 중요한 요소로 대두되었다. 처음에는 배우의 대사를 더빙하는 수준에서 점차 동시 녹음이 가능해지고 이제는 입체음향 효과를 통해 실제 현장에 있는 것과 유사한 수준의

디자인 패러다임	생산자 중심 디자인	사용자 중심 디자인
원동력	산업 혁명	디지털 혁명
철학	기계 미학	정보 혁명에 기초한 다양성의 미학
제품의 평가 요소	제품의 기능성 제품의 보유로 인한 경제적, 상징적 가치	소비자가 인지하는 제품의 사용성 제품과 소비자의 상호작용 (interaction)

[그림 11] 디자인 패러다임의 변화

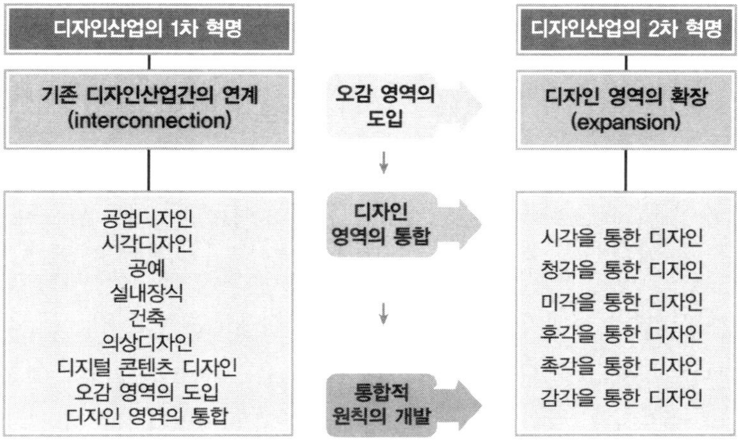

[그림 12] 디자인산업의 2단계 혁명 과정

감정을 전달할 수 있게 되었다. 종합 예술이라고 일컬어지는 영화에서 이제는 청각적인 요소를 배제한 경우는 상상하기 어렵다. 영화 제작 스태프에는 촬영 감독뿐만 아니라 음향 감독이 반드시 필요하며, 어떤 영화는 배경 음악이 훨씬 더 기억에 남는 경우도 있다. 감독은 관객의 시각을 자극하는 화면과 청각을 자극하는 음향 효과의 조화를 통해 관객에게 하나의 스토리와 그 안에서의 감동을 더욱 생생하게 전달할 수 있다. 영화는 '은막의 예술'에서 그치는 것이 아니라 감각을 통해 인간의 내부에 전달되는 고도의 체험수단이 되었다. 영화 감독은 작가가 2차원의 종이 표면에 써놓은 시나리오를 영상과 음향을 이용해 현실처럼 구현해 내고 또한 그러한 프로세스를 디자인하는 디자이너인 것이다.

영화의 사례를 통해 시각에서 청각으로의 디자인 영역 확장에 대해 살펴보았다. 이제는 영화에 등장하는 꽃의 향기를 직접 맡을 수 있고 화면에 전개되는 기후에 따라 실내 온도가 달라지는 극장을 상상하는 것이 그리 어려운 일이 아니다. 실제로 국내에서는 2009년부터 4D전용관이 전국에 걸쳐 생기기 시작하여 현재는 3D에 다양한 오감 체험을 더한 4D영화가 대중화되었다.

이런 변화를 가능하게 하는 원동력은 바로 기계 기술과 디지털 기술이라고 할 수 있다. 기술의 발달은 어떤 영역이든 디자인할 수 있게 해주며 영역간의 조화를 가능하게 한다. 디자인 영역의 확장에 관한 또 다른 예는 섬유 제품에서도 찾을 수 있다. 물리적 실체를 가진 제품의 경우 디자인은 시각적인 요소뿐만 아니라 촉각에도 주의를 기울여 왔다. 특히 섬유 제품의 경우 서로 다른 재질의 섬유가 주는 질감은 그 색상보다 더 중요하게 여겨지기도 한다. 섬유 제품의 디자이너는 형태와 색상, 질감의 조화를 이룰 수 있는 조합을 선택해야 한다. 섬유 제품은 시각과 촉각이 모두 디자인의 영역에 포함된다는 사실을 보여주는 단적인 예라고 할 수 있다.

그렇다면 물리적 실체를 가진 제품 디자인의 표본이라고 할 수 있는 오토바이의 경우는 어떤가? '할리데이비슨(Harley Davidson)' 오토바

4D 영화의 예,
아바타 또는 4D 전용극장 좌석

이의 경우 그 독특한 엔진 소음은 할리데이비슨 만의 트레이드 마크가 된 지 오래다. 이들 제품의 소비자에게는 차체의 외형보다는 청각적인 요소가 더욱 크게 작용한다. 디자인의 영역을 단순히 시각적인 것에만 국한시킨다면 이는 디자인의 창의성을 제한하는 것이다. 디자인은 인간의 오감 중 어느 영역에도 적용될 수 있다. 이제 디자인이 조금씩 그 영역을 확장하고 있고 기술의 발달은 그 확장을 가속화시킬 것이다. 산업혁명을 통한 기계 기술의 발달이나 디지털 혁명을 통한 정보통신 기술의 발달은 인간의 욕구를 다양화시키는 한편 욕구 충족 수단 또한 다양화 시켰다. 우리가 생각할 수 있는 대부분의 것은 기술을 통해 실제로 구현할 수 있다. 상상력은 디자인의 출발점이며 가장 중요한 요소이다. 그것이 기술적으로 가능한가를 따지기 전에 우리의 의식 속에 내재된 영감을 밖으로 표출시킬 수 있도록 하는 것이 바로 디자인이다.

이제 디자인 요소의 확장 가운데 마지막 영역인 육감에 대해 언급하고자 한다. 위에서 언급한 다섯 가지 감각은 특별한 사람이 아니라면 누구나 지니고 있는 보편적인 감각이다. 하지만 육감은 그 존재 여부조차

할리데이비슨 'FLHRCI'

도 불투명하다. 그러나 모든 사람이 지니고 있는 것이 아니라고 해서 존재하지 않는다고 단정지을 수는 없다. 사실 육감은 누구나 지니고 있는 것이다. 다만 시각이나 후각에도 개인차가 있듯이 발달된 정도에 차이가 있고 그 차이가 커서 존재를 느끼기 어려울 뿐이다.

오감이 어떤 메시지를 전달받는 경로 즉, 컴퓨터의 키보드나 마우스 등의 주변장치와 같은 역할을 한다면, 육감은 그러한 경로나 접촉이 없이 직접 인간의 감정을 자극하는 것을 의미한다. 사람과 사람 사이에 전해지는 육감을 우리는 텔레파시(telepathy)라고 부른다. 토탈 리콜(Total Recall)이라는 영화를 보면, 뇌에 전기적 자극을 줌으로써 가상현실을 실제 경험한 것과 같이 느끼게 해주는 장면이 나온다. 육감을 디자인한다는 의미는 이런 가상현실을 디자인하는 것과 유사하다. 그러나 육감을 이용한 디자인에서는 전기적 자극과 같은 전달 경로 또한 배제되므로 약간의 차이가 있다. 전자파를 이용한 정신적 치료 요법 또한 육감 디자인과 유사한 분야라고 할 수 있다. 육감의 자극을 통해 엔터테인먼트를 일으키는 과정 또한 인간이 느끼는 엔터테인먼트의 정도나 상태를 디자인하는 것이 바로 육감을 이용한 엔터테인먼트 디자인이라고 할 수 있다.

미를 구성한다는 것은 모든 매개요소를 상호 조화시키는 것, 또는 통일체를 창조하는 것이기도 하다. 디자인 원칙이란 어떤 실체를 형성하기 위해 그것을 이루는 각 요소들을 유기적으로 통일시키기 위한 구조적 계획이다. 즉, 디자인 요소들이 어떤 특정한 효과를 내기 위해 어떻게 결합되어야 하는지를 결정하는 하나의 연관 법칙이거나 또는 구성계획이라 할 수 있다. 이러한 원리를 통하여 요소들은 의미 있는 상호관계를 갖게 된다.

이런 의미에서 디자인의 2차 혁명은 시각디자인의 원칙, 청각디자인의 원칙, 미각디자인의 원칙, 후각 디자인의 윤곽, 촉각디자인의 원칙으로 나눌 수 있다.

시각디자인의 원칙

고대 이집트 및 그리스 시대 이래 제시된 수많은 미적 형식 원리는 근대 미학자들에 의해 대략적으로 정리되었다. 본래 미학상의 개념이지만 오늘날 많은 예술 분야에서 사용되는 원칙으로서 조화, 비례, 균형, 리듬(율동)등이 있다. 그러나 아직까지 이러한 원칙들에 대해 학자들 간에 통일된 견해는 존재하지 않는다. 한 개의 원칙 안에 다른 원칙들이 내포되어 존재할 수도 있다. 예를 들어 대칭과 비례라는 원칙은 균형이라는 또 다른 원칙을 구성하는 요소로 파악할 수도 있는 것이다. 또 원칙 중에서는 모든 대상에 적용되는 것과 특정 대상에만 적용되는 것도 있을 수 있다. 이제 시각적인 대상에 대해 조형적인 차원에서 제시되고 있는 8가지 원칙들을 타 영역에도 적용해보면서 보편 타당한 원칙들을 찾아내는 동시에 이들 원칙 간에 존재하는 위계를 파악해 보기로 하자.

조화(Harmony)

사물의 전체적인 균형미를 나타내는 말로 조화라는 단어를 사용한다. 이는 두 개 이상의 요소 또는 부분의 상호관계에 대한 내적 가치판단으로서, 그들이 서로 분리되어 배척하지 않고 통일된 전체로서 높은 감각적 효과를 발휘를 할 때 나타나는 현상이다. 즉, 부분과 부분 또는 부분과 전체 사이에 안정된 관련성을 주면서도 공감을 일으킬 때 조화가 성립된다. 그런데 두 가지 이상의 요소가 모두 동일하거나 유사할 때 서로 완전히 조화되고 있다고 생각할 수 있으나 오히려 단조로울 수도 있다.

따라서 좋은 조화는 요소 상호간에 공통성이 있는 동시에 차이가 있을 때 얻어지는 것이 보통이다. 이러한 차이가 현저할 때 서로 대비를 이루었다고 하고, 이 대비 사이에 안정을 유지하고 있는 상태를 균형이라고 한다. 따라서 요소 상호간의 적절한 통일과 균형이 이루어질 때 조화를 이루었다고 할 수 있다.

통일(Unity)

시각적 대상을 구성하는 요소가 각각 다양하면서도 산만하지 않고 전체적으로 질서를 이루고 있어 절제된 미를 느낄 수 있는 상태를 말한다. 자연이나 예술을 미적이라고 말할 때 그 자연이나 예술의 형성에서 기준으로 삼는 근본적인 원리 중 하나다.

균형(Balance)

균형은 둘 이상의 요소 사이의 시각적인 힘이나 무게감의 적절한 분배를 통해 안정감과 명쾌한 감정을 느끼는 것을 의미한다. 대칭적인 요소와 대비적인 요소 사이에서 변화와 조화를 이루게 하는 요소이기도 하다. 또한 비례 역시 중요한 요소로 작용한다. 따라서 균형은 대비라는 요소의 반대 개념이 아니라 대칭적인 요소를 깨뜨리고 비대칭의 요소를 더하여 화면에 동적 중심을 잡는 것이며, 이는 구체적으로 형태, 질감, 색채, 위치, 방향 등을 통해 얻어진다.

강조(Emphasis)

색채, 배치, 규칙성 탈피 등의 형태를 통해 의도적으로 파격 효과를 주어 단순함을 깨뜨리고 주의를 집중시킴으로써 시각적 자극을 통한 변화를 주는 것이다. 강조는 그 자체로는 불균형의 상태지만 시각적인 힘의

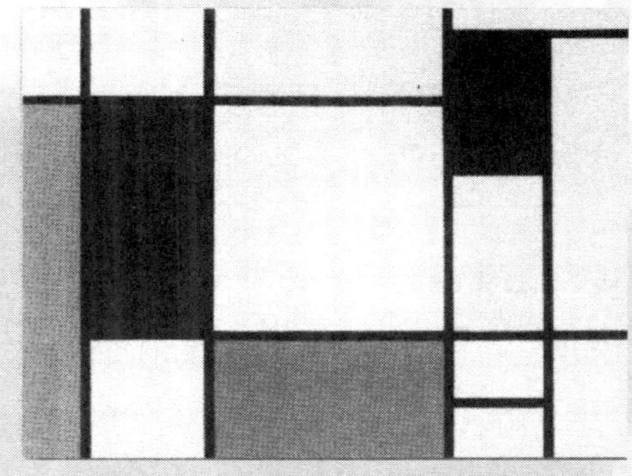

피에트 몬드리안의
'빨강, 노랑, 파랑색의 구성', 1920년

통합을 통해 조화를 이루게 한다. 그러나 무분별한 강조는 통일과 균형을 무너뜨려 산만해질 수 있고 모든 요소가 강조되면 아무것도 강조되지 않는 것과 같은 효과가 있어 전체의 한 부분으로서의 조화로운 형태의 강조가 요구된다.

리듬(Rhythm)

리듬은 시각적인 변화를 내포하고 있는 운동의 질서를 의미한다. 디자인 원칙으로서의 리듬은 각 요소와 부분의 규칙적 혹은 불규칙적인 반복에 근거를 두고 있으며 어떤 질서를 부여하느냐에 따라 다양한 종류의 리듬을 만들어 내게 된다.

비례(Proportion)

비례는 일반적으로 가로와 세로, 높이와 깊이 등 둘 이상의 어떤 양적 요소들 사이의 관계를 나타낸다. 그러나 오늘날에 와서는 부분과 전체의 관계 또는 부분과 부분의 관계 등 수량적 관계가 아닌 관계를 포함하며 광범위하게는 '부분이 전체에 미치는 합법적 관계' 라고 정의되어 있다.

대비(Contrast)

대비는 구성요소들 사이에 반대되는 성질을 대치시켜 긴장감을 자아내거나 어떤 극적인 효과를 얻는 것을 의미한다. 대비는 조화를 이루는 한 가지 요소가 될 수도 있다.

대칭(Symmetry)

대칭은 점, 선 또는 면을 중심으로 유사한 형태를 배열시켜 통일감과 안정감을 일으키는 것을 의미한다. 대칭은 균형의 가장 전형적인 구성 형식이며 가장 균형 잡힌 상태이기도 하다.

청각디자인의 원칙

시각디자인의 원칙들을 청각의 영역으로 확장시키면 청각의 영역에 적용할 수 있는 원칙들에 대해 살펴볼 수 있다. 전술한 바와 같이 특정 영역의 원칙들을 다른 영역에 그대로 적용할 수 있는 것은 아니므로 환경에 적합하게 원칙들을 수정해 나갈 필요가 있다. 여기서는 음악 이론을 중심으로 시각디자인 원칙과의 비교를 통해 청각디자인 원칙으로 정립할 수 있는 음악 이론의 요소들을 살펴 본다.

음악이 청각의 모든 부분을 차지하는 것은 아니다. 하지만 음악 자체는 의미를 담아 계획된 의지를 전달할 수 있는 수단이 된다는 의미에서 디자인과 커뮤니케이션 수단이라는 공통점을 가진다. 음악을 창작하

토마스 에디슨이 발명한 축음기, 1877년

기 위한 체계로서 다양한 이론이 존재하는데 음악 이론에서 계획, 설계, 창의적 프로세스 등 디자인이 갖는 의미와 유사한 요소들을 찾아볼 수도 있다. 따라서 음악 이론을 체계적으로 시각디자인의 원칙과 비교하는 것은 가능할 뿐 아니라 의미 있는 일이기도 하다.

청각과 시각의 가장 큰 차이점은 시간에서 비롯된다. 시각 현상과 청각 현상은 모두 어떤 공간 안에서 일어나는 공통점을 갖는다. 그러나 시각 현상에서의 공간은 거리 공간인 반면, 청각 현상에서의 공간은 시간의 흐름과 원소들간의 관계를 통해 형성되는 위상공간(topological space)이라는 차이점을 갖는다. 여기서 각 원소들의 구분은 음의 높이로 이루어지며 음의 높이는 시간의 연속성 아래서 성립된다.

각각의 높이와 길이, 색깔을 갖는 음들간의 시간의 흐름을 통한 관계를 통해 공간이 형성되고 위상 공간 안에서 이러한 관계들은 하나의 계층성을 형성해 멜로디 혹은 어떤 구조를 만든다는 것이 바로 음악의 위상학적 설명이다. 즉, 거리 공간에서 오르내리는 계단과 같이 우리의 두뇌 안에서 각 음(音)들 사이에 청각적 계층이 형성되고 층계를 오르내리는 것과 같은 계층성의 변화를 통해 음의 높낮이 등의 관계를 인식함으로써 공간 안에서 어떤 구조를 이루어 나갈 수 있다는 것이다. 이제 이러한 위상공간에서 구조를 만들어 가는 원칙을 시각디자인의 원칙과 비교해서 살펴보자.

화성(Harmony)

시각디자인에서 '조화' 라고 부르는 원칙을 음악 이론에서는 '화성' 이라고 표현한다. 시각디자인의 원칙에서 통일이나 균형이 조화를 이루는 요소가 될 수 있듯이, 음악 이론의 화성에는 디자인의 여러 원칙들이 어우러져 화성이라는 원리를 형성하고 있다. 화성은 화음(chord)의 음악적 원칙에 의한 진행(progression)을 의미한다. 또한 음악적 합성음으로서의 화음은 음악적 논리를 근거로 합성된 화성의 시간적 단위다. 여기서 음악적 논리란 하나의 모티브에 의해서 통일되고 균형을 갖춘 체계를 만들기 위한 기준을 의미한다. 따라서 화음은 화성적 단어이고 화성의 진행은 통일과 균형에 의거하여 형성된 문장을 만들어 가는 과정이라고 볼 수 있다.

화음의 각 구성음들은 근음(root)을 기초로 형성된다. 따라서 각 구성음들의 상호관계는 근음과의 관계가 우선적이다. 가장 기본이 되는 3화음(triad)의 구성을 살펴보면 c음을 근음으로 하고 자연 배음 가운데 위로 3도씩 두 번 쌓아 올려 제 6배음까지 수직적으로 정리된 c,e,g의 3음으로 이루어져 있다. 3화음의 구성원칙을 살펴보면 자연 배음 중 제 6배음까지의 범위 내에 모든 협화음정(완전1, 4, 5, 8 및 장, 3, 6도)이 포함되며, 배음을 배경으로 생성된 3화음의 각 구성음에 대한 진동 비율이 4:5:6을 이룰 때 가장 이상적인 협화음을 구성하게 된다고 한다. 이상적인 멜로디를 구성하기 위한 원칙의 하나로 비례(proportion)라는 요소가 존재함을 알 수 있다.

또한 화음은 협화음(consonant cord)과 불협화음(dissonant cord)으로 구분되는데, 협화음은 화음 구성음들의 음정 관계가 모두 협화음으로만 구성되어 있고, 불협화음은 화음 구성음들의 음정관계 중 적어도 한 개 이상의 불협화음정을 포함하고 있다. 협화음정과 불협화음정이라는 서로 대치되는 요소들을 이용하여 하나의 불협화음을 만들어 내는 경우로서 음악이론에 대비(contrast)라는 원칙이 적용되는 사례라고 볼 수 있다. 또한 부3화음(secondary triad)을 주요 3화음과 연속적으로 사용하여 주요, 부3화음이 교대로 나타나게 함으로써 서로 다른 성질에서 오는 음색 차이로 변화와 다양성의 대비를 이루어 멜로디적 구성 요소를 증가시키는 경우에서도 대비라는 원칙을 찾아볼 수 있다.

리듬(Rhythm)

음악 이론에서는 리듬을 박자(meter), 속도(pace 또는 tempo), 액센트(accent), 패턴(pattern)의 네 가지 요소로 나누어 파악한다. 이들 요소 가운데 한 가지라도 변하게 되면 리듬도 변하게 된다. 흔히 리듬과 박자를 동일하게 취급하는 경우가 있지만 리듬은 총괄적인 것이고 박자는 리듬의 한 가지 구성 요소일 뿐이다. 또한 음악 이론에서 사용하는 리듬이라는 개념은 시각 디자인의 원칙 중 리듬의 개념인 규칙적, 불규칙적 반복에 해당하는 것보다 광의의 개념이라 할 수 있다.

박자는 한 소절을 구성하는 박(拍, beat)의 수를 의미하는데, 이를테면 3/4박자에 있어서는 한 소절이 세 개의 4분 음표만큼의 길이를 가진 비트로 이루어진다. 리듬은 규칙 분할, 불규칙 분할, 중복, 규칙 분할의 중복, 불규칙 분할의 중복 등 다섯 가지의 리듬 구조로 구분되는데, 여기서 규칙 분할이란 한 소절을 등박(等拍) 즉, 같은 길이의 박으로 조직한 것을 말한다. 우리가 알고 있는 리듬의 90% 이상은 규칙 분할에 바탕을 두고 있는 것이라고 한다. 이러한 규칙 분할에 의해 박자의 무게감이 어느 한 소절에 치우치지 않고 모든 소절에 걸쳐 동등하게 분배된다. 여기에서 박자는 비례를 나타내고, 박자를 만드는 원칙이라 할 수 있는 분할은 대비를 나타내며 이중 규칙 분할은 대칭, 불규칙 분할은 비대칭적인 의미를 가지고 있다고 볼 수 있다.

시간의 흐름 속에서 나타나는 속도는 공간에서는 힘 즉, 강조를 나타내고, 액센트는 문자 그대로 강조를 의미한다.

리듬에서 찾을 수 있는 마지막 요소인 패턴은 대칭(symmetry)으로 파악 할 수 있다. 시각디자인 원칙에서 대칭은 무언가를 중심으로 같은 형태를 배열시켜 통일감과 안정감을 얻는 것이다. 음악에서도 한 개의 악곡에서 동일한 패턴의 소절들을 반복시켜 리듬을 구성하는 경우를 흔히 볼 수 있다. 다만 시각디자인에서는 시간적인 제약이 없이 순간적으로 모든 것을 표현할 수 있지만, 시간적인 제약을 받는 청각디자인에서 대칭을 표현하기 위한 유일한 방법은 반복이다.

지금까지 기존 음악 이론에서 시각디자인의 원칙들과 비교할 수 있는 요소들을 찾아보았다. 이들을 정리해보면 [그림 13]과 같다.

이러한 비교를 통해 음악 이론을 디자인의 관점에서 다시 해석함으로써 모든 작곡 즉, 청각디자인 원칙들이 시각디자인 원칙으로 해석될 수 있음을 알 수 있다.

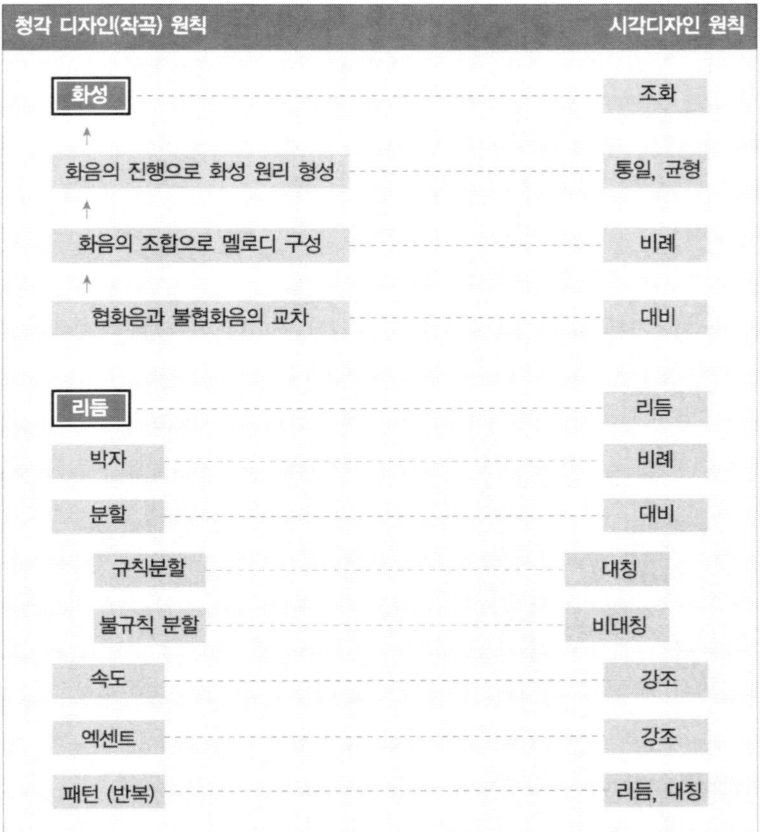

[그림 13] 청각디자인(작곡) 원칙과 시각디자인 원칙 비교

미각디자인 원칙

미각, 촉각, 후각의 영역에는 청각과 같이 체계적으로 정리된 기존 이론이 존재하지 않는다. 그러나 체계적인 이론이 존재하지 않는다고 해서 이들 영역의 창작활동이 무계획적으로 또는 어떠한 원칙도 없이 이루어지는 것은 아니다. 이들 영역에서 만들어진 결과물들에 대한 사례 연구

를 통해 실제로 각각의 영역에서 적용되고 있는 어떤 원칙들을 찾아보고, 이들을 시각디자인의 원칙과 비교해 봄으로써 디자인이라는 관점에서 새롭게 해석할 수 있다.

인류의 삶이 보다 윤택해져 감에 따라 음식은 더 이상 인간의 생명을 지속시키기 위해 에너지원을 공급하는 수단으로서만 존재하는 것이 아니라 미각을 통해 맛과 멋을 즐기는 생활의 일부로 자리잡게 되었다. 이제 음식은 기본적인 욕구의 충족 수단에서 벗어나 한 차원 높은 만족감을 주기 위한 수단으로서 새로운 디자인의 대상이 된 것이다. 푸드 스타일리스트(food stylist)라는 직업의 명칭을 봐도 음식이 이미 디자인의 대상으로 인식되고 있음을 알 수 있다. 음식의 맛을 내는 데 있어서 어떤 체계적인 원리가 존재하는 것은 아니다. 그러나 기존의 조리법이나 조리과정에 존재하는 상식 또는 새로운 요리를 창조하는 과정에서 발휘되는 명인들의 오랜 경험을 통해 쌓인 감각이나 노하우 등을 디자인 원칙의 관점에서 해석함으로써 이들을 체계적으로 정리해 볼 수 있다.

조화(Harmony)

포도주는 식사와 함께 드는 대표적인 술로서 다양한 요리와 어울리고 조리 과정에 첨가되기도 한다. 포도주는 원료가 되는 포도의 산지 기후 및 토양과 포도의 종류, 숙성의 정도, 원료의 배합 비율에 따라 그 종류와 품질이 다양하게 구분되지만 크게 백포도주와 적포도주의 두 가지로 대별해 볼 수 있다. 절대적 원칙은 아니지만 일반적으로 생선요리에는 백포도주, 육류에는 적포도주를 선택하는 것이 상식으로 되어 있다. 그 배경에는 백포도주의 산미(酸味)는 생선의 맛과 조화되고, 적포도주의 탄닌 성분은 육류의 기름기와 짙은 맛을 잘 조절해 준다는 이유가 있다. 이러한 요소는 둘 이상의 요소가 서로 배척되지 않으면서 통일된 전체를 이루도록 한다는 디자인의 조화 원칙이 적용된 경우라 하겠다. 최근 로스앤젤레스에서 시작되어 전 세계 식당 가를 강타하고 있는 퓨전 음식도 동양과 서양에서 따로따로 개발된 조리법을 배합해 새로운 음식문화를 창조하고 있다는 점에서 조화의 원칙이 적용된 사례로 볼 수 있다.

통일(Unity)

요리에 있어 함께 나오는 음식이 하나의 테마로 일관되게 존재하는 것을 의미한다. 고급 요리일수록 다양한 맛을 경험하는 동시에 그 각각의 맛이 전체적인 통일감을 느낄 수 있도록 해주어, 조화롭고 안정된 맛의 느낌을 남겨준다.

균형(Balance)

한국 음식 맛의 특색을 논할 때 흔히 맵고 짠맛을 강조한다. 이에 비해 일본 음식은 다섯 가지 맛(단맛, 짠맛, 신맛, 매운맛, 쓴맛)을 모두 강조하고, 소스나 양념의 맛과 함께 요리 재료 자체의 맛도 중요하게 여긴다. 맛에 균형이라는 요소가 존재함을 보여주는 예라고 할 수 있다. 그러나 한국 음식이 맵거나 짠맛을 강조하는 이유를 균형 있게 설명하는 견해도 있다. 우리가 주식으로 사용하는 쌀밥, 국수 등은 그 풍미(風味, 맛과 냄새)가 비교적 약하기 때문에 식욕을 돋울 수 있는 강한 맛과 냄새가 필요했으며, 이러한 맛의 균형을 위해 맵거나 짠 김치와 장(藏)류를 많이 사용하게 되었다는 해석이 지배적이다.

강조(Emphasis)

프랑스 요리 중 뜨거운 요리가 나오기 전에 내는 소품으로 식욕을 촉진시키기 위해 간단히 먹는 샤르퀴트리나 소르베(sorbet, 영어로는 샤베트)는 전에 먹었던 음식의 맛을 지우고 다음에 나오는 요리의 맛을 강조하기 위한 것이다.

리듬(Rhythm)

음식 문화가 가장 발달했다고 일컬어지는 프랑스 요리에서는 순서를 중요시한다. 대개 식전주(aperitif)-전채 요리(hors-d' oeuvre)-앙트레 요리(entre)-치즈(fromages)-후식(dessert)-식후주(digestif)의 순서로 구성되어 있다. 식전주를 이용해 입안의 잔 맛을 제거하고, 전채 요리를 통해서는 짠맛과 신맛으로 위액의 분비를 촉진하는 등 순서에 따라 요리의 역할이 부여된다. 이 진행 과정에 따른 맛의 강도를 그림으로 표현해보면 [그림 14]와 같은 형태를 띠게 된다.

프랑스 요리는 전채 요리가 나온 후 진행 과정의 한가운데에서 맥을 끊어줌으로써 극적인 효과를 노린다. 여기에 소르베가 사용되는데 메인 요리 이전에 이미 먹었던 음식의 느끼함이나 지루함을 없애는 효과를

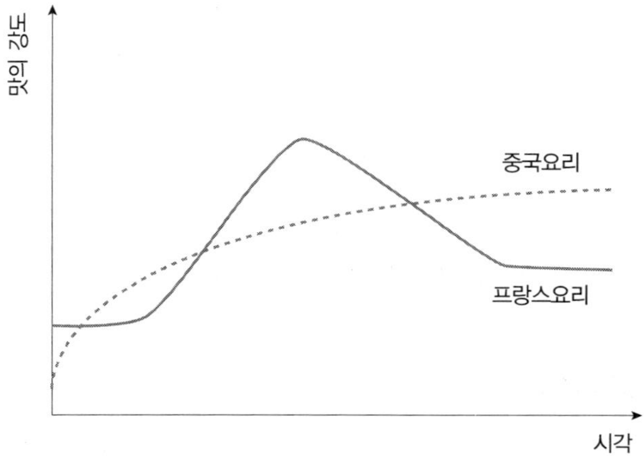

[그림 14] 프랑스 요리와 중국 요리의 리듬

갖는다. 일본이나 중국 요리가 보이는 단조로운 맛의 진행 과정과는 상당한 차이를 보인다. 이렇듯 각 나라의 음식은 나름대로의 리듬을 갖고 있다. 음식 맛의 강약을 그 순서와 변화를 통해 조절한다는 측면에서 리듬이라는 디자인의 요소를 찾아볼 수 있다. 애플파이 알 라 모드도 먼저 애플파이를 입에 넣었을 때 느껴지는 따뜻한 맛을 아이스크림으로 식힌다는 점에서 리듬을 느끼게 해주는 음식이다. 또 식당에서 아이스크림을 가져올 때 단 과자인 웨이퍼를 한 조각 곁들이는 것도 아이스크림을 한 입 넣어서 입안이 얼얼할 때 웨이퍼로 찬 느낌을 풀어줌으로써 리듬을 살리기 위한 것이다.

비례(Proportion)

음식을 조리할 때 각각의 재료를 혼합하는 비례에 따라 그 맛이 달라짐은 말할 필요도 없을 것이다. 특히 칵테일을 조제할 때 각종 술과 향료 그리고 보조 음료를 혼합하는 비율에 따라 다양한 맛이 연출된다. 따라서 미각 디자인의 원칙에 비례라는 요소는 빠질 수 없다.

대비(Contrast)

조리 과정에서 미묘한 맛의 차이를 가져오는 간단한 아이디어들이 요리 상식의 형태로 상당수 존재한다. 그 가운데 하나가 바로 설탕물에 소금을 약간 넣으면 단맛이 더 강해진다는 사실이다. 이 원리가 적용되는 경우로 딸기를 소금물에 씻으면 단맛이 더 강해진다고 한다. 또한 단팥죽을 끓일 때 소금을 조금 첨가하면 더 달게 느껴지고, 육수장국에 소금을 넣으면 맛이 진해지는 경우도 유사한 경우라고 하겠다. 단맛과 짠맛이 서로 상반된 맛이라고 할 수 는 없지만 서로 다른 맛을 대비시켜 상승효과를 낸다는 점에서 대비의 요소를 찾아볼 수 있는 경우라고 할 수 있다. 프랑스 빵인 바게트도 겉의 딱딱한 감촉과 속의 부드러운 감촉이 대비되면서 절묘한 조화를 보이고 있다. 애플파이 위에 아이스크림을 한 스푼 올려놓은 애플파이 알라모드도 파이의 온기와 아이스크림의 찬 기운이 입안에서 대비되면서 산뜻한 느낌을 가져다 준다.

기타

시각디자인의 원칙 가운데 조화, 통일, 균형, 강조, 리듬, 비례, 대비의 일곱 가지 요소가 미각디자인에서도 원칙으로 적용될 수 있음을 위의 사례에서 살펴보았다. 그러나 시각디자인의 원칙 중 대칭이라는 요소가 미각의 영역에 적용할 수 있을지는 의문이다. 다만 그러한 사례를 찾아볼 수 없다고 하여 기능성을 완전히 배제할 수는 없으므로, 여기서는 대칭이라는 요소를 미각디자인 원칙의 하나로 제시하는 않아도 그 가능성만큼은 남겨둔다.

후각디자인의 원칙

음식이 미각을 충족시키는 수단이라면 후각을 충족시키기 위한 인위적 수단은 역시 향수라고 할 수 있다. 향을 디자인한다는 말은 이제 우리에게 전혀 생소하지 않다. 여러 가지 향을 합성해 새로운 향을 창조해 내는 조향사(調香師)는 향의 디자이너라고 부르기에 충분하다. 우리에게 익숙한 파코라반(Paco Rabanne)은 조향사이자 패션디자이너다. 요지 야마모토(Yoji Yamamoto), 샤넬(Gabrielle Chanel) 등 많은 디자이너들이 향수와 밀접한 연관을 맺고 있다. 많은 사람들이 후각 영역을 이미 명백한 디자인의 대상으로 인식하고 있으며 상품이나 서비스의 이미지와 어울리는 향기를 분사해 고객의 소비욕구를 자극하는 향기 마케팅

(Aroma Marketing)은 이미 경영학 교과서에 소개되고 있다. 천연향과 합성향료의 조합을 통해 새로운 향을 만드는 것뿐만 아니라 향수나 화장품을 이용해 개인이 자신만의 향기나 스타일을 창출해 내는 것도 단순한 개인적인 에티켓이나 센스의 차원을 넘어서 하나의 디자인이라고 보기에 충분하다. 이제 후각 영역에 적용할 수 있는 디자인 원칙을 정립하기 위해 관련된 상식이나 제품 등을 분석해 보자.

조화(Harmony)

향수는 화장품의 일종이다. 대부분의 화장품들은 약간의 향을 포함하고 있으므로 향수를 선택할 때도 기초 화장품에서부터 향수까지 유사한 계열의 향을 가진 제품으로 조화시켜 자신만의 향을 연출할 수 있다. 또한 향수를 통해 분위기나 차림새와의 조화를 이룰 수 있다.

통일(Unity)

플로럴 부케 타입의 향수는 여러 송이의 꽃을 꽃다발로 만들어 놓은 것과 같은 향기가 나는 것이 특징으로 부케가 보여주듯 매우 다양한 향을 하나로 통일시켜 향을 느끼게 한다. 그 향수를 사용하는 사람이 의도하는 이미지와 전체적인 향의 느낌이 통일감을 가질 수 있게 하는 것이다.

균형(Balance)

향료의 비율을 조절하면 지속 시간에 차이가 생길 뿐만 아니라 향수를 사용하는 부위에 따라서도 차이가 있을 수 있다. 향수는 대개 목 부위나 손목 등 맥박이 뛰는 부위에 뿌리는 것이 원칙인데, 맥박에 따라 균형 있는 향의 발산을 가져오기 때문이다.

강조(Emphasis)

사람에게서 나는 향기나 체취는 그 사람을 기억시켜 주는 중요한 역할을 한다. 향긋한 냄새가 나면 그 사람에 대한 기억도 향기로울 수 있듯이 자신의 이미지와 잘 맞는 향을 사용해 좋은 이미지를 심어줄 수도 있다. 따라서 향수의 경우 그 향을 통해 강조할 수 있는 이미지의 향을 지속적으로 개발하고 그 배합을 달리해 제품을 생산하고 있다.

리듬(Rhythm)

향수는 시간의 흐름에 따라 단계적으로 다른 향기를 낸다. 즉, 향수는 분사한 순간부터 미세한 변화를 시작하는데 이러한 변화를 통해 리듬감을 느낄 수 있다. 향의 변화는 대개 다음과 같은 3단계로 구분한다.

1. top note: 향수의 캡을 열었을 때 처음 느껴지는 향취부분, citrus, green, spicy등 휘발 성이 높은 계열의 향취 성분들로 구성되며 10분 정도 유지된다.
2. Middle note: 향수의 테마를 이루는 향취의 중심 부분이며 floral, fruity 등의 향취 성분들로 구성된다.
3. Last or base note: 향수의 분사 후 약 3시간 이상 경과한 뒤 맡을 수 있는 잔향으로 musky,woody 등의 향취 성분들로 구성된다.

비례(Proportion)

조향사가 조합한 향은 그대로 사용할 수 없고 알코올, 물 등 적절한 용매를 사용해 희석시켜 냄새의 발산력을 높이게 된다. 알코올에 대한 향료의 비율(부향율)에 따라 향수를 크게 4가지로 분류한다.

1. Perfume: 15~30%의 향료를 함유, 가장 농도가 진한 향수로서 향이 풍부하고 완벽하며 약 7시간 동안 지속.

2. Eau de perfume: 9~12%의 향료를 함유, 약 6시간 정도 지속.
3. Eau de toilette: 6~8%의 향료를 함유, 가장 많이 사용되는 종류로서 향이 4~5시간 정도 지속.
4. Eau de cologne: 3~5%의 향료를 함유, 향의 농도가 진하지 않아 가벼운 느낌을 주며 약 2~3시간 정도 지속.

또한 한가지 향을 조합하는데 50가지에서 수 백 가지의 향료가 사용된다. 각각의 향료 비율을 조절함에 따라 조합되는 향이 달라짐은 당연하다. 이러한 농도나 배합비율을 조절하는 과정에서 디자인의 비례 또는 비율이라는 요소를 찾아볼 수 있다.

균형(Balance)

제조 방법에 따른 향료의 분류를 살펴보면 다음과 같다.

1. 천연 향료: 식물성 향료, 동물성 향료
2. 합성 향: 유리 향료(천연향료에 함유된 성분을 분리한 것), 합성 향료
3. 조합 향료: 천연 혹은 합성 향료를 이용, 용도에 맞게 가공된 향료)

촉각디자인의 원칙

촉각은 다른 감각기관이 발달되기 이전의 가장 원시적인 감각이라고 한다. 피부에 의한 자극을 인간이 정신적으로 해석하여 느끼는 감정을 촉감이라고 정의할 수 있다. 피부에 대한 외부자극은 힘, 진동, 압력, 온도, 습도 등 여러 가지 요소가 복합적으로 작용하는데 이들 자극과 더불어 눈으로 보고 느끼면서 과거의 경험과 문화적 · 사회적 요소가 결합되어 질감을 창출하게 되는 것이다. 따라서 촉감은 시각적인 요소와 밀접한

관련을 맺고 있으며 패션디자인 특히 직물 디자인 분야에서 중요하게 고려되어 왔다. 최근에는 패션이나 직물뿐만 아니라 가전제품이나 사무용 기기, 신변 잡화 등 다양한 분야에서 촉감에 호소하는 상품('촉각 상품' 이라고 불린다)이 인기를 끌고 있다. 또한 점자(點子)라는 형식으로 촉감은 시각장애인들에게 중요한 커뮤니케이션 수단으로서의 역할을 하기도 한다. 기술의 발달에 따라 촉감을 다양하게 제품화 할 수 있는 길이 열렸으며, 사람들의 기호가 다양해짐에 따라 촉감 역시 만족감을 제공하는 중요한 요소가 되었으므로 촉감의 영역을 적용할 수 있는 시각디자인의 원칙에 대해 살펴보도록 한다.

조화(Harmony)

사무용 기기 분야에서 애플 사의 매킨토시 G3모델은 기존의 딱딱하고 거친 촉감을 주는 하드웨어 소재로부터 탈피하여 둥근 외관과 어울리는 부드러운 고무 등 여러 가지 소재를 활용하여 성공한 대표적인 촉감 상품이다. 하드웨어 내부가 보이도록 제품을 만드는 등 독특한 디자인으로 관심을 끌었던 애플 사는 G3모델을 통해 날카롭고 각진 하드웨어의 이미지에서 벗어나 둥글고 부드러움을 강조해 시각적인 외관과 촉감을 조화시켜 PC시장에서 신화적인 성공을 거두었다.

통일(Unity)

토이뱅크(Toy Bank)사의 '촉각 공' 은 아이들이 손으로 공을 만지며 감각을 익힐 수 있도록 디자인된 제품이다. 이공은 서로 다른 느낌이 드는 재질을 사용하면서도 아이들의 손에 느껴지는 느낌이 일관될 수 있도록 설계되어 만들어졌다.

균형, 비례(Balance, Proportion)

직물 디자인은 두 가지 의미로 사용되는데 첫째는 섬유 소재를 형성하기 위한 디자인이며, 둘째는 섬유 소재를 사용한 재료 본위의 제품 디자인이다. 이 가운데 촉각디자인의 분야에서 고려의 대상이 되는 섬유 디자인은 첫 번째 의미의 것이다. 화학 섬유가 등장하기 이전 천연 섬유만이 유일한 소재였을 당시에는 직조(織造, 짜기) 방법의 차이만이 섬유의 촉감을 조절할 수 있는 수단이었다. 그러나 화학 섬유의 등장과 함께 소재의 합성에 의해 다양한 감촉을 갖는 섬유를 만들어 내는 것이 가능해졌다. 최초의 합성 섬유인 나일론은 1935년 미국 듀폰(DuPont)사와 하버드 대학의 공동 연구에 의해 개발되었으며 이후 폴리에스터, 아크릴(1948년 개발) 등 다양한 종류의 인공 소재가 개발되었다.

이들 합성 소재는 천연 소재와 혼합하거나 합성 소재간의 혼합을 통해 각각의 소재가 가진 장점을 살린 섬유를 만들게 된다. 일반적으로 천

둥글고 부드러운 촉감을 강조한 애플의 매킨토시 'G3'

연 섬유는 부드럽고 흡수성이나 보온성이 뛰어난 반면 내구성이 떨어진다. 따라서 합성 섬유와의 혼합을 통해 내구성을 증대시키고 관리가 한결 편리한 섬유를 만들 수 있다. 한 가지 예로 아크릴 계 섬유는 주로 양모 소재와 혼용하여 구김 회복성과 내구성을 증대시키고 다소 거친 양모 소재의 느낌을 완화시켜 니트 제품을 만드는 소재로 많이 활용된다. 소재간의 적절한 합성을 통해 새로운 성질이나 촉감을 갖는 섬유를 만드는 사례를 통해 비례와 균형이라는 시각디자인의 원칙을 적용할 수 있는지 여부를 확인할 수 있다. 두 가지 이상 요소의 적절한 배합 비율 조정을 통해 촉감이나 성질에 있어 균형을 갖춘 새로운 소재를 만들어 낸다는 측면에서 비례가 균형을 이루기 위한 하부 요소로 작용하는 경우라고 하겠다.

강조(Emphasis)

플라스틱 유아용 장난감의 한 부분을 가죽으로 싼 뒤 손으로 만졌을 때 다른 부분과 구별되어 감각을 익힐 수 있도록 고안된 경우나 부드러운 촉감을 지니고 있는 섬유의 한 부분을 재질이 다른 섬유를 사용해 그 부분을 더욱 강조하는 것이 좋은 예라 하겠다.

리듬(Rhythm)

가죽 옷은 처음 손에 닿는 느낌은 딱딱하고 차갑지만 체온과의 조화를 통해 가죽의 연성이 작용해 자체의 온도 변화에 따라 표면이 서서히 부드러워진다.

대비(Contrast)

프랑스 렉슨(Lexon)사의 마우스는 클릭하는 부분은 부드럽고 따듯한 느낌을 주는 고무로 만들고 나머지는 차갑고 매끄러운 메탈로 제작한 촉감 상품으로 인기를 끌었다. 과거 딱딱한 샤프펜슬의 손잡이 부분에 고무소재를 채택해 필기구에 새로운 바람을 일으킨 경우와 유사한 사례다. 이러한 사례에서 시각디자인의 대비라는 요소를 찾아볼 수 있다. 딱딱함과 부드러움이라는 상반된 요소의 대비를 통해 보완적 효과와 함께 상승작용을 일으키는 경우다.

대칭(Symmetry)

화장지의 역사가 그리 길지 않은 국내 업계에 새로운 바람을 일으켰던 제품이 바로 엠보싱 화장지다. 화장지의 표면을 균등한 요철로 처리하여 부드러움을 더욱 강조하고 종이의 강도 역시 향상시킨 제품이다. 요철은 표면을 중심으로 서로 같은 굴곡의 형태가 반복되는 정확한 대칭을 이루고 있다. 대칭이라는 원리를 활용하여 감각뿐만 아니라 기술적인 효과를 얻는 사례라고 할 수 있다.

이와 같이 시각 디자인의 원칙 가운데 조화, 통일, 균형, 강조, 리듬, 비례, 대비의 일곱 가지 요소가 촉각디자인의 원칙으로 적용될 수 있음을 위의 사례에서 살펴 보았다. 그러나 시각 디자인의 원칙 중 대칭이라는 요소가 후각의 영역에 적용될 수 있을지는 의문이다. 이는 미각 디자인의 원칙과 마찬가지 경우로서 대칭은 다른 원칙들과 달리 오감의 모든 영역에 적용되기는 어려움을 보여준다[그림15], [그림16].

	시각	청각	미각	후각	후각	직감
조화	○	○	○	○	○	○
통일	○	○	○	○	○	○
균형	○	○	○	○	○	○
강조	○	○	○	○	○	○
리듬	○	○	○	○		○
비례	○	○	○	○	○	○
대비	○	○	○	○	○	○
대칭	○				○	○

[그림 15] 오감디자인의 원리 적용 비교표

여러 감각기능을 통합한 제품 개발 사례

센서블 테크놀러지/촉각 마우스 팬텀(Phantom)

팬텀 마우스에서는 힘을 느낄 수 있다. 모니터에 조그맣게 표시된 파일 아이콘을 살짝 움직이면 정보량을 파악할 수 있다. 조그만 문서라면 종이 몇 장을 드는 느낌이지만 프로그램 파일이라면 손가락이 잘 움직여지지 않을 정도다. 만약 표면이 거칠게 느껴진다면 그래픽 파일이라는 것을 의미한다. 촉각을 통한 인간과 기계의 만남을 이루어낸 대표적 제품이 바로 센서블 테크놀러지(Sensible Technologies)사의 팬텀이다. 여러 개의 책상 전등에 치과병원에서 사용하는 소형 드릴을 매단 것처럼 생긴 팬텀은 마이크로 프로세서를 이용해 직접 물체와 접촉하는 센서에서 전달받은 신호를 구동장치에 전달한다. 마치 모니터로 이미지를, 스피커로 합성음을 제공받듯 팬텀을 이용해 가상 물체의 형상이나 질감 등 물리적 특성을 느끼게 하는 것이다. 이런 촉감을 기반으로 한 촉각은

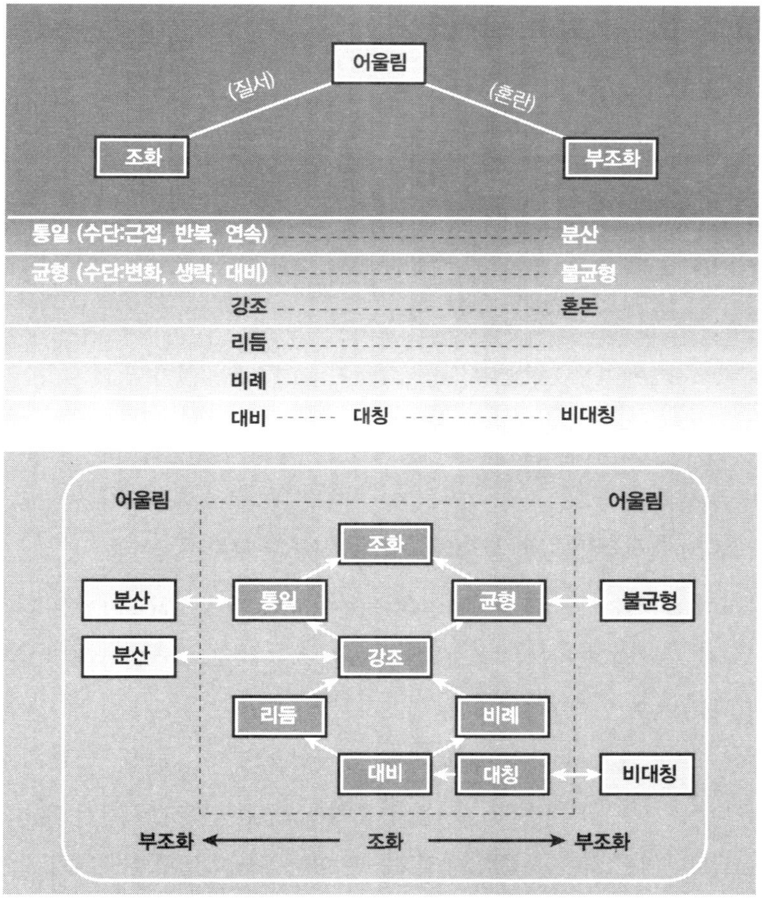

출처: 이 표는 조동성(2003)에 한글로 처음 소개되었고, Cho(2004)에 영어로 소개되었다.

[그림 16] 통합 디자인 원칙간의 위계

이미 현실 세계에 깊숙이 파고 들고 있다. 컴퓨터 게임을 위한 운전대나 감각 조이스틱은 벌써 게이머들에게 우주선이나 경주용 차량을 운전하는 기분을 전한다. 이런 촉각 인터페이스의 활용분야는 의료나 통신, 영상, 디자인 등 아주 다양하다.

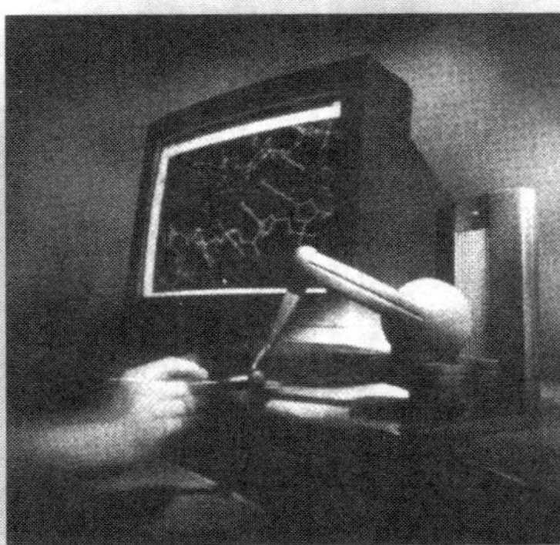

촉각을 통해 인간과 기계의 만남을 실현한 촉각 마우스 '팬텀'

마즈다 | 촉각과 청각적 요소를 강조한 자동차 MX-5

물리적 실체를 가진 제품디자인의 표본이라고 할 수 있는 자동차 디자인에서 촉각과 청각적 요소를 강조한 제품이 바로 마즈다 MX-5이다. 이 차는 스포츠 카의 이미지를 강조하기 위해 기어 변속시 발생하는 자연적인 마찰음보다 더욱 박진감있는 청각적 감성을 불러일으키도록 영국제 스포츠 카와 비슷한 소리를 인공적으로 낸다. 미국의 할리 데이비슨 오토바이의 경우 독특한 엔진소음은 이미 트레이드마크가 된지 오래다. 일부 젊은이들은 오토바이의 소음기를 조작하여 유사한 소음을 내기도 한다. 이러한 소비자들에게는 차체의 외형보다 청각적인 요소가 더욱 크게 작용한다. 또한 좌석 시트와 6단 변속 기어박스의 육중한 촉감은 자동차의 색상이나 스타일과 함께 스포츠카의 통일적인 이미지를 구축하기 위해 고려된 또 하나의 디자인 요소다. 전통적 제품인 자동차의 디자인에 시각, 청각, 촉각의 요소가 모두 고려된 사례라고 할 수 있다.

박진감 있는 청각적 감성을 불러 일으키는
마츠다의 'MX-5'

필립스 | 뮤직 티셔츠(Music T-Shirts)

뮤직 티셔츠는 자신이 좋아하는 음악을 티셔츠에 간단하게 부착된 이어폰을 통해 들을 수 있는 제품이다. 이 셔츠는 세탁이 가능하며 귓 속에 들어가는 초소형 스피커와 에너지를 공급하기 위한 초소형 태양전지가 장치되어 있다. 내장된 칩 장치는 자신이 선택한 음악을 수록해 연주한다. 이 기술은 전자 장치들을 천안에 잘 짜 넣어서 보이지 않게 만든 것으로 소형화된 부품들을 사용하여 많은 기능들이 거의 우리 몸에 장착된 것처럼 제2의 피부를 형성한다. 라디오 셔츠가 나올 경우 사용자가 선호하는 주파수와 라디오 방송국과도 연결 될 수 있을 것이다. 인류는 이미 소형화의 극적인 효과를 경험하고 있다. 전화나 컴퓨터 그리고 TV와 같은 장치들은 이미 주머니에 들어가는 것이 가능해졌고 조금 앞서

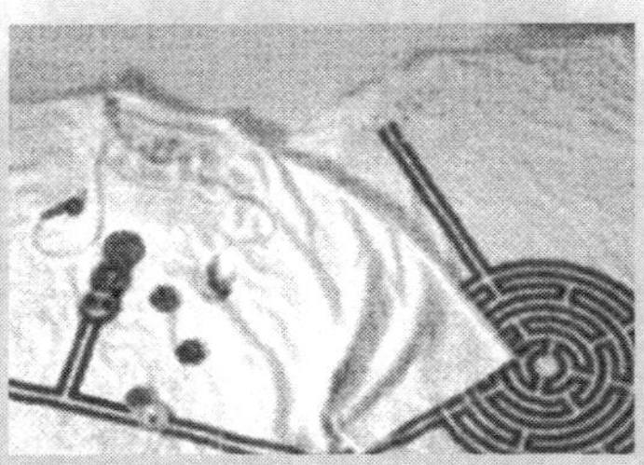

티셔츠에 부착된 이어폰을 통해 음악을 들을 수 있는 필립스의 '뮤직 티셔츠'

생각하면 통신이나 정보 혹은 엔터테인먼트라는 것이 정말 작고 편안해서 우리가 옷이나 보석으로 치장하는 것처럼 입을 수 있는 것으로 보편화될 수 있다는 상상을 할 수 있다.

야마하 | 빛과 소리로 연주하는 악기 테노리온(Tenori-On)

미디어 아티스트 도시오 이와이(Toshio Iwai)가 디자인한 야마하의 테노리온은 음악을 소리뿐 아니라 빛으로도 즐길 수 있게 만든 신개념 악기이다. 백색 LED로 이뤄진 버튼을 가로세로 16개씩 모두 256개 달아 총 156가지 방식으로 음악을 연주하는 악기로 백색 LED 버튼은 누를 때마다 소리와 빛이 함께 난다. 이는 단순하게 듣는 음악이 아닌 시각적인 즐거움도 함께 선사한다는 컨셉트를 반영한 것이다. 피아노, 바이올린 등 어쿠스틱을 비롯해 현악, 관악에 이르는 253개의 다채로운 음색을 고루 낼 수 있으며 음의 길이나 옥타브, 반복 여부, 속도, 반음 재생, 볼륨 조절, 레이어 선택 등이 가능하다. 레이어의 경우는 단순한 단음 트랙 하나가 아닌 여러 층을 하나씩 만든 뒤 합쳐서 연주할 수 있다. 예

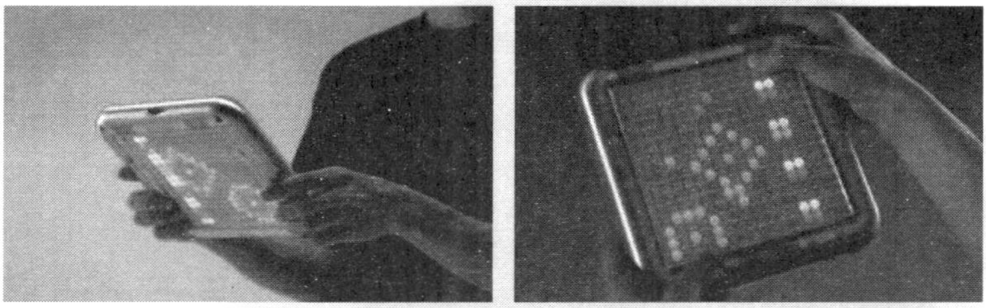

박진감 있는 청각적 감성을 불러 일으키는 마즈다의 'MX-5'

를 들어 하나의 레이어에 피아노 멜로디를 찍고, 다른 레이어에 바이올린 멜로디를 찍은 뒤에 플레이하면 피아노와 바이올린이 동시에 연주되는 방식이다. 이렇게 서로 다른 레이어 16개를 동시에 연주할 수 있다. 우리는 이제 빛과 소리를 결합한 형태의 음악을 손 안에서 즐길 수 있게 되었으며, 아름다운 빛의 모양이나 소리를 따라 누르기만 하면 누구나 게임처럼 음악을 연주하고 새롭게 창조해낼 수 있다.

03 디자인산업의 3차 혁명: 새로운 분야에 대한 디자인이론의 작용

디자인산업의 혁명을 촉발시키고 이끌어 가는 원동력은 바로 디지털 혁명과 기술의 발달이다. 디지털 혁명은 단순히 기술적 변화에 그치지 않고 하나의 사회 현상으로 자리잡고 있다. 디지털 혁명으로 인해 새로운 문화나 제도가 탄생할 정도로 막대한 파급 효과를 가진 것이다. 이메일이 편지를 대체하고 있으며 전자상거래를 통해 집에 앉아서 쇼핑을 하는 등 사람들의 사는 방식 자체에 변화가 일어나고 있다. 또한 과거에는 존재하지도 않던 사이버 범죄에 대한 제도적 규제 수단도 필요하게 되었다.

현 시대에는 기술적 변화가 사회제도에 영향을 미치고 사회적 변화는 다시 기술적 변화를 가져올 수 있는 환경을 제공하는 순환 관계를 가진다. 과거 수렵중심의 환경에서는 부계중심 사회를 이루었던 인류가 농업혁명으로 인해 정착생활을 이루고 모계중심 사회로 변화했던 역사적 사실이 이를 단적으로 보여준다.

기술적 혁명이 사회 전반에 가져온 파급효과는 디자인혁명에 있어서도 예외가 될 수 없다. 다만 디자인혁명은 여타 기술 혁명에 비해 추상적이고 이념적인 성격이 강하다는 차이점을 가진다. 그러나 디자인혁명의 이러한 추상적, 이념적 특성으로 인해 사회 전반에 대한 영향력은 더욱 커질 수 있다고 하겠다. 디자인산업의 2단계 혁명은 바로 이러한 특성으로부터 전개된다[그림 17].

제3단계 혁명은 산업의 차원을 뛰어넘어 디자인 원칙을 인접한 학

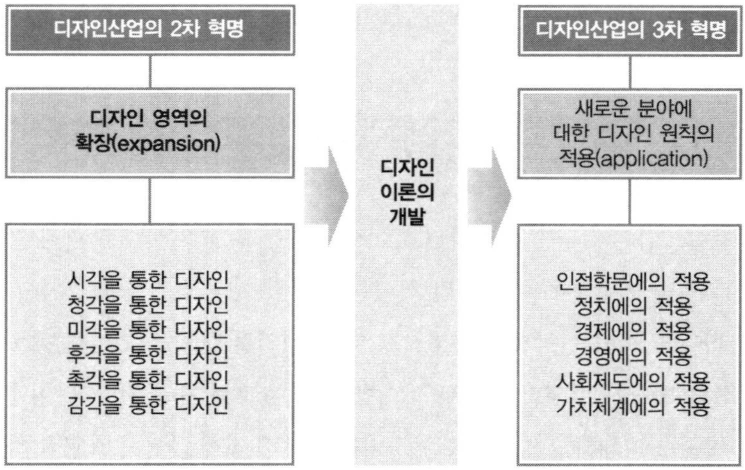

[그림 17] 디자인산업의 3단계 혁명 과정

문이나 사회 분야에 적용하는 단계를 의미한다. 이를 통해 디자인이 단순한 예술 활동 혹은 작업의 의미를 벗어나 보다 넓은 의미의 디자인으로 자리잡아 갈 수 있게 된다.

산업에서뿐만 아니라 학문이나 기타 많은 분야에서 우리는 이미 다양한 영역이나 요소들이 융합하면서 시너지 효과를 창출하는 경우를 볼 수 있다. 특정 분야에서 발생한 문제점에 대한 해결책을 타 분야에서 찾게 되는 경우가 바로 그것이다. 타 분야에 이미 문제와 관련된 해법이 존재하는 경우가 있을 수 있고 또한 새로운 시각으로 문제를 분석해 해결책을 모색할 수도 있다. 따라서 여러 분야의 축적된 지식이나 원리가 서로 융합되거나 확장 적용될 때 상승효과를 가져올 가능성이 있는 것이다.

그러나 각각의 전문 분야에서 개발된 이론이나 원칙들을 다른 분야에 확장해서 적용시키는 것이 모든 경우에 가능한 것은 아니다. 또한 경우에 따라 적절한 수정이나 보완을 통해 새로운 상황에 맞는 이론적 틀을 만들어낼 필요성이 제기되고 있다.

3차 혁명의 과정은 먼저 타 분야의 이론 가운데 디자인 분야에 적용할 수 있는 이론을 차용하여 디자인이론에 포함시키는 작업으로부터 시작된다. 타 분야 혹은 인접학문의 예로 '경영'을 들어 각 분야간 원칙을 흡수하여 디자인이론으로 통합하고 이를 다시 해당 분야에 적용시키는 과정을 다음과 같은 매트릭스를 통해 생각해 볼 수 있다[그림 18].

새로운 분야에 디자인 원칙을 적용시키기 이전에 각 분야의 배경 원리들을 흡수해 모든 분야에 적용할 수 있는 디자인이론을 만들어 나가는 것이다. 2차 혁명 과정에서 만들어진 디자인이론을 다른 분야의 창조 과정이나 문제 해결 과정에 응용해 나가는 과정이 바로 3차 혁명의 진행 과정이 된다.

사회의 여러 분야에서 디자인이라는 단어는 이미 보편적으로 사용

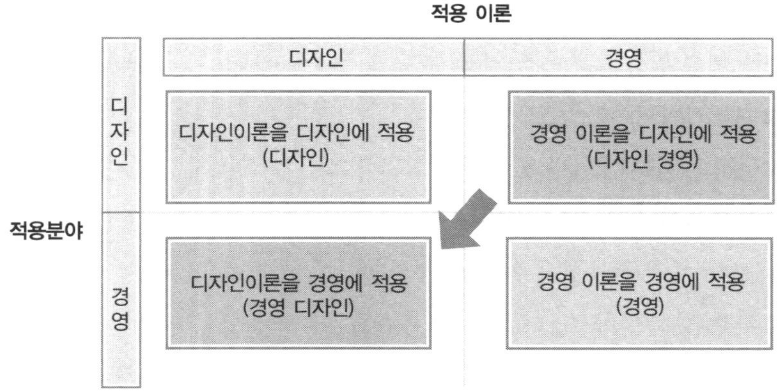

[그림 18] 디자인이론을 경영에 적용

되고 있다. 그러나 보편적 의미로 디자인이라는 단어를 사용할 때에는 단지 해당 분야에서 이루어지는 창의적인 활동을 표현하기 위한 수단으로서 디자인이라는 단어를 차용할 뿐인 경우가 많다. 디자인 영역의 확장이 이러한 용어의 보편화와 차별화되는 점은 단순한 용어의 차용에 그치지 않고 디자인 분야에서 확립된 원칙이나 이론들을 타 분야나 영역에 직접 확장 적용시킨다는 점에 있다.

디자인이론이 적용될 수 있는 분야는 정치, 경제, 경영뿐만 아니라 모든 사회제도에 이른다[그림 19]. 인류가 속해 있는 사회에 존재하는 수많은 제도적 틀을 만들거나 수정하는 과정에 어떤 체계적인 이론을 적용시킬 수만 있다면 시행착오를 줄이고 보다 완전한 결과물을 얻을 수 있다. 현재 우리가 받아들이고 있는 정부 형태, (주식)회사 제도, 조세 체계 등 모든 사회제도는 과거 누군가의 창조 과정을 통해 만들어진 것이다. 이런 창조 과정에 적용될 수 있는 이론이 바로 디자인이론이다. 디자인혁명이 성숙단계에 접어들고 디자인이론을 적용한 창조 과정이 사회

1) 적용	가족 제도, 정부 제도, 기업 조직
2) 목적	Win-Win Game (구성원 모두에게 이익 제공)
3) 기본원리	디자인이론
4) 사용수단	음악: 인간, 도구, 자연 현상 미술: 선(line), 형(volume), 질(texture), 색(color), 명도(brightness)

[그림 19] 사회 조직 디자인

의 모든 분야에 걸쳐 일어날 때 3차 혁명이 완성된다고 할 수 있다.

이처럼 디자인산업의 3차 혁명은 디자인이론을 디자인 이외의 분야 즉, 경제, 경영, 정치, 사회 등 인접 학문에 적용시키면서 진행될 것이다. 디자인이론이 인접 학문과의 교류를 통해 서로 상호 작용 할 때 디자인 3단계 혁명이 완성되는 것이다. 물론 이러한 새로운 분야에 대한 디자인 이론의 적용은 단순히 그 분야를 디자인이라 부르는 데서 그치지 않는다. 디자인이 가지는 창의성과 체계적인 프로세스를 해당 분야에 응용하는 것이야말로 진정한 의미에서 디자인 분야의 적용이라 할 수 있다.

디자인이 전문 분야임은 분명한 사실이지만 모든 인간이 생활 속에서 함께 누리고 평가한다는 점에서 다른 전문 분야와는 분명 차이가 있다. 여기서 우리는 '인간 삶의 디자인' 이야말로 디자인이 나아가야 할 궁극적인 방향임을 예측할 수 있다. 모든 사람들이 자신의 개성 있는 삶을 새롭게 디자인 할 수 있을 때 모든 분야에서 디자인의 가치가 보다 빛을 발할 수 있을 것이다.

정부 디자인 사례

정부란 넓은 의미로는 입법, 사법, 행정 등 한 나라의 통치기구 전체를 가리키며, 좁은 의미로는 내각 또는 행정부 및 그에 부속된 행정기구를 의미한다. 예로부터 어떠한 인간 사회이던지 권력조직체인 정부적 기구(政府的 機構)가 존재하고 또한 가능해 왔으며, 근대 국가의 출현은 그 획기적 발달을 가져왔다. 영국, 프랑스, 미국 등에서는 존 로크(John Locke), 장자크 루소(Jean-Jacques Rousseau), 미국의 연방주의자 등의 주장을 반영하여 국민의 의사를 대표하는 의회를 중심으로 하는 정치기구가 만들어졌으며 정부라는 말은 입법기관을 비롯하여 사법.행정 기관까지 포함하는 넓은 의미로 사용되기 시작했다. 그리로 오늘날에 이르러 여러 국가에서는 정부란 국가의 존속이나 활동을 유지하기 위한 동적인 국가 권력의 작용으로 간주 하고 있다.

따라서 집단간의 내외부적 갈등 해결을 위한 통치 시스템의 필요성은 국가 운영 수단으로서 권력의 다양한 형태를 만들어 냈고, 이에 대한 시스템 설계와 보다 효율적인 조직적, 활동적 디자인의 필요성이 대두되고 있다[그림 20].

정부의 비효율성과 비합리성에 의해 나타나는 다양한 문제들은 결국 국가 경쟁력을 약화시키고, 국민들에게 직 간접적인 피해로 연결되기 때문에 많은 국가들이 보다 발전적인 정부 설계와 효율적인 조직 활동에 대한 디자인을 요구하게 된다. [그림 21]을 통해 알 수 있듯 정교분리형에 이원적 조직 형태인 경우 대비, 대칭, 상충되는 리듬의 디자인 원칙들로 조직을 평가해 보거나 재구성해 볼 수 있으며, 원탁형의 일원적 조직 형태인 경우 대비나 대칭보다는 상충되는 리듬의 디자인 원칙으로 조직을 재구성해 볼 수 있는 기능성을 갖게 된다[그림 22]. 따라서 이러한 조직적 특징에 따라 알맞은 디자인 원칙들을 적용시키는 것은 기존 정부 구성 형태와 활동이 가지는 한계를 뛰어넘어 더욱 효율적이고 가치 있는 발전을 가져올 것이다.

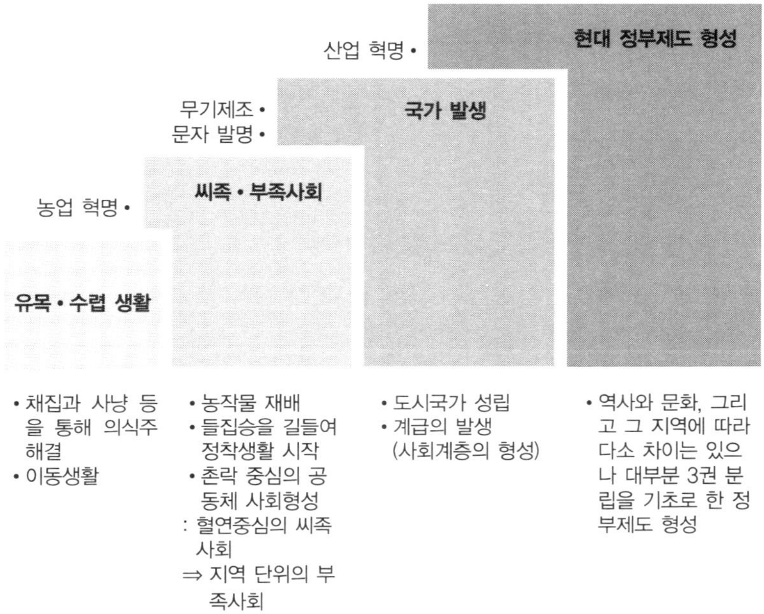

[그림 20] 국가의 정부 형성 과정

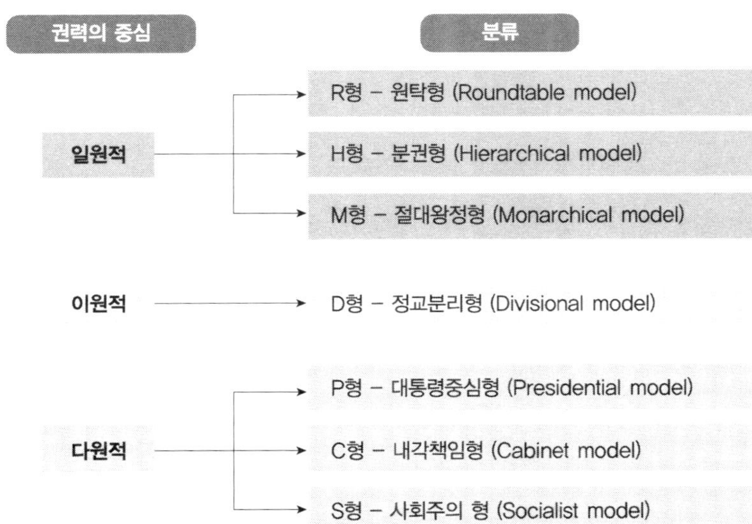

[그림 21] 정부 유형의 분류

정부형태 / 디자인 원칙	일원적 조직			이원적 조직	다원적 조직		
	R	H	M	D	P	C	S
대비	×	×	×	○	○	○	×
대칭	×	×	×	○	△	○	×
리듬	○	△	△	×	×	×	×

[그림 22] 정부 디자인의 구성

기업디자인 사례

기업은 국민 경제를 구성하는 기본적 단위이며 생산 수단의 소유와 동의 분리를 기초로 하여 영리 목적을 추구하는 독립적인 생산경제 단위를 말한다. 여기서 논의하고자 하는 기업 디자인은 설립에서부터 성공과 실패를 거듭하며 성장해 가는 기업의 생태학적 활동에 의해 나타나는 기업의 성장 형태와 관련된 것이다. 많은 기업이 처음부터 전문경영 체제로 이루어지지는 않는다. 일반적으로 소유권 중심의 경영 체제에서 시작하여 기업 규모가 어느 정도 확대되면 소유권과 경영권의 분리를 통해 보다 전문적인 기업으로의 성장을 도모하게 되고 이러한 일련의 활동을 통해 전문 경영 기업으로 육성된다[그림 23].

때문에 각 기업의 체제에 따라 알맞은 시스템을 구성해야 하는데 이때 디자인 원칙들을 고려할 수 있다. 예를 들어 소유 경영의 체제인 경우 대비와 리듬을 살펴볼 수 있지만 조화, 대비, 대칭, 균형을 살펴보기 힘들며 전문 경영 체제인 경우는 이와 반대로 조화, 대비, 대칭, 균형에 대한 기준과 시스템적 구조로 운용되기 때문에 그 발전 정도를 더욱 높게 평가 받을 수 있다[그림 24][그림 25].

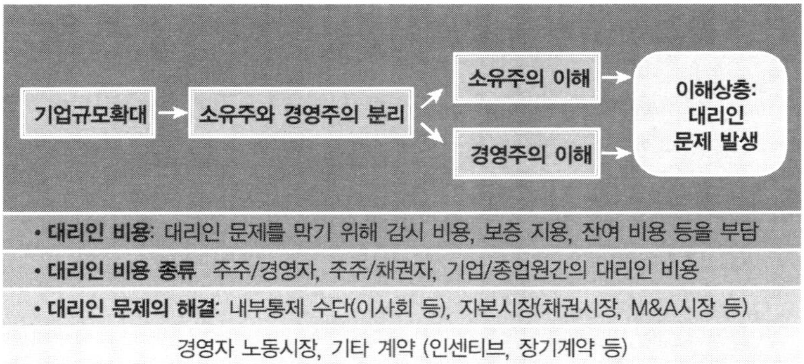

[그림 23] 기업의 성장에 따른 대리인 문제

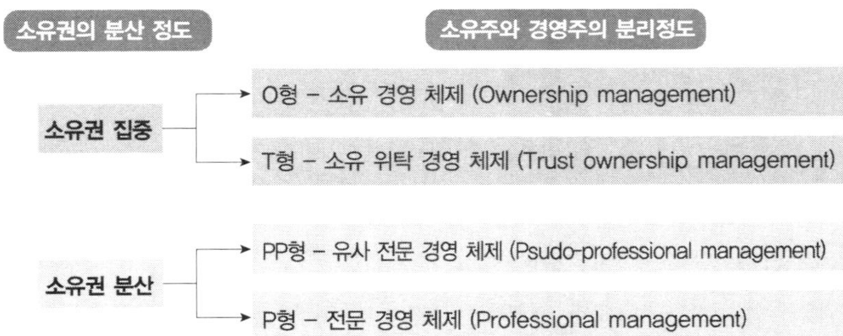

[그림 24] 기업 유형의 분류

결과적으로 기업의 발전과 형태의 변화에 따라 알맞은 시스템적 구조를 운영하기 위해서는 그에 적절한 원칙과 프로세스를 적용해야 하며, 그 기준으로 디자인 원칙이 적용될 수 있음을 이해할 수 있다.

가정 디자인 사례

가정이란 부부를 중심으로 하는 가족의 공동생활체로서 부부, 자식, 부

디자인 원칙 \ 기업 형태	O형	T형	PP형	P형
조화	×	×	△	○
대비	×	△	△	○
비율	△	△	○	△
대칭	×	×	×	○
균형	×	△	○	○
리듬	△	○	△	△

[그림 25] 기업 디자인의 구성

모 등 가족이 공동생활하는 조직체를 말한다. 가정의 정의는 사람에 따라 다를 수 있으나, 가족이 공동생활을 하고 있는 장소로 이해하는 것이 보통이며, 영어의 홈(home)이나 독일어의 하임(heim)이 이에 해당한다. 가정과 집을 비교해 보면, 전자가 인간이 만들어 낸 하나의 조직체 즉, 인간관계를 가리키는 데 비해서 후자는 구체적은 건조물을 가리킨다고 볼 수 있다. 가정이 디자인 원칙의 대상이 될 수 있는 것은 가정 자체도 그룹과 체계로서 형성되고 해체되는 일련의 활동을 거치기 때문이다. 모계와 부계, 일부다처와 일부 일처, 핵가족과 대가족 등 여러 개념의 가정이 안정적인 형태와 시스템을 갖추고 안정적이고 발전적으로 변화하기 위해서는 이에 알맞은 디자인 개념이 필요하다[그림 26].

가정 디자인의 예를 살펴보면 같은 3대 가족이지만 대가족형인 경우 가족 수에 따라 대칭보다는 비율의 개념이 더욱 필요하게 되고 조화, 대비, 균형의 개념을 확실히 판명하기 어렵다. 그러나 대가족, 핵가족 혼

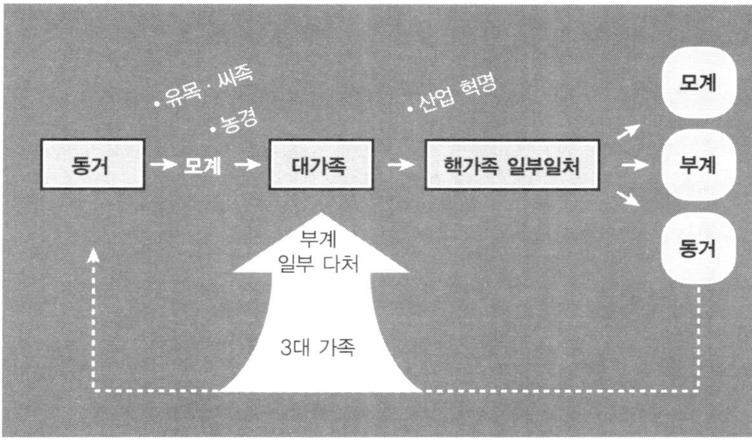

[그림 26] 가정의 시대적 변화

합형인 경우 대가족과 핵가족이라는 두 축을 대상으로 대비와 균형, 조화의 디자인 원칙을 적용할 수 있다[그림 27][그림 28].

따라서 가족 구성 형태에 다라 적절한 디자인 원칙들을 적용할 때 가정이 가지는 의미와 필요한 원칙들을 보다 구체적이고 논리적으로 시스템화 할 수 있고 이러한 기본 구성 속에서 가정의 발전을 이끌어 갈 수 있다. 앞의 사례들에서 살펴본 것과 같이 시작 중심의 미적 기준으로 적용되던 디자인 원리들은 인간이 구성하는 조직과 시스템에 반영되어 평가의 기준이나 재구성의 원칙들로 사용될 수 있게 된다. 이제 21세기에는 디자인이 단순히 오감을 만족시키는 디자인을 넘어 통합과 분류를 통해 새로운 형태로 진화하려는 다양한 시스템을 새롭게 정비할 수 있는 핵심이론으로 작용하게 되는 것이다.

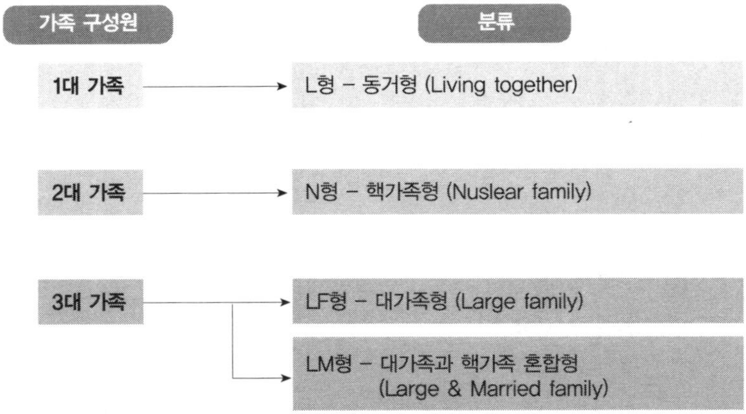

[그림 27] 가정 유형의 분류

가족 형태 / 디자인 원칙	1대	2대	3대	
	L	N	LF	LM
조화	○	○	△	○
대비	×	△	△	○
비율	×	△	○	○
대칭	○	×	×	×
균형	○	○	△	○
리듬	△	○	○	○

[그림 28] 기업 디자인의 구성

04 디자인산업의 4차 혁명: 복수 디자인이론의 통합

지금까지 기존 디자인산업간의 연계성 강화에서 디자인 영역의 확장을 거쳐 새로운 분야에 대한 디자인 원칙의 적용에 이르는 3단계 혁명의 진행과정을 살펴보았다. 그러나 혁명의 단계가 구분되어 있다고 하여 단계별 혁명이 반드시 어떤 시간적 선후 관계를 갖고 진행되어야만 하는 것은 아니다. 모든 혁명의 단계가 동시에 진행될 수도 있고, 단계별 혁명의 결과가 다른 단계의 혁명 과정에 영향을 미칠 수도 있다. 다만 가장 현실적이며 혁명의 전개과정을 객관적으로 관찰하기 쉬운 단계가 바로 첫 번째 단계의 혁명이다.

디자인의 4차 혁명은 이러한 혁명의 동시 진행과 각 혁명 단계 상호간의 피드백에 의한 1, 2, 3차 혁명간의 통합적 진행을 의미하는 동시에 통합 디자인 개념의 확산을 의미한다. 통합이란 모두 합쳐 하나로 만든다는 의미를 지닌다. 그러나 디자인산업의 4차 혁명에서 말하는 통합은 단일함을 위한 하나가 아닌 다양함이 함께 공존하여 균형 있는 하나를 이루어 내는 것을 의미한다.

한 국가, 한 기업, 한 가정에 이르는 다양한 조직과 시스템들은 단순한 한 개체로 구성되지 않는다. 여러 가지 복합적 요인들이 나름대로의 원칙을 통해 구성되고, 움직이며, 진화한다. 그러나 그 진화가 잘못된 방향으로 진행되면 분열이 일어나기 때문에 보다 균형 있는 통합적 개념의 구성, 즉, 디자인의 원리가 적용되어야 하는 것이다.

물론 지금까지 모든 조직 구조들은 나름대로의 원리를 구축하고 설계해 왔다. 그러나 그 설계로서의 디자인의 의미가 일관되고 반복성이 강조된 기계적인 결과물을 생산하는 것에 그쳤다면 앞서 논의된 디자인의 다양한 원리들을 적용하고 재구성하는 것은 보다 유기적이고 혁신적인 시대를 연다는 점에서 의의를 가질 수 있을 것이다.

기업도 제품 개발, 생산, 마케팅, 영업, 인사, 총무 등 다양한 기능을 새로운 디자인 개념으로 재구성하거나 통합함으로써 효율성 향상과 기업이미지 구축에 큰 성과를 낼 수 있듯이 우리의 삶 나아가 인류 문명 자체를 디자인 할 수 있을 때 우리는 디자인이라는 통합 이론을 통해 세계를 우리가 원하는 방향으로 이끌 수 있을 것이다.

II

디자인경영

Design Management

CHAPTER 1

디자인혁명에 따른 기업환경 변화

01 달라진 경영방식

20세기 초반까지만 해도 기업에게 필요한 능력은 독창적인 기술에 의거하여 우수한 품질을 갖춘 제품을 싸게 생산할 수 있는 '제품생산력'이 전부였다. 그 후 1940년대 초반에 일어난 세계 2차대전이 1945년에 끝나면서 전시에 군수 물자를 공급하던 공장이 일반 소비 물자를 공급하게 되었다. 필연적인 결과는 시장에 공급되는 물량이 소비자들이 감당할 수 있는 수요 물량을 초과하기 시작한 것이었다. 만들기만 하면 팔리던 생산자 시장은 만든 물건이 먼지를 뒤집어쓴 재고로 쌓여 기업을 무너뜨리는 소비자 시장으로 변화하였다. 생산하기 전에 판매 계획을 먼저 세워야 한다는 명제를 제시한 마케팅 이론이 등장하면서, 기업은 고객을 왕으로 모시는 '고객중심경영(Customer-Centered Management)' 체제로 돌입해서 "고객을 창조"하는 '시장지배력'을 추구하기 시작하였다.

1973년과 1979년, 두 번에 걸쳐 일어난 석유위기는 기업에게 또다시 새로운 환경을 만나게 해주었다. 이제 제품생산력과 시장지배력만 가지고 경쟁에서 이기기 어려운 시대가 온 것이다. 기업경영자들은 공장과 시장을 뛰어넘어 새로운 경영 대상을 찾아내고, 기존 대상과 새로운 대상에 대한 경영활동 프로세스를 새로운 시각으로 접근하는 방식을 추구하기 시작했다. '내부고객(Internal Customer)' 을 대상으로 한 '내부고객중심경영(Internal Customer-Centered Management)' 과 '기업문화(Corporate Culture)' 를 대상으로 한 '문화경영(Culture Management)' 은 기업이 찾아낸 새로운 경영이었고, '혁신경영(Innovative Management)' 과 '창조경영(Creative Management)' 은 기존 경영활동 프로세스를 새로운 시각으로 접근하는 방식이었다.

지식산업이 발전하는 과정에서 새로운 부가가치를 창조하는 핵심요소가 하드웨어에서 소프트웨어로 바뀌게 되면서 소프트웨어를 강조하는 '소프트경영(Soft Management)' 이 등장하고 있다. 창조경영과 소프트경영은 기업경영자가 전통적으로 의존해온 좌뇌 대신 우뇌를 강조한다는 의미에서 경영교육 그 자체를 뒤집어 놓고 있는데, 새로운 경영교육이 강조해야 할 핵심요소는 바로 이 책이 강조하고 있는 '디자인' 이다.

고객중심경영

고객에 대한 차별화와 고객 중심 경영은 기업 경영환경의 변화 중 가장 중요한 특징이다. 우선 고객이 누구이고 무엇을 원하는지 정확히 파악해 고객이 감동할 만한 수준에 도달한 제품과 서비스를 제때에 공급함으로써 신규 고객을 확보하고 유지하는 고객화 능력이 필요하다. 업체간 경쟁이 극심해지고 제품간 차별화도 어려워지면서 고객 서비스가 경쟁력을 확보하기 위한 핵심 요인으로 대두되었다. 소비자들은 상품 구매 시 고객 서비스를 중요한 판단 기준의 하나로 고려하고 있고, 고객에 대한 서비스는 판매후서비스, 즉 애프터서비스(After Service: AS)에서 판매전서비스, 즉 비휘서비스(Before Service: BS)로 발전하는 추세다. 케임브리지의 한 연구소에서는 서비스가 좋은 기업들이 서비스가 좋지 못한 기업들에 비해 제품 가격을 평균 10% 이상 비싸게 받으면서도 2배 이상 성장하고 있다고 밝혔다. 이는 높은 수준의 고객 서비스가 이윤 향상과 직접 관련됨을 설명하는 것이다. 특히 서비스는 상표와 제품에 대한 신뢰감 향상에 기여함으로써 신규 고객 확보와 함께 서비스 불만에 따른 고객 이탈 방지에 크게 기여한다.

내부고객중심경영

'내부고객(Internal Customer)' 란 기업내부 구성원, 즉 종업원을 의미한다. '내부고객중심경영' 이란 종업원 개개인이 가진 인격을 존중하고 조직 내에서 인간으로 살아가는데 대한 의미를 찾는데 도움을 주며, 개인의 사고, 감정, 활동이 통합된 내재적 가치가 구성원 간의 상호 작용을 통해 구현되고, 나아가 집단의 요구와 사회 가치, 기업 발전이 조화롭게 추구되는 경영을 의미한다. 내부고객중심경영은 해당 기업이 가진 철학과 비전을 구성원들이 공유하고, 그 비전을 중심으로 기업 내 모든 분야가 협력해 경영 성과를 제고하는 것이다. 기사회생의 귀재로 불린 길버트 아멜리오(Gilbert Amelio: 1943~)가 1991년 당시 위기에 처해 있던 내셔널세미컨덕터(National Semiconductor) 사 회장에 취임한 뒤 내부고객중심경영 기법을 과감히 도입해 3년 내에 창업 이래 가장 높은 경영실적을 올리는 등 기업 면모를 일신시켜 내부고객중심 경영의 진가를 유감 없이 세상에 알렸던 사례에서 볼 수 있듯, 비전과 동기 부여를 통해 회사의 비전을 전 사원들의 참여 속에 명확히 하고 구성원의 능력 개발과 동기 부여를 통해 기본에 충실하면서 조직을 가다듬는 내부고객중심경영은 오늘날 모든 기업에서 받아들여지고 있다.

내부고객중심경영은 인간 존중을 통해 1차적으로 종업원의 만족을 이끌어낸 다음, 궁극적으로는 외부고객, 즉 소비자 만족을 달성하는 것이다. 아멜리오는 고객에 대한 상황분석을 통해 고객을 대상으로 하여 추구할 수 있는 목표를 설정한 다음, 설정된 목표를 달성할 수 있도록 구성원들의 능력을 개발하고 동기를 부여하였다. 분명한 비전을 중심으로 인사, 교육, 조직의 개선과 보완을 통해 조직 몰입을 지원함으로써 동기 부여를 유도한 점이 인상적이다. 경영자들이 몰아붙이는 식의 경영을 탈피하고 사원과 고객을 감동시켜 능률과 만족의 조화를 추구하는 동기부여식 경영으로 자세를 전환하는 것이 내부고객중심경영의 핵심 요소이다.

문화경영

내부고객중심경영이 성공하기 위해 가장 중요한 요인은 탄탄한 비전과 이념을 바탕으로 한 기업 조직의 문화라는 주장이 대두되고 있다. 이런 맥락에서 기업의 비전과 이념에 입각한 경영을 문화경영이라 정의한다. 장기적인 안목에서 경영의 뿌리이며 정신적 지주인 이념을 비전과 더불어 설정하고 이에 근거하여 전반적인 경영 관리가 이루어지도록 하는 것이다.

원래 문화란 '조직 구성원들이 장기간에 걸쳐 형성해온 사고방식과 행동양태의 집적' 이라고 인식되어왔다. 따라서 경영자는 문화를 주어진 조건으로 받아들이고 문화에 맞는 경영을 해야 한다고 생각했다. 그러나 1982년 탐 피터스(Tom Peters)와 로버트 워터맨(Robert H. Waterman, Jr.)이 '초우량기업의 조건(In Search of Excellence)라는 책에서 공유가치(Shared Value)를 기업전략의 중심점에 놓은 7S라는 모델을 제안한 이후, 기업구성원들의 공유가치, 즉 기업문화는 더 이상 경영자가 조작할 수 없는 환경조건이 아니라 경영자가 능동적으로 변화시킬 수 있는 경영 수단으로 바뀌었다.

문화경영은 내부고객중심경영을 한 차원 승화시킨 것이다. 아직 내부고객중심경영도 미흡한 실정인데 시대적 상황이 문화경영을 요구함에 따라 기업들에게 많은 부담이 되고 있는 것은 사실이다. 그러나 내부구성원들이 중심점이 되는 경영을 하기에 앞서 이들이 기업의 비전과 이념을 공유하는 것이 진정한 내부고객중심경영의 토대일 것이다.

이 경영에 따르면 기업 구성원 모두가 비전과 이념으로 무장한 다음 각자의 역할을 능동적으로 수행할 수 있어야 한다. 상급자의 지시나 명령에 따라 수동적, 피동적으로 움직이는 것이 아니라 자율적이고 능동적으로 각자가 처한 현실을 비전과 이념에 비추어 극복해 나가야 한다. 진정한 자율 경영이 이루어지려면 먼저 모든 구성원들에게 비전과 이념을 숙지시키는 것이 전제 조건이다. 이념을 뿌리로, 제도를 줄기로, 기법을 가지로 삼는 경영이 이루어질 때 비전이라는 열매가 확실히 맺힐 것이다. 그러나 뿌리가 없이 줄기나 가지에만 매달린다면 튼튼한 열매를 기대하기는 어려울 것이다.

이러한 변화와 함께 기업의 구조적 변화가 이어진다. 첫째, 정치적인 측면에서 볼 때 정치 민주화에 대한 욕구가 분출되어 내적으로는 산업 현장에서의 참여와 의견 수렴을 요구하는 산업 민주화에 대한 기대가 커지고 있다. 그리고 외적으로는 기업에 대한 비판 의식이 점차 증가하고 이와 관련된 체계적이고 조직적인 사회 운동이 활성화되고 있다. 이 같은 정치적 환경 변화에 적극적, 능동적으로 대응하기 위해서는 가능한 한 많은 구성원들의 의견을 수렴하고 의사 결정에 참여하도록 하는 민주적 경영 관리가 인간 존중의 철학에 따라 이루어져야 하며, 동시에 뚜렷한 목표와 철학을 기반으로 한 일관성 있는 경영을 통해 기업의 이미지를 향상시킬 수 있어야 한다. 기업이 뚜렷한 목표와 철학이 없이 우왕좌왕할 때 일관성이 결여되고 이미지도 손상되어 비판의 대상이 된다는 점을 인식해야 한다.

둘째, 사회적 측면에서 볼 때 전후의 풍요로운 사회 속에서 성장한 신세대들이 거대한 흐름으로 밀려오고 있어 기성세대와 신세대 간의 가치관의 갈등을 심화시키고 있다. 기업은 이러한 가치관의 차이로 인해 구성원들의 노력을 결집시키지 못하고 있으며 이에 따라 기성세대와 신세대 간에 공통된 가치관의 발굴과 실천, 전파가 무엇보다 중요한 시대가 되었다. 오늘날 신세대는 거대한 물결이며 파도이기 때문에 이를 순조롭게 타고 넘는 지혜가 필요하다. 기성세대들은 신세대의 특성을 파악하는 데 관심을 집중함으로써 신세대 관리 기술을 습득할 수 있을 것이다. 신세대의 장점은 소신 있고 당당하고 합리적이라는 것이며, 약점은 의무와 책임은 지지 않으려고 하면서 권리는 쉽게 주장한다는 것이다. 따라서 기성세대들은 신세대 관리 차원에서 약점을 보완하고 강점을 살릴 수 있는 방안을 모색해야 하며 문화경영이야말로 여기에 가장 적합한 방법론이라고 볼 수 있다.

셋째, 경제적인 측면에서 볼 때 기업들은 시장 개방의 가속화, 지구촌 시대의 도래로 인해 국내외적으로 치열한 경쟁에 휘말리고 있어 경쟁 기업과의 차별화가 요청되고 있다. 그럼에도 불구하고 기술적으로는 기술 혁신이 가속화되고 있어 기업 간의 기술 격차가 점차 빨리 좁혀지고 있으므로 이에 대한 장기적인 대응이 요청된다. 기업들은 치열한 경쟁 속에서 기술 외의 다른 측면에서 타 기업과 비교해 우위를 점할 수 있는 자원을 개발, 관리해 나갈 필요가 있다. 이런 점에서 가장 중요한 기업 자원이 기업문화다. 이것은 돈으로 살 수 없는 것이며, 오랜 기간 동안 구성원들이 정성 들여 가꾸어야 그 효과를 기대할 수 있다.

기업이 가진 뚜렷한 목표와 철학의 설정 및 이에 따른 경영의 일관성 확립은 기업경영의 대 전제이다. 기업이 구심점을 확립하게 되면 구성원들이 보유하는 기업 내적 능력을 극대화할 수 있다. 기업의 비전과 이면이 기업 경영의 구심점으로 자리를 잡게 되면 임직원들 각자의 노력이 낭비되지 않고, 구심점을 중심으로 결집될 수 있어 조직 능력의 극대화를 기대할 수 있다. 그 동안 기업들은 임직원들 각자의 다양한 노력이 구심점으로 모이기 보다 분산되고 낭비되는 경우가 많아 각자는 나름대로 열심히 노력했음에도 불구하고 선진 초우량 기업들의 성과와 비교할 때 매우 낮은 수준의 성과를 거뒀음을 부인할 수 없고, 결국 기업의 구성원들도 기업으로부터 노력한 만큼의 보상을 받지 못했다.

이렇듯 기업문화의 정립에 의해 문화경영이 이루어지게 되면, 기업의 여건 변화에 따른 비전과 이념의 수정, 보완이 지속적으로 이루어지게 됨으로써 임기응변적 경영이 아니라 장기적인 안목의 전략적 경영이 가능해지고 기업의 대외적 환경 적응력이 커지게 된다.

혁신경영

잭 웰치(John Francis 'Jack' Welch, Jr.: 1935~)는 GE를 1981년부터 2001년까지 20년간 경영하면서 혁신경영을 무기로 GE를 세계 최고의

경쟁력을 가진 기업으로 탈바꿈시켰다. 이러한 성공을 기반으로 20세기 최고의 경영자이자 혁신경영의 전도사로 일컬어진 웰치는 기업 경영자들에게 변화를 받아들여야 하는 수동적인 상황에 놓이기 전에 스스로 변화하는 능동적 자세를 역설했다. 혁신적인 자세가 새로운 경쟁력을 창출하고 치열한 경쟁 시장에서 성공할 수 있는 지름길이 된다는 것이다.

혁신경영을 받아들이는 기업은 우선적으로 조직과 제도상의 불합리하고 저효율적 요소를 제거하고 미래 환경 변화를 사전에 대비함으로써 변화에 신속, 유연하게 대응하는 능력을 강화해야 한다. R&D를 강화하고 동시 공학(同時工學: Concurrent Engineering)을 활용해서 신제품 개발 시간을 단축하며, 시장 정보를 신속히 수집하고, 고객 접점 부서에 권한을 위임하여 고객 만족을 실현하며, 조직의 평준화와 지식 공유 시스템 구축을 통해 의사 결정 시간 및 업무 처리 시간을 단축하는 등 경영 관리상 방식을 획기적으로 변화시켜야 한다.

조셉 A. 슘페터(Joseph Alois Schumpeter: 1883~1950)는 혁신을 신결합(new combination)이라 했다. 무에서 유를 창조하는 것만이 혁신이 아니다. 유에서 유를 창조하는 것, 기존의 경영 요소를 새로운 목표와 철학에 맞게 재구성하는 것도 혁신이다. 그럼에도 불구하고 대부분의 경영자들은 혁신을 새로운 것을 추구하는 것으로만 보고 급격한 구조 변화를 추구하려 하고 단편적인 혁신 기법에만 의존하려고 한다. 따라서 혁신경영은 눈에 보이는 단편적인 문제점을 응급처치로 해결하는 것이 아니라 구조적, 체계적으로 접근해야 한다.

창조경영

21세기 벽두인 2001년 9월 8일 잭 웰치가 GE 회장직을 물러나고, 제프

이멜트(Jeffrey Robert 'Jeff' Immelt: 1956~)가 새로운 회장으로 취임하면서 혁신경영을 강조하던 GE는 "Green is Green.(환경이 돈이다.)"를 새로운 비전으로 삼아 신성장 동력을 찾아 나섰다. 이멜트가 회장으로 취임한 2001년 9월 11일은 공교롭게도 911사태가 난 바로 그날이었다.

이와 함께 전세계 인구는 새로운 스타가 혜성처럼 등장하는 모습을 경외에 찬 눈으로 바라보게 되었다. 그 이름은 스티브 잡스(Steven Paul 'Steve' Jobs: 1955~2011), 애플(Apple)사의 창업자이자 한 때 CEO 자리에서 밀려났다가 1996년 다시 애플에 합류하여 CEO가 된 사람이다. 그는 2005년 스탠포드 대학 졸업식에서 남긴 말인 "Stay hungry. Stay foolish.(계속 배고프라, 계속 무모하라.)"를 행동에 옮긴 경영자로서 남이 하지 않는 일을 찾아 새로운 시각, 저돌적인 뱃장으로 애플을 2012년 2월 29일 기준 시가총액 5천억 달러로, 2012년 4월 10일 기준 시가총액 6천억 달러로 세계 1등 기업을 만든 장본인이다.[1]

이제 기업경영은 좌뇌를 사용하는 전략경영, 혁신경영을 탈피해서 우뇌에 의존하는 창조경영의 시대로 넘어왔다. 창조적 가치는 기업의 과거와 현실을 버리고, 미래를 향해 나서며 현재 존재하지 않는 수익을 현실화하는 역량이다. 신규 사업 기회를 통해서 기존 경영으로는 도저히 상상할 수 없는 기업의 경제적 가치를 향상시켜, 시장을 선도할 수 있는 기술과 이를 기반으로 한 제품을 독자적으로 개발할 수 있는 능력을 강화해야 하는 시대가 온 것이다.

흑백 TV에서 컬러 TV, 와이드 TV, HDTV, 3D TV로 이어지는 상품의 발전은 단순히 자연스러운 진화에 의한 것이 아니라, 창조적인 기술

[1] 스티브잡스 타계 후, 팀 쿡이 CEO자리에 올라 경영을 맡으며 2015년 2월 11일 기준 시가총액 7천억 달러를 돌파하였다.

을 통해서 이루어지고 있다. 이제 창조는 세상 그 자체를 새롭게 만드는, 그래서 기업이 가진 시장 지배력을 단기간에 급부상 시키는, 효과를 가져온다.

기존 시장을 출발점으로 하는 혁신과 달리 창조는 무한한 시장을 내다 본다. 앞으로 상당 기간 창조경영 열풍은 고정관념에 지배당하고 있는 전통적인 경영자들을 혼란과 고뇌에 가득찬 세상으로 내몰 것이다.

소프트경영

이제 기업의 경영은 과거 아무도 경험하지 못했던 새로운 방향으로 나아간다는 것이 분명해졌다. 창조 능력이 있는 우수한 인재들이 물밀처럼 유입되고, 창조와 벽을 넘지 못하는 기업은 뒤안길로 사라지는 시대가 온 것이다. 그럼 경영자들은 어떻게 스스로를 창조경영자로 변화시키고, 어디에서 창조적 역량을 가진 인재를 구할 것인가.

어려운 문제일수록 쉬운 길을 찾아야 한다. 창조가 새롭고 생경한 개념이라 할지라도 사람이 가진 능력이라면 창조력은 사람 그 자체에서 찾아야 한다. 사람은 좌뇌와 우뇌를 가지고 있다고 한다. 좌뇌는 인간이 가진 논리적이고 체계적인 하드파워를 지배하고 우뇌는 감성적이고 형상적인 소프트파워를 지배한다고 한다. 그렇다면 창조경영을 인간의 좌뇌에서 나오는 소프트한 능력, 소프트경영에서 찾아보자.

02 소프트경영

정보화, 지식화, 디지털화 등 메가트렌드의 확산과 함께 '소프트화' 가

21세기를 대표하는 키워드로 부상하고 있다. '소프트화' 는 서비스 산업의 비중이 증가하고 부가가치 중 소프트웨어의 비중이 높아지는 것을 가리킨다. 소비자가 상품을 고를 때 품질과 가격 보다는 애프터서비스와 비훠서비스 수준이 더 중요한 구매기준이 되고 있는 최신 현상 역시 '서비스화' 라고 표현한다.

정보 기술의 급격한 발달로 산업 사회와는 본질적으로 다른 지식 사회가 도래하면서 모든 측면에서 급격한 변화가 시작되었다. 육체적 노동량이 가치를 결정하는 시대에서 정신적 노동의 질이 가치를 결정하는 시대로 전환되었으며, 시간적, 공간적 거리가 소멸되는 열린 사회가 전개되었다.

특히 유행에 민감하고 과시적, 충동적 구매를 하는 신세대들이 새로운 소비 계층으로 부상하면서 개성을 중시하고 개인주의적 가치를 추구하며 논리적, 합리적인 판단에 따라 행동하기보다는 순간의 느낌에 따라 행동하는 감성 중심의 성향이 뚜렷이 나타나기 시작한다. 교육 수준의 향상과 핵가족화 풍요로운 삶의 추구 등으로 인해 지적 능력과 미적 감각, 풍부한 상상력이 중시되고, 70년대에는 39.3%에 지나지 않던 여성 인력의 경제 활동 참가율이 2013년에는 50.2%(2014년 통계로 보는 여성의 삶, 통계청)로 급격히 증가되는 한편 사회적 인식과 식견이 축적되어 공동체 사회관에 입각한 보다 성숙한 사회 의식이 함양되고 있다 [그림 29].

또한 국민 소득 확대에 따른 질적 소비와 여가 활동에 대한 수요 증가는 자동차, 레저용품 등 각종 문화 및 여가 관련 소비재들을 급속히 증가시키고 있으며 가정에서 머무르는 시간이 짧아지면서 가사일의 자동화, 시간 관리 등에 기울이는 노력도 커지고 있다. 의약 산업과 첨단 의료 기술의 발달로 인구의 고령화가 가속화됨으로써 국내의 경우 65세 이상의 노

구분	산업사회	지식정보사회
발생요인	기계, 전기, 화학기술 혁신	전자, 정보기술 혁신
생산	양 중시: 규격화된 대량생산, 대량소비	질 중시: 다품종 소량의 주문생산
노동	장시간 노동, 숙련노동, 육체노동자 중심	과학적 지식, 지식노동자 중심
경제활동	실제 공간(토지, 건물, 공장)	가상 공간(통신네트워크) 재택근무, 원격교육, 의료, 금융
생활문화	규격화된 생활, 획일화된 문화 물리적 생활 수준 향상 추구	탈규격화, 다양화, 탈획일화 정신적 욕구의 충족 추구
주도산업	철강, 자동차, 석유화학 등 하드 산업	소프트웨어, 유통, 미디어, 레저 등 소프트 산업

[그림 29] 산업사회와 지식정보사회의 비교

인 인구 비율이 85년의 4.3%에서 2014년에는 12.7%(2014년 고령자 통계, 통계청)로 증가했으며 이 수치는 앞으로 더욱 더 증가할 전망이다. 이에 따라 실버 연령층에 대한 관심이 커지고 관련 시장이 형성되고 있다.

이러한 사회적 현상의 변화와 함께 산업 측면에서도 최근 서비스 산업 비율이 점점 확대되어 70년대 45.5%에서 2011년에는 58%(고용비중은 67%)로 증가되었으며, 선진국들에서는 이미 70%가 넘는 서비스 산업화가 이루어져 세계적으로 경제 소프트화 현상이 가속화되고 있음을 보여주고 있다. 지금까지 산업화 시대를 이끌어왔던 제조업 중심의 하드 산업은 향후 성장이 정체되는 반면 소프트 산업은 지속적인 고성장이 예상되며, 새로운 시장 환경과 요구에 대응하기 위해 창조력과 사고력을 갖춘 지식 노동자의 역할이 더욱 커지고 있다.

제조업에서도 종래의 물적 자본이나 노동 투입뿐만 아니라 지식 관련 요소의 투입이 점차 중요해지고 있으며, 기술의 발전 속도가 가장 빠른 전자 산업에서도 하드웨어 제작 기술로 높은 부가가치를 창출할 수

	스탠포드연구소	노무라종합연구소	미쓰비시종합연구소
하드 산업	컴퓨터, 정보통신장비 교육서비스 기기 환경설비, 의학장비	주택관련산업 에너지관련산업	정보기기 공갠개발
소프트 산업	정보기술, 정보서비스 S/W, 정보통신서비스, 교육서비스, 오락/미디어, 생명공학, 환경서비스	정보통신, 환경관련, 의료 복지, 신유통, 생활문화, 레저, 비즈니스 지원산업	정보, 비즈니스 서비스, 통신네트워크, 환경 리사 이클, 의료 · 레저 · 문화

[그림 30] 주요 연구기관이 선정한 2005년의 성장산업

있었던 시대는 지나갔다. 이제 고객이 인식하는 상품 가치는 기능이나 가격뿐만 아니라 고객에 대한 서비스에서부터 브랜드, 기업이미지, 디자인, 편리성, 기능성 등에 이르기까지 다양하게 나타난다[그림 30].

정신적 노동의 질이 가치를 결정하고 고유한 핵심 기술의 가치가 증대되고 풍요로운 삶의 추구와 함께 유행에 민감해지고 과시형 구매를 즐기며, 여가 활동이 확대되고 환경 관련 규제가 강화되는 등 사회 전반의 변화 속에서 소비자의 욕구도 양적 만족보다는 질적 만족을 선호하게 되었기 때문이다. 고객의 기호가 정신적인 풍요로움을 추구하는 쪽으로 변화함에 따라 기업의 소프트 상품 공급 능력은 경쟁력 강화를 위한 기본 요건으로 대두되고 있다.

소프트 경쟁력이란 눈에 보이지 않는 것에서 가치를 찾아내거나 그것을 기획, 가공하여 부가가치를 높이는 능력으로서, 기본 기능과 품질을 갖춘 상품에 감성화, 편리화, 자연친화 등 소프트한 가치를 부가시킨 상품을 소프트 상품이라 하며, 기업의 경영 프로세스를 고객중심으로 창조적이고 유연하게 바꿈으로써 경쟁 우위를 확보하는 것을 소프트경영이라 한다. 또한 브랜드, 이미지, 지식 자산 등 소프트 상품과 소프트 경영을 지원, 보강하는 무형의 자산을 소프트 자산이라 지칭한다.

소프트 경쟁력의 특징은 그 자체로도 경쟁 우위의 원천이 될 수 있지만 산업화 시대의 기존 경쟁력이 뒷받침될 때 보다 강력한 힘을 발휘하게 된다. 가격, 내구성, 기본 기능, 생산성 향상 등 하드 경쟁력으로 불릴 수 있는 산업화 시대의 경쟁력을 기반으로 소프트 상품, 자산, 경영이 함께 할 때 더욱 강력한 경쟁력을 갖출 수 있다.

나이키, 맥도널드, BMW 등 세계적인 기업들의 성공 요인에서 쉽게 살펴 볼 수 있듯이 21세기에 기업이 성공하기 위해서는 지적 자산으로서의 소프트 경쟁력을 강화하고, 소프트경영으로 전환하는 것이 중요하다.

산업화 시대 일류 경쟁력을 확보했던 기업이 소프트화 시대에도 이를 계승, 발전시키기 위해서는 과거의 경영방식을 시대의 요구에 맞게 과감하게 개혁하는 것이 필요하다. 이를 위해서는 시대의 흐름에 적합한 상품 디자인, 상품의 고기능화, 사용 편리화 등을 적극적으로 추진하고 환경 친화형 상품을 개발함은 물론 제품의 안전성 확보에도 주력해야 한다. 또한 마케팅, 광고, 고객 서비스, 연구 개발, 의사 결정 등의 경영 프로세스에도 소프트화 시대에 적합한 능력을 갖출 것이 요구되는데, 이를 위해서는 고객이 감동할 수준의 제품, 서비스 제공 능력과 시장을 선도하는 창조적인 기술과 제품 개발 능력은 물론 미래의 환경 변화에 대한 신속하고 유연한 대응력이 필요하다.

<비즈니스 위크 Business Week>지는 '테크놀로지 패러독스(Technology Paradox)' 라는 특집 기사에서 앞으로 기술이나 하드 가치는 '거의 사라질 것' 이라고 예측했다.

일본능률협회(JMAC)에서는 소프트화 현상에 대응하기 위해 '하이소프트경영' 을 연구하고 있다. 이 연구를 통해 일본능률협회는 "기업은 소프트화에 대응해 소프트 사업화, 사업의 소프트화, 마인드의 소프트

화 등을 추진해야 한다"고 주장했으며, 소프트 사업화를 위해서는 "소프트화 현상을 사업 다각화의 기회로 간주해 서비스 산업의 진출을 도모하고 업무 중 파생된 노하우를 판매할 수 있어야 한다"고 설명했다. 사업의 소프트화 부분에서는 기업 경영의 소프트화를 이루어 서비스나 정보의 고도 시스템화에 의한 판매의 차별화, 기획, 운영 기술의 개혁에 의한 프로세스의 부가가치를 추구하고 마인드 소프트화에서는 각 개인이 소프트한 발상을 갖도록 지원함으로써 서비스 마인드를 배양하고 네트워크형 정보 활용 인재와 컨설팅 인재를 육성할 것을 제안했다.

또한 미쓰비시종합연구소는 "제조업이 소프트화 시대에 살아남기 위해서는 기존 제품에 서비스, 감성 지능 등을 체화시켜 고부가가치화 해야 한다"며 물적 제품의 소프트화의 중요성을 주장한 바 있다.

이처럼 전 세계가 소프트화 시대로 전환되어 소프트 경쟁력을 추구하고 있다. 질적 만족과 서비스를 중심으로 하는 가치 및 감성과 편리성 중시에서 환경 보호와 안전 등 인류 문화의 가치를 중시하는 가치관의 변화는 삶의 변화를 이끌고 고객과 시장의 변화는 다시 기업의 경쟁 조건과 경쟁력의 중심 요인을 변화시키게 된다.

03 기업의 무형자산

소프트화 시대에는 소프트 자산의 보유 정도가 기업의 가치를 결정한다. 소프트 자산이란 소프트 상품과 소프트 경영을 지원, 보강하는, 기업 내에 축적되어 있는 무형자산으로서 부루킹스(Brookings Institute) 연구소에 따르면 최근 기업의 시장 가치 중 무형자산이 차지하는 비율이 85년에는 38%였으나 95년에는 62%로 크게 상승했다고 한다.

소프트 자산은 크게 감성 자산과 이성 자산으로 구성된다. 감성 자산이란 소비자들이 상품이나 기업에 대해 느끼는 감성, 인식 등을 의미하며 브랜드 자산, 이미지 자산 등이 이에 해당된다. 이성 자산은 기업 내에 축적된 노하우와 특허권, 종업원의 경험 등 지적 자산을 의미한다. 소프트 자산은 크게 브랜드와 기업이미지, 디자인, 지식의 네 가지로 살펴볼 수 있다.

브랜드란 판매자가 그들의 상품이나 서비스를 식별하고 경쟁자의 것과 차별화하기 위해 사용하는 로고, 등록상표 등의 독특한 이름이나 상징물을 의미한다. 브랜드 자산은 로열티, 인지도, 소비자가 인식하고 있는 제품의 질, 브랜드 연상 이미지, 기타 독점 브랜드 자산 등으로 구성되며, 선진 시업에서는 브랜드는 힘과 돈이라는 인식 하에 브랜드 자산이란 용어를 통용해 사용한다. 소프트화 시대에는 생산 기술의 평준화로 제품의 품질, 기능수준이 거의 유사해지면서 브랜드의 인식 정도가 구매 의사를 결정하고 상품 가치를 결정하게 된다[그림 31].

미국 주식시장에 상장된 S&P500 종목의 자산구성을 조사해본 결과,

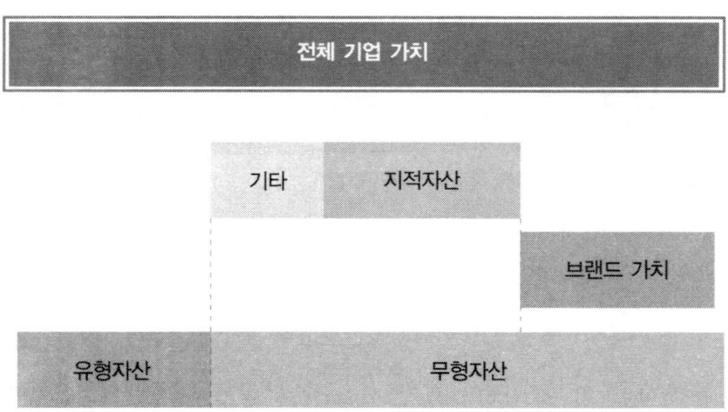

[그림 31] 브랜드 자산 가치의 비중

과거와는 달리 유형자산 보다는 무형자산의 비중이 훨씬 높아져 80%에 이르고 있다고 보고되고 있다. 필립모리스가 크래프트사를 인수한 가격은 129억 달러였지만, 그 중 90%인 116억 달러는 브랜드, 영업권, 지적재산권 등의 무형자산에 대한 가치로 지불한 예에서 알 수 있듯이 가치 있는 브랜드 확보는 기업의 자산 가치 확대에 큰 의미를 가진다. 그림32는 브랜드가치가 가장 높은 한국기업인 삼성전자의 브랜드가치가 기업가치 대비 32%, 현대자동차가 19%, LG전자가 24%, SK텔레콤이 10%, 신한금융지주가 55%에 달하는 것을 보여주고 있다[그림 32].

상품 구매 결정에 결정적 영향을 미치고 모든 제품에 신뢰감을 형성하며 경영 활동 전반에 걸쳐 소비자의 협력을 도모하게 하는 기업이미지 자산은 경영 활동에 대해 정부, 고객, 하청업체, 종업원 등 기업 내외부의 이해 관계자들이 해당 기업에 대해 느끼는 호감의 정도를 의미하며 크게 대외 자산과 대내 자산으로 구성된다. 대외 자산은 외부에서 보는 기업이미지며, 대내 자산은 종업원이 기업 경영에 대해 갖고 있는 인

기업명	브랜드가치 (USD $ Millions)	기업가치 (USD $ Millions)	브랜드가치비율(%)
삼성전자	81,716	259,004	32
현대자동차	19,357	103,136	19
LG전자	7,469	30,560	24
SK텔레콤	10,919	113,551	10
신한금융지주	6,848	12,433	55
비고	2015년 2월 영국 브랜드파이낸스 Brand Finance Global 500 2015 발표		

[그림 32] 한국 브랜드가치 상위 기업의 브랜드가치비율

식을 의미한다. 기업의 사회적 책임에 대한 요구가 점점 높아지면서 기업의 모든 경영 활동에서 이미지가 이슈로 대두되고 있다. 기업의 이미지를 통해 영속적인 발전과 장기적인 이익을 확보하면 종업원은 회사에 대한 명성이 올라감에 따라 활력 있게 업무를 보게 되며, 기업 역시 자금 조달 및 인재 확보가 용이해지고 사회와의 호의적인 관계 구축을 통해 기업 활동 전반에 대해 소비자와의 협력 도모가 가능해지는 것이다. 따라서 기업은 사회의 신뢰 위에 존재한다는 것과 경영 이념의 정립 및 실천은 물론 이미지 자산 확보가 중요하다는 것을 인식할 수 있어야 한다.

상품 가치의 소프트 경쟁력이 강화되면서 많은 선진 기업들이 경쟁력 있는 상품을 만들기 위해 디자인 중심 경영을 실시하기 시작했다. 디자인이 핵심, 필수 기능으로 확대되고 상품 개발에 다양한 기술을 접목하는 한편 전문성을 강화해 상품의 고부가가치를 선점하려는 노력이 세계적으로 이어지고 있는 것이다.

단순히 디자인의 경쟁력을 강화하려는 측면이 아니라 전사적 디자인 전략 수립과 실행을 통한 선진 기업의 디자인경영이 확산되고 있다. 많은 기업들이 디자인을 기업의 무형자산으로뿐만 아니라 성공의 핵심으로 활용함으로써 나이키, 애플, 다이슨 등 21세기 선진 기업으로서 입지를 다지는 예들이 더욱 더 많아지고 있다.

마지막으로 지식 자산 측면을 살펴볼 수 있다. 지식 자산은 조직 노하우의 전수를 통해 기회 손실을 최소화하고 조직의 창조적 능력을 강화하는 주요 가치를 의미한다. 조직이 가지는 지식을 축적하고 조직원의 지적 능력을 강화시키는 교육을 비롯한 다양한 활동을 활성화 함으로써 기업은 보유하는 지적 자산을 확장할 수 있다.

CHAPTER 2

디자인경영 사례

디자인경영은 디자인에 경영이론을 적용하여 기업 내부의 디자인 조직과 활동이나 디자인산업에 속한 디자인전문기업들의 경쟁력을 높여주는 역할을 담당한다. 전통적으로 디자인경영에서 가장 많이 다루어 온 주제는 기업 내부의 디자인본부와 같은 디자인 담당 조직을 활성화하고, 디자이너에 대한 채용, 평가 등에 관련된 인사 업무의 효과를 높이는 것이었다. 그러나 최근 들어 디자인경영에서 다루는 주제가 다양해지고 있다. R&D 담당자와 디자이너가 한 팀을 이루어 제품 개발을 진행하도록 하고, 디자인을 이용한 브랜드경영, 디자인을 이용한 기업문화경영 등 디자인경영의 외연이 확장되고 있는 것이다. 이 장에서는 야마하와 샤프에서 보는 디자인경영의 활성화, 인텔과 아마존닷컴에서 보는 브랜드경영의 활성화, 3M, 듀폰, 휴렛팩커드에서 보는 기업문화경영의 활성화 등 7개 기업의 디자인경영 사례를 소개한다.

01 디자인경영의 활성화

야마하(Yamaha)

야마하는 1887년 창립한 이래 피아노를 비롯한 악기, 생활용품, 스포츠 용품 등을 생산해오고 있다. 2015년 3월 기준으로 직원 19,967명(7,860 임시직원의 평균수 제외)이 연간매출액 4,321억엔(약 4조 236억원)을 올렸다. 이 회사는 1987년 창립 100주년을 계기로 회사 이름을 '일본악기제조(日本樂器製造)'에서 '야마하'로 바꾸었다. 이를 계기로 하여 피아노를 중심으로 일본 제일의 악기 제조업체로 군림해 오던 야마하는 디지털 악기를 포함한 전자기기 방향으로 진로를 크게 선회하였다. 디

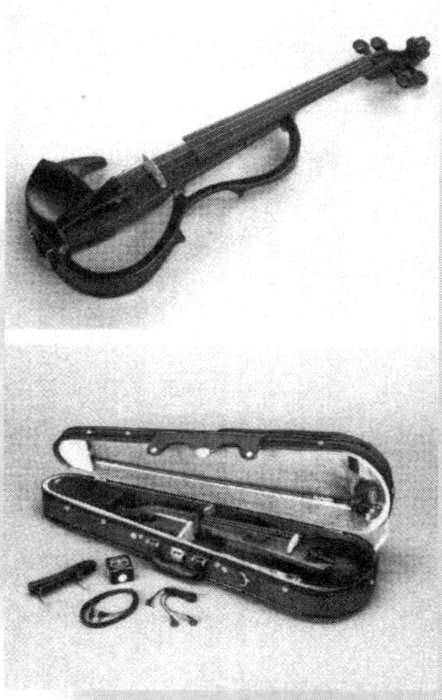

야마하의 전자 바이올린
「SV200BR」, 「SV120S_BR」

지털 악기는 오랜 전통을 갖고 완성되는 자연악기보다 디자인의 자유도가 대폭 넓어지기 때문에 LSI기술과 함께 디자인 역량이 아주 중요한 분야이다. 이에 따라 야마하는 디자인경영을 통한 기업 발전을 도모하기 시작했다.

2015년 현재, 야먀하는 세계의 많은 사람들이 오랫동안 소중하게 애용할 수 있는 아름다운 상품을 제공하려는 강한 의지와 염원을 바탕에 두고 Integrity 본질을 파악한 디자인, Innovative 혁신적인 디자인, Aesthetic 아름다운 디자인, Unobtrusive 조화될 수 있는 디자인, Social Responsibility 사회적 책임을 다하는 디자인이라는 5개의 디자인 이념 아래 모든 제품을 탄생시키고 있다.

디자인 연구실

'야마하 디자인' 은 오디오, 생활용품, 스포츠 용품에 이르기까지 광범위하게 적용된다. 연간 400건에 이르는 신제품들을 사내에 있는 디자인 연구실에서 모두 작업하고 있다. 입사 1년째인 직원에게도 상품개발이나 프로젝트를 통째로 맡기고 악기, 생활, 스포츠 등 세 분야에 걸쳐 약 3년마다 디자이너를 교체함으로써 매너리즘에 빠지는 것을 방지하는 유연한 운영체제를 통해 디자인의 품질을 보장받고 있다.

또한 야마하는 오래 전부터 해외를 포함한 외부 디자이너와 긴밀히 연대함으로써 수많은 히트 상품을 내놓고 있으며 디자인 부문에 대한 운영 관리를 잘하기로 정평이 나 있다. 토쿄 하마마츠(濱松)에 본사를 두고 있는 야마하는 유행을 뒤쫓아 가는 것이 아니라 유행을 만들어 가는데 지향점을 두고 있다. 야마하는 이같이 유연한 고감도 상품개발을 통해 미래 방향을 전통도 혁신도 아닌, 창조에 두는 디자인경영을 선보이고 있다.

악기, 생활, 스포츠 등 담당으로 나뉘어 팀을 구성해서 디자인하는 아이템은 연간 약 400건이다. 이러한 상품계획을 추진하기 위해서는 디자인 분야 직원들의 스케줄 관리가 중요하다. 그래서 각 프로젝트의 진척사항을 파악하기 위해 야마하의 정보시스템부가 개발한 컴퓨터 시스템을 운영하고 있다. 디자이너는 1주일마다 디자인 리포트를 제출해야 한다. 이것을 담당 프로젝트 별로 컴퓨터에 입력해 기일, 예산, 작업등의 진행사항을 담당자 별, 주제 별로 검색할 수 있게 하고 있다.

로테이션 관리 시스템은 창조적이지 못하다는 인상을 주지만, 질적인 측면을 향상시키기 위한 유연한 체제는 적극적으로 채택되고 있다. 신입사원이라도 1인 1점을 담당하는 제도를 통해 창의력과 책임감을 동시에 키워나가며, 한 사원이 혼자 복수의 프로젝트를 진행하기도 한다.

부문은 달라도 모든 디자인 업무가 같은 사무실에서 행해지기 때문에 타 부문의 업무를 곁눈으로 보면서 때로는 서로 말참견을 하며 작업이 이루어진다. 악기, 생활용품, 스포츠용품 등 분야가 다르더라도 단순함, 소재의 치밀함 등 야마하 다운 제품 아이덴티티(Product Identity: PI)가 느껴지는 것은 바로 그런 이유 때문일 것이다.

이미지 캐릭터와 캠페인

캠페인을 전개할 때는 신시사이저를 애용하는 록그룹 TM네트워크의 리더를 이미지 캐릭터로 채용하여 콘서트에서 직접 4대의 EOS를 사용하게 하는 등 악기 제조업체의 이미지를 적극적으로 표현한다.

신시사이저 마케팅을 위해 유명 음악가를 이미지 캐릭터로 활용하는 것은 매우 드물다. 이미지 캐릭터는 일반 대중을 위한 상품 마케팅에 쓰이는 것이 보통이다. 특히 이미지 캐릭터인 음악가가 실제로 무대에서 스스로 자신이 마케팅하는 상품을 사용하는 것은 드문 일이다. 그 만큼 야마하의 EOS는 음색이나 조작성 등 종합적인 성능에 대한 전문 음악가의 평가가 높다.

보통 신시사이저 개발에는 14~18개월이 소요되지만, EOS는 프로젝트 출발에서 발매까지 1년 밖에 걸리지 않는다. 대개 디지털 악기 등의 개발은 기술자 중심으로 추진되고 거기에 영업과 디자인, R&D의 직원들이 협력하는 것이 보통이지만, EOS는 형태에서 느껴지는 이미지가 매우 중요하기 때문에 초기 단계부터 디자이너가 참가한다.

전체 매출액의 6%를 차지하는 스키, 테니스 라켓, 골프클럽, 양궁 등을 중심으로 한 스포츠 용품의 경우 신소재, 복합소재 기술에 의한 우위성을 유연한 이미지로 호소하는 야마하의 디자인은 널리 정평이 나있다. 일본 내 점유율 1위인 스키는 여성 소비자와 초보자를 의식한 섬세한 디자인이 특징이다. 스키와 같은 계절 상품은 유행이 승부를 좌우한다. 따라서 야마하는 조교와 대학생 등으로 구성된 스키에 관한 오피니언 리더 집단인 YSS(야마하 스키 직원)를 조직해 거기서 나오는 정보를 제품개발에 활용하고 있다.

해외 디자이너에 관한 정보

야마하는 해외 디자이너에 관한 정보도 많이 축적하고 있으며, 마리오 베리니, 프록디자인 등 일류 디자이너와 전문회사를 통해 디지털 키보드 등의 히트 상품을 개발하기도 한다. 특히 베리니와 교류한 지는 오래되었고 그로부터 디자인을 도입할 때는 사장이 직접 교섭에 임한다. 요즘은 해외 디자이너를 도입하는 기업이 증가하면서 문제 발생 건수도 증가하고 있다. 해외 디자이너의 개성을 끝까지 살펴보고 평가하기 위해서는 오랜 교제가 필요하다. 또한 해외 디자이너의 디자인에 의한 상품의 패밀리 모델을 내부에서 디자인 할 경우의 계약 사항 등은 디자인료를 결정할 때 중요하다. 디자이너의 독창성을 높게 평가한 상태에서 도입하는 것이기 때문에 해외 디자이너에 관한 정보와 활용은 지속적으로 관리 되어야 하는 핵심 요소이다.

디자인 전시를 통한 재충전

야마하가 사업부제를 도입함에 따라 사업부장들은 과거와 같이 야마하 디자인 연구소에만 의존하지 않고 기업 외부의 디자인 컨설턴트를 빈번히 활용하기 시작하였다. 그동안 별로 적극적이지 않던 G마크 신청이나 디자인전인 'Yamaha Designs' 도 적극적으로 활용하고 있다.

즐거운 일을 제공하는 기업

지방이 거점인 기업이라도 디자인과 개발 부문만큼은 도쿄에 사무실을 두는 풍조가 만연해 있지만, 야마하는 하마마츠를 고집하면서 고감도 상품을 만들어 내고 있다. 직원들은 풍요로운 자연환경에서 요트나 오토바이, 테니스 등의 스포츠를 하면서 여가를 즐긴다. 야마하는 '즐거운 일' 을 제공하는 기업으로 자리매김하고 있으며, 직원들이 여가를 즐기는 생활 방식을 적극 권장한다. 야마하 디자인의 원동력은 바로 직원들의 풍족한 여가생활에 있으며, 이러한 생활은 디자인경영이 나아가야 할 미래상을 시사해 준다.

야마하는 '주거공간' 과 '음악' 이라는 두 가지를 수익사업으로 키우고 있다. 이는 야마하가 1992년에 발표한 재건 계획인 '뉴야마하플랜' 의 시나리오에 입각한 방침이다. 부진한 기존 사업을 뒤로 제치고, 성장이 기대되는 생활용품 사업과 호조를 보이고 있는 전자기기 사업을 축으로 전자악기, 멀티미디어, 기타음악 관련 제품 등 야마하 다움을 살리는 음악 관련 사업에 경영 자원을 중점적으로 배치하겠다는 것이다.

야마하에서는 디자인 연구소 소장이 92년 처음으로 본사 이사로 취임한 이래 디자인이 사내에서 핵심적인 위치를 차지 하고 있다.

세계 최대의 악기 메이커인 야마하는 현재 힘든 싸움을 강요 받고 있다. 주력인 어쿠스틱 피아노의 매출액이 해마다 계속 하락 하면서 디자인 작업의 비중도 전자악기에 더 많이 쏠리게 되었다. 전자악기의 소비층은 유아로부터 전문 음악가까지 폭이 넓지만, 악기를 다룰 줄 아는 사람만을 상대해서는 시장 확대를 바랄 수 없다. 그러므로 신규 수요 개척을 위해서 야마하가 새로운 대상으로 주목하는 고객은 '건반 악기는 다룰 줄도 모르고 기타도 칠 줄 모르지만 음악을 해 보고 싶다' 는 사람들이다. 이러한 야마다의 정신과 이를 실현하기 위한 디자인경영은 앞으로 계속해서 발전해 나갈 것으로 기대된다.

샤프(Sharp Corporation)

1912년 일본 오사카시에서 창립되어 2015년 기준으로 49,096명의 직원이 회계년도 2014년 기준 2조 7,862억엔(약 25조 9406억원)의 연간 매출을 올리고 있는 샤프(Sharp Corporation)는 다양한 가정용, 사무용 전자제품을 제작하는 회사이다. 1990년대부터 일본경제가 하강세를 보이는 가운데, 샤프 역시 매출액이 감소하고 있다. 위기를 극복하기 위해 샤프는 탈 가전의 길을 걷기 시작하였는데, 그 핵심은 차별화된 디자인경영 능력을 기반으로 신세대를 타깃으로 한 새로운 디자인 컨셉트를 통해 위기를 극복하는 것이다.

일본 최초의 디자이너 출신 이사 탄생

그 동안 다양한 제품 포트폴리오를 고집한 결과 기업이미지에서 뚜렷한

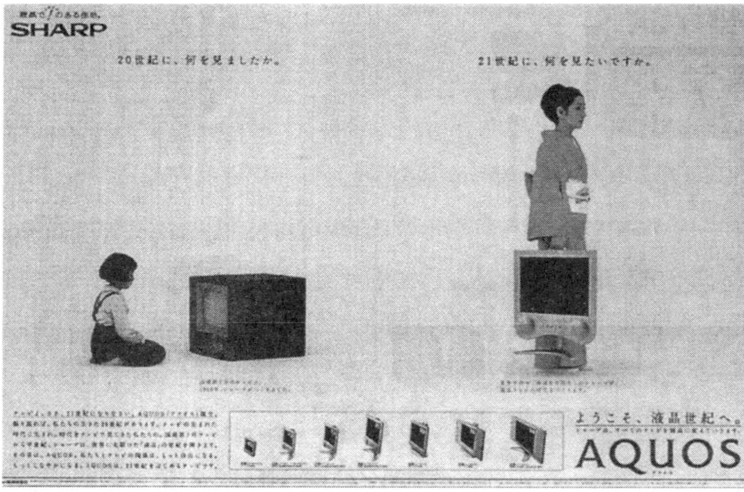

샤프의「AQUOS」광고

차별화 포인트를 찾지 못하던 샤프는 정보 및 가전 제품에서도 개성을 드러내지 못하고 있었다. 그러나 인텔 사와 플래시 메모리 개발을 위한 제휴를 체결하고 애플 사와 멀티미디어를 공동 개발키로 함으로써 하드웨어, 소프트웨어 양 분야에서 주목을 받으면서 새로운 생활습관의 창조, 새로운 디자인 방법론이라는 면에서 재평가를 받고 있다. 단정적인 평가를 하기에는 아직 이르지만 샤프는 디자인경영을 통해 디자인 지향 기업의 선구자로 발돋움하고 있다.

1973년에 종합 디자인 센터가 설립되고 1981년 종합디자인 본부로 조직이 바뀌면서 일본에서는 최초로 대기업 가전업체에서 디자이너 출신 이사가 탄생하였다. 외국인을 포함한 약 200명의 디자이너들이 4개 사업 본부 별로 설치된 디자인 센터를 중심으로 국내외에 분산, 배치되어 활동하고 있다. 종합 디자인 본부의 이사가 4개의 사업본부를 총괄하고, 각 디자인센터에서는 센터장이 그 사업 본부의 라인 업무를 수행한다.

샤프에서 디자인의 역할은 변화를 일찍 간파해 전사적으로 판단하여 역량을 집중시킬 수 있는 새로운 습관, 해보고 싶은 생활의 모습을 제안하는 것이다. 목적 설정, 개발 체제, 디자인 방법에 이르는 시나리오를 제안하는 것이 디자인 본부에서 하는 디자이너들의 주 업무다.

SE(Super Excellence)

샤프가 가진 차별화된 디자인경영활동으로 우선 SE(Super Excellence) 상품을 살펴볼 수 있다. SE 상품은 통상적인 것과는 다른 개발 시스템에 의해 제품화 된다. 이 시스템은 새로운 수요를 개척할 수 있는 고부가가치 상품을 단시간에 개발한다. 상품 선택을 위한 회의가 매달 한 번 개최되고 사장, 부사장, 사업본부장, 기획 담당자 등 약 20명이 출석하는 'NEWING 상품 전략 회의' 등에서 심의, 승인된다. SE 상품으로 인정받으면 개발 담당 부서에서 전사적으로 횡적 협력을 의뢰할 수 있으며 다른 사업 본부로부터 연구자를 지원받을 수 있게 된다.

긴급 프로젝트 제도

전략 상품의 기간 기술을 개발하기 위한 샤프의 '긴급 프로젝트 제도'는 널리 알려져 있다. 이 제도는 적절한 인재를 리더로 지명하고 팀을 구성함으로써 기본 기술 개발에서 위력을 발휘해 왔다. 긴급 프로젝트의 구성원으로 선발되면 임원들만 부착할 수 있는 금색 명찰을 붙일 수 있게 된다. 이것은 임원과 같은 권한을 갖는다는 상징적인 의미를 갖고 있으며, 리더는 개발에 필요한 인재와 물자를 동원 할 수 있는 힘을 부여 받는다.

디자이너가 본격적으로 참여한 최초의 상품이면서 히트 상품이 된 것은 91년 8월에 발매한 전화기다. '샤프를 대표하는 첨단 상품'을 지향한, 송수화기 185g(CJ-A31)의 '포켓무선' 전화기는 무게 205g인 파이오니어의 TF시리즈와 발표 시기가 같았고 발매는 며칠 앞선 모험적인 상황이었는데 밀도를 느끼게 하는 디자인에 대한 평가가 높았다. 같은 달 마쓰시타통신공업도 160g의 접이식 포켓 송수화기를 내놓았다. 이 때부터 샤프의 디자이너는 컨셉트의 초기 단계부터 기획과 기술부문의 담당자들과 함께 프로듀서로 일했다. 여기서 작업하는 방법은 기획, 디자인, 기술의 각 부분이 동시에 출발해 공통 인식을 확고히 하며 개발하는 '공동 엔지니어링' 이라는 방법론이다.

머리로 그리는 디자인

샤프의 디자이너들은 렌더링(rendering)을 거의 하지 않는다. "멋진 그림은 필요 없다"는 개념 아래 머리 속에서 스케치를 하면서 입체 모델을 손으로 만든다. 전세계에서 디자인의 급속한 컴퓨터화, 즉 CAD가 추진되고 있는 추세에 샤프에서는 '손으로' 만든다는 데에 주목할 필요가 있다. 수작업의 장점은 크기와 모양을 곧바로 입체적으로 확인할 수 있다는 것이다. 또한 '의도가 무엇인가', '얼마나 작아야 무선이라고 말할 수 있는가' 등을 기술 부문의 직원에게 감각적으로 이해시킬 수 있다. 그 결과 애초에는 '200cc, 200g' 이 목표였던 송수화기를 '180cc, 175g' (CJ-A30)정도까지 줄일 수 있었다. 디자인의 내용이 바뀐 것은 아니지만 종래의 방법론은 재평가해야 하지 않을까 하는 것이 이 상품개발을 통해 모아진 직원들의 의견이다. 포켓 무선 전화기는 기술과 생산 부문에서 장애물이 많았던 개발 사례였다. 여기서 들 수 있는 또 한 가지 문제는 기존 기술을 원용하면서 새로운 시장을 개척해야 하는 디자인이나 프로모션의 벽을 어떻게 극복 하는가이다.

그러나 먼저 '소비자가 어떻게 사용할 것인가' 가 그려지지 않으면 디자인도 프로모션도 의미 없는 일이다. 때문에 샤프의 디자인 활동은 변화를 일찍 간파해 전사적으로 판단해서 그곳으로 역량을 집중시키는 것이 목표이며, 디자인의 역할은 해보고 싶은 생활의 모습을 제안하는 것이다.

생활 창조의 시대

샤프는 시장이 성숙되고 단일 품목에서 상품의 완성도가 높아짐에 따라 종래의 상품개발에 한계를 느끼고 생활을 창조하는 시대에 알맞은 상품을 개발하는데 혼신의 노력을 기울였다. 여기에는 생활 소프트 기획본부의 뒷받침이 있었다. 이 본부는 잠재적인 소비자 수요조사와 업계동향 파악 상품개발에 필요한 시장조사 등을 수행하여 각 사업본부의 시장조사를 지원하는 조직이다.

그렇다면 '생활 창조의 시대' 에 대응하는 포괄적인 디자인 개념이라는 것이 있는 것일까? 이에 대해 샤프는 '본질적인 디자인' 이라는 키워드를 내놓았다. 본질을 끝까지 파헤친 밀도 높은 디자인으로 감성을 추구하고 신선한 아름다움을 만들어 내야 한다는 것이다.

반도체 분야를 통한 제 2의 창업기를 거쳐 정보기기로 제 3의 창업기를 맞다가 일본경제 침체라는 위기를 만난 샤프는 미래에 대한 시나리오 작성을 디자이너들에게 요구하고 있다. 디자인 본부는 미래 상품의 개발을 위해 주도적인 역할을 하고 있으며, 세계화에 대한 과제로 아시아 시장을 중심으로 한 아시아계 디자이너들을 리더로 기용하고, 디자인경영에 대한 폭넓은 정보를 제공하기 위해 노력하고 있다.

02 브랜드경영의 활성화

인텔(Intel)

1968년 로버트 노이스(Robert Noyce)와 고든 무어(Gordon Moore)는 캘리포니아에서 반도체 제조업체인 'Integrated Electronics'를 설립하고 이를 줄여 인텔이라 불렀다. 인텔은 1991년부터 본격적으로 산업재

순위	브랜드	산업	브랜드가치(백만 $)
1		Techology	188,863
2	Google	Techology	107,439
3	Coca-Cola	Beverage	81,563
4	IBM	Business Services	72,244
5	Microsoft	Techology	61,154
6		Diversified	45,480
7	SAMSUNG	Techology	45,462
8	TOYOTA	Automotive	42,392
9		Restaurants	42,254
10	Mercedes-Benz	Automotive	34,338
11		Automotive	34,214
12	intel	Techology	34,153
13	Disney	Media	32,223
14	cisco	Techology	30,936
15	amazon	Retail	29,478

[그림 33] 인터브랜드의 배스트 글로벌 브랜드 순위(2011년)

최초의 브랜드 마케팅이라 불리는 '인텔 인사이드(Intel Inside)' 캠페인과 '펜티엄(PentiumTM)' 브랜드 전략을 실시했으며 지속적으로 업그레이드된 신제품을 출시해 왔다. 2014년에 발표된 인터브랜드(Interbrand)의 베스트 글로벌 브랜드(Best Global Brands 2014)순위에서 브랜드가치 341억 5300만 달러로 전년에 이어 12위를 차지했다[그림 33]. 80년대에 이르기까지 인텔은 컴퓨터의 핵심 부품인 메모리 칩의 잇따른 개발과 성공적인 상품화로 비교적 안정적인 성장세를 달렸다. 이후 1981년에 세계 최대 PC 업체인 IBM이 자사의 PC에 인텔의 칩을 장착하면서부터 인텔은 급성장의 길로 들어섰다. 1986년에는 CEO로 취임한 앤디 그로브(Andrew Grove)가 메모리 칩 생산 포기를 선언하면서 마이크로프로세서를 중심으로 하는 전문 반도체기업으로 탈바꿈하였다.

인텔의 캠페인

산업재임에도 불구하고 최종 소비자의 브랜드 로열티 확보를 가능하게

인텔 관련 이미지

한 마케팅 전략은 인텔이 오늘의 기반을 다질 수 있도록 하는데 중요한 역할을 했다. 사업 초기만 해도 인텔은 경쟁사들과 마찬가지로 브랜드에 그다지 비중을 두지 않았다. 그러나 1980년대 후반부터 경쟁사를 견제하기 위해 높은 품질과 신뢰감을 심어줄 필요성을 느끼게 되었고, 특히 90년대에 이르자 최종 소비자들이 직접 컴퓨터 매장에서 구매 결정을 하고 PC 업체에 직접 전화주문을 하게 됨에 따라 브랜드의 필요성과 역할을 중요시하게 된 것이다. 그러나 컴퓨터 내부 프로세스에 대한 소비자의 지식 수준은 시장의 발전 속도에 비해 매우 낮은 상태였다. 따라서 컴퓨터 내부로 관심을 집중시키고 기존의 커뮤니케이션과 차별화하기 위한 메시지를 소비자에게 전달할 방법을 찾아야 했다. 그것이 바로 '레드X' 캠페인과 '인텔 인사이드' 캠페인이다.

1989년 10월 인텔은 386프로세스에 대한 수요를 자극하기 위해 레드X 캠페인을 시작했다. 그러나 1991년 봄 인텔의 브랜드였던 '286', '386', '486'과 같은 숫자들이 법적인 보호를 받지 못한다는 법원 측의 판결로 인하여 400만 달러의 광고비를 지출했지만 결국 경쟁사를 인텔의 386 비지니스에 진입하게 한 동기를 제공한 셈이 되었다. 그리하여 인텔은 486의 후속제품을 펜티엄이라는 이름으로 등록해 법적인 보호장치를 마련했다

레드 X 이후 탄생한 것이 1991년 5월에 시작된 '인텔 인사이드' 캠페인이다. 인텔은 소비자들에게 인텔 칩이 장착된 컴퓨터를 사면 첨단기술을 보장 받을 수 있고, 특히 인텔의 x86 프로세서용으로 만들어진 광범위한 소프트웨어들과 데이터 호환이 가능하다는 메시지를 보냈다. 특히 이 캠페인은 소비자들이 컴퓨터를 구입할 때 인텔의 브랜드명과 로고를 보며 안심하고 구매결정을 내릴 수 있는 '사고의 틀'을 만들어주는데 초점을 맞추었다. 실제 인텔 인사이드 캠페인은 인텔의 마이크

로 프로세서가 PC 안에서 어떤 기능을 한다는 구체적인 정보는 없고 오직 인텔을 확인하라는 메시지만을 지속적으로 전달 했다.

인텔은 이 캠페인에 1998년까지 8년간 24억 달러의 비용을 지출했다. 하지만 이 캠페인은 대단히 성공적이어서, IBM과 컴팩을 포함해 전 세계 1,500개의 컴퓨터 제조업체가 참가하는 계기를 만들었다. 그리고 이 공동 마케팅을 위해 인텔은 인텔 인사이드 로고를 붙이는 PC 업체들이 광고비10%를 부담하고, 공동 광고 프로그램에 참여하는 PC업체들에게 인텔 칩 구매 비용의 6%를 환불해 주는 인센티브 전략을 폈다.

캠페인 초기에 어느 광고대행사 사장이 말했던 것처럼 "컴퓨터를 구입하는 사람은 성능에만 관심이 있지 그 속에 어느 회사의 칩이 있는지 관심이 없을 것"이라는 혹평도 있었지만, 결과적으로는 당초 예상과는 달리 대다수 소비자들이 캠페인에 대해 긍정적인 반응을 보였다. 한편 소비자의 지지와 반응으로 막강해진 인텔의 파워를 우려한 나머지 1994년 초에 IBM, 컴팩을 비롯한 PC제조업체들이 캠페인 탈퇴를 선언했다. 그러나 이 로고를 원하는 소비자의 목소리가 변함없자 이들 기업은 어쩔 수 없이 캠페인에 복귀했다.

인텔 인사이드 캠페인 전략과 맞물려 나온 것이 '펜티엄' 전략이다. 앞에서도 이미 언급했지만 286, 386, 486과 같은 숫자들은 법적인 보호를 받지 못했으며 경쟁사와 차별을 위해 새로운 브랜드 명이 필요했던 것이다. 사이릭스(Cyrix)사에서 노트북용 486 SLX를 발표했는데 이 제품이 인텔의 386에 비해 성능이 앞선다는 느낌을 준다는 점도 브랜드 네이밍 작업에 많은 작용을 했다. 펜티엄이라는 브랜드 네임은 제품의 유니크함을 나타내주고 소비자의 주의를 끌며 믿을 만한 세계 선두의 마이크로 프로세서라는 느낌을 전달했다. 펜티엄은 라틴어로 5를 의미하며 단어상으로는 't' 가 중간에서 균형을 잡아주고 발음상으로나 구조상으로 좌우대칭을 만들어 준다는 특징을 갖고 있다.

인텔은 성공적인 인텔 인사이드 캠페인으로 인해 경쟁이 극심한 CPU 업계에서 90% 이상의 인지율과 80% 이상의 시장 점유율을 기록할 수 있게 되었다. 그리고 인텔 인사이드는 '고성능 컴퓨터', '신뢰'의 상징이 되어, PC업체들은 인텔 칩을 내부에 장착함으로써 최소 10%정도 컴퓨터 가격을 올려 받을 수 있는 가격 프리미엄 효과도 얻게 되었다. 이와 같은 소비자의 반응과 더불어 인텔은 1998년 스위스 다보스에서 열린 세계 경제 포럼에서 "인텔은 컴퓨터 칩을 감자 칩처럼 파는 회사이며, 대중과는 거리가 먼 반도체에 '인텔 인사이드'라는 이름을 붙인 것은 제조업의 패러다임을 변화시킨 우수한 사례 라고 일컬어 지는 등 학계에서도 인정을 받았다. 인텔 인사이드는 소비자에게 믿을 수 있는 제품이라는 강력한 상징이 되었으며, '블루맨 그룹(Blue Man Group)' 이라는 독특한 모델을 이용해 신제품 보증 기호로 이용하는 등 21세기에 들어와서도 활발한 커뮤니케이션 캠페인을 펼치고 있다.

한국에서의 다양한 브랜드 커뮤니케이션

인텔은 광고뿐만 아니라 여러 가지 다양한 마케팅 커뮤니케이션 전략을 사용한다. 서울에서 지하철이 종횡으로 그물같이 연결되어 시민들의 주된 교통수단으로 자리 잡으면서 지하철 광고가 새로운 마케팅 수단으로 급부상할 당시 인텔 코리아에서는 국내 최대 규모의 지하철 광고를 개시 했다. 6개 월간 펜티엄 4 프로세서의 지하철 광고 캠페인은 서울 시내 지하철 1,3,4,5,7호선의 10량짜리 지하철 각 1대와 월드컵 주경기장인 상암 경기장을 경유하는 지하철 6호선의 10량짜리 열차 2대에 게재되었다.

당시 광고 캠페인은 "지구를 방문한 외계인이 지구 최강 컴퓨터의 비밀을 밝히기 위해 컴퓨터의 내부를 열어 봤더니 인텔 펜티엄 4 프로세서가 장착돼 있었다."는 기존 매체 광고의 개념을 지하철 광고로 발전시킨 것이었다. 특히 단순히 제품을 알린다는 차원을 넘어, TV 광고를 통해 소비자에게 친숙한 외계인 캐릭터를 이용하여 마이크로 프로세서와 PC에 관한 지식을 더 쉽고 재미있게 전달하는데 초점을 맞추어 진행되었다.

서울 시내 버스 중에는 승객들이 내리기 전에 누르는 벨에서 인텔의 널리 알려진 4음계 '딩동댕동' 이 나오는 것이 있었다. 이런 것들은 모든 사람들에게 인텔의 인지도를 향상시키는 데 상당한 효과를 거두었다.

인텔은 정보 가전기기 시장으로 진출할 때 기존 경쟁기업과는 다른 이미지 형성 전략을 채택했다. 그 중 하나가 가족이라는 정서적인 측면을 부각시키는 것이었다. 기존의 인지 광고만을 가지고는 다른 이미지를 심어주기 힘들다는 것을 파악한 인텔은 새롭게 가족이라는 정서적인 측면을 강조함으로써 고객의 눈에 좀 더 친숙한 이미지를 형성했다.

글로벌 브랜드 관리

인텔은 전 세계적으로 하나의 일관된 메시지를 내보냄으로써 글로벌 스탠더드가 되기 위해 노력하고 있다. 이는 전세계 어디서나 인텔이라는 브랜드 이미지가 동일하게 적용될 수 있게 하는 것이다. 이러한 인텔의 글로벌 브랜드 관리는 다음과 같은 핵심적인 내용으로 요약될 수 있다.

인텔은 전 세계에 똑같은 광고를 제작해 내보내고 있다. 파란색 피부를 가지고 있는 블루맨 그룹과 지구를 방문한 외계인 광고, 그리고 항상 광고 중에 일관되게 나오는 4음계 등은 전 세계적으로 동일한 메시지를 보여줌으로써 어디서나 같은 이미지를 나타낼 수 있도록 했다.

인텔은 삼성, 엘지, IBM의 컴퓨터 사업을 인수한 레노보(Lenovo),

델(Dell) 등 업계 선도 기업들과 긴밀한 협력관계를 항상 유지함으로써 전 세계적으로 PC기술의 표준화를 구현하였다. 항상 고객을 먼저 생각한다는 면모를 제시해 전 세계적으로 모든 소비자들이 신뢰를 가지고 구매 할 수 있는 '사고의 틀' 을 만들어 주었다.

산업재를 대상으로 최초로 브랜드 마케팅을 시도한 인텔은 소기의 성과를 거두는 동시에 엄청난 브랜드 자산이라는 부가가치를 얻게 되었다. 우리는 이를 통해 브랜드가 의미 없어 보이는 분야에서도 철저한 브랜드 관리가 필요하며, 이러한 꾸준한 관리가 기업을 성공으로 이끌 수 있다는 것을 알 수 있다.

인터넷의 급속한 확산과 소비자들의 삶의 의식에 대한 가치가 변화함에 따라 시장상황의 변화로 인한 디지털 경제, 지식 경제 시대에는 정보의 비대칭성이 존재하고, 이는 산업재 분야에서도 새로운 영역의 확대를 요구 하고 있는 것이다. 인텔 역시 소비자의 기호가 다양해지고 시장 상황이 급격히 변화함에 따라 기존의 인텔 인사이드 캠페인만으로는 한계가 있음을 알게 되면서 C&C(Computing& Communication)의 영역으로 확대를 꾀하고 있다. 인텔의 사례는 환경 변화에 빠르게 대응하는 브랜드 전략이 무엇보다 중요하다는 시사점을 던져 주고 있다.

아마존닷컴(AMAZON.COM)

제프 베조스(Jeff Bezos: 1964~)는 1994년 허름한 창고에서 직원 7명으로 아마존닷컴이란 세계 최초의 온라인쇼핑 회사를 창업해서 불과 20년 만에 직원수 154,100명, 매출액 889억 달러의 기업으로 키웠다(2014년 12월 기준). 아마존이 취급하는 온라인쇼핑 상품은 책, 음악 CD, 비디오테이프와 DVD, 소프트웨어, 가전제품, 부엌용품, 장난감과 게임용

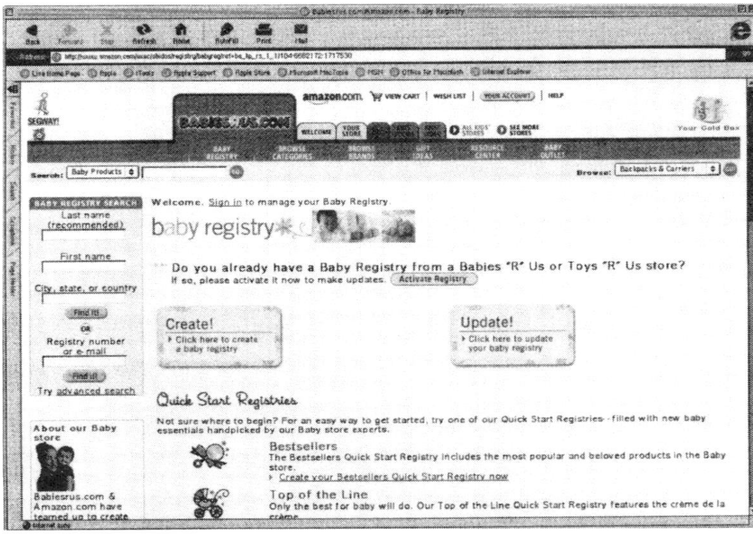

아마존닷컴 관련 이미지

품, 유아제품, 의류, 스포츠용품, 음식, 보석, 시계, 건강제품, 미용제품, 악기, 산업용품, 일반 상품 등 거의 무제한에 이른다. 아마존닷컴의 시가총액은 2014년 9월 1,500억 달러를 돌파했다.

설립 초기에 아마존은 야후에 간단한 배너 광고를 하면서 일약 스타덤에 올랐는데 그 내용은 다음과 같다. "아마존 서점은 110만 권의 책을 보유하고 있습니다." 이 수치는 미국 내에서 가장 많은 서적을 전시 판매하는 반즈 앤 노블이 확보하고 있던 서적 수의 5배가 넘는 것이었다. 또한 고객이 한 번만 등록해 두면 클릭 한 번으로 전 세계 어디서든지 주문을 할 수 있는 편리성을 제공했으며, 인터넷상의 가상 서점이기 때문에 많은 비용(임대비, 관리비)을 절약할 수 있었던 덕분에 인터넷 최고의 기업으로 성장할 수 있었다.

서적 판매에 있어 아마존닷컴은 유통단계를 줄이고 재고 비용을 절감함으로써 다른 서점보다 20~30% 싼 가격으로 서적을 판매해 고객의 호응을 얻었다. 아마존은 DHL, U.S, Mail 등 다양한 전문배송업체를 통해 고객이 원하는 배달기간에 맞춰 배송하고 있으며, 고객이 구매한 서적의 목록을 데이터베이스에 보관하여 고객이 다시 접속하면 과거의 구매 이력을 근거로 고객이 흥미를 나타낼 만한 장르의 도서를 추천한다. 또한 커뮤니케이션 센터를 운영하면서 관련 서적의 내용에 대한 평가 등 직접 정보 외에도 다른 독자의 서평, 저자 정보 등 다양한 정보를 제공하고 있다. 아마존의 이와 같은 1대 1 관계 강화 노력은 총 주문량 중 재 구매율이 60%에 이르는 가시적 성과로 나타나고 있다.

사이트의 브랜드화

브랜드란 제품이나 서비스를 소비자 마음속에 가치 있게 느끼게 함으로써 경쟁자와 차별화 시키는 '경험적 상징체계' 다. 따라서 인터넷에서 브랜드는 인터넷 환경에서의 경험을 통해 가치를 전달하고 이를 경쟁사이트 혹은 경쟁 서비스와 차별화시키는 모든 요소의 총집합, 그리고 그 결과를 의미한다

인터넷에서의 브랜드는 단순히 도메인 이름이 아니다. 도메인 이름은 인터넷 사이트를 통해 전달된 모든 경험 요소를 대표하고 있기 때문에 자칫 인터넷 브랜드를 도메인 이름으로 한정시키기 쉽다. 그러다 보니 좋은 도메인 이름을 갖는 것이 마치 인터넷 브랜드 관리인 것처럼 여겨질 수 있다. 그러나 사이트 주소를 지칭하는 도메인 이름은 브랜드를 구성하는 하나의 요소일 뿐이며 인터넷에서의 경험을 통해 얻은 결과가 이를 뒷받침해 줄 때 좋은 브랜드, 강한 브랜드가 구축 될 수 있다.

그러므로 인터넷은 기본적으로 유형재 라기보다는 무형재/서비스의 특성을 가진다. 즉, 인터넷은 유형의 제품을 직접 생산/전달하는 것이

아니라, 제품을 찾아준다거나 쉽게 살 수 있게 하거나 사람을 만나게 해주거나 필요한 정보를 찾아주는 등 서비스업으로서의 특징을 가지고 있다. 따라서 상품 구색의 폭과 깊이, 배송 및 반품체계, 콘텐츠 사이트의 경우에는 정보의 깊이나 갱신 주기와 같은 핵심 제공물 뿐만 아니라 고객 대응의 속도나 친밀도와 같은 무형 요소들이 브랜드 구축에 중요한 역할을 한다.

오프라인에서는 광고를 비롯한 기업의 일방적인 커뮤니케이션에 의해 브랜드가 구축되는 경향이 있는데 비해 인터넷에서의 브랜드는 사이트 사용경험 및 웹 전(웹을 통한 고객간의 구전), 사용자들의 참여와 같은 상호작용이 브랜드 형성에서 매우 큰 비중을 차지하고 있다. 즉, 웹 사이트 콘텐츠나 디자인, 인터페이스, 고객대응과 같은 사이트와 고객 간의 상호 작용뿐만 아니라 고객과 고객 간의 순환적인 상호작용이 브랜드에 대한 총체적인 경험을 형성하는 중요한 고리로 작용하는 것이다.

아마존닷컴이 사이버 공간의 최고인기 사이트로 부상할 수 있었던 가장 중요한 요인은 이러한 인터넷 브랜드의 특성을 파악하고 사이트의 브랜드화 노력을 끊임없이 해왔다는 것이다. 아마존닷컴은 다양한 상품 구색, 할인된 가격, 안전하고 확실한 제품 배달이라는 이미지가 브랜드와 바로 연결되도록 많은 힘을 기울였다.

일례로 아마존닷컴은 사이버 공간에서 아마존닷컴에 대한 우호적인 정보가 확산될 수 있도록 사이버 소문을 끊임없이 제공했다. 또한 의미 있는 이름이 될 수 있는 몇 가지 점을 고려하여 사이트 이름을 지었다. 즉, 웹 서핑에 사용되는 각종 리스트가 알파벳 순서로 되어 있다는 점을 고려해 짧고 기억하기 쉬우며 대규모라는 느낌을 전달하기 위해 아마존닷컴이라는 이름을 선정했다. 아울러 협력 프로그램을 활용해 다양한 사이트에 아마존닷컴을 등록하는 한편 크로스브랜드 전략을 사용해 야후 등 대규모 사이트와 스핀 등 음악 전문 사이트에서도 아마존닷컴과 연결될 수 있게 했다. 특히 아마존닷컴은 고객 서비스를 잘못해 좋은 이미지를 떨어뜨리지 않기 위해 고객과의 약속을 철저히 이행하는 등 브랜드 이미지 유지에 각별한 노력을 기울이고 있다.

구축된 브랜드 이미지를 통한 사업 확장과 전략적 제휴

2014년 기준 연 매출 총 124억 달러 규모의 미국 최대 장난감 판매 회사인 토이즈러스 (Toys "R" Us)는 인터넷 전자 상거래가 폭발적으로 성장하게 되자 1998년 서둘러 인터넷 사업에 진출하였으나, 인터넷 환경에 대한 이해 부족과 기존 채널과의 갈등으로 온라인 사업에 상당한 어려움을 겪었다. 기존의 브랜드 파워와 실물 유통망의 강점을 전혀 살리지 못한 채 오프라인 매장과 인터넷 판매 채널의 마찰로 고객의 불만은 더욱 커지게 되었다. 더구나 온라인 판매에 대한 고객과 채널 파트너의 불만이 커지면서 오프라인 매출에까지 부정적 영향을 미치게 되었다. 반면 아마존닷컴은 새롭게 온라인 장난감시장에 진출해 이 분야의 선두로 자리매김하면서 토이즈러스닷컴(Toys Rus.com)과 직접 경쟁하였고, 나아가 오프라인의 토이즈러스를 점점 압박해가는 강력한 경쟁자로 급부상하게 되었다. 그러나 온라인 시장에서의 매출증가에도 불구하고 누적되는 적자와 수익성 악화로 인해 제품 조달에서 판매/사후서비스에 이르는 전체 비즈니스 프로세스를 다시 점검할 필요를 느끼게 되었다. 이러한 양자의 이해관계와 요구는 곧 그들을 경쟁자에서 동반자로 만들어 주었다.

아마존닷컴은 온라인 장난감 판매에 있어서 수익성 제고와 효율적인 사업 운용을 위해 토이즈러스의 상품 매입 및 재고관리 노하우, 그리고 장난감 분야의 강력한 브랜드 이미지가 필요했고, 토이즈러스는 인터넷이라는 새로운 비즈니스 공간에서의 위험을 최소화하고 온라인을 통한 사업 기회를 적극 활용하기 위해 아마존닷컴의 사이트 개발 및 운영, 주문 처리 및 배송능력, 그리고 온라인 시장에서 이미 잘 구축되어 있던 인터넷 브랜드의 이미지가 필요했던 것이다. 결국 온라인의 아마존닷컴과 오프라인의 토이즈러스가 장난감 시장에서의 치열한 경쟁관계를 청산하고 각자의 강점을 적극적으로 활용할 수 있는 전략적 제휴를 맺게 되었다. 이는 곤경에 처한 닷컴기업은 물론이고 새로운 인터넷 환경에 적응하려는 오프라인 기업을 모두 성공으로 이끌어낸 전략적인 브랜드 제휴 전략이었다.

또한 계속해서 추진되고 있는 아마존의 사업 확장은 온라인에서의 브랜드 이미지를 무기로 하는 것이기 때문에 업계로부터 성공 가능성을 높게 평가 받고 있다. 한편 기존 유통기업들로서는 이와 같은 인터넷 소매 기업들의 브랜드 구축이 상당한 위협요인이 되고 있다. 또한 새로운 유통채널로서 인터넷으로의 확장을 염두에 두고 있는 기업일수록 이러한 위협은 크다고 할 수 있다. 대표적인 예가 반즈 앤 노블(Barns & Noble)의 인터넷 서적 시장 진출이며, 반즈 앤 노블은 서점을 통한 도서판매 시장에서는 세계 최대의 지배력을 갖고 있으나 인터넷 서적 시장에서는 아마존과 힘겨운 싸움을 하고 있다.

이렇게 온라인에서의 브랜드 이미지를 바탕으로 하고 있는 브랜드 제휴전략과 사업 다각화 전략이야 말로 아마존을 성공으로 이끈 브랜드 전략이라고 할 수 있다.

인터넷 기업인 아마존이 비약적인 성공을 이루어낸 요인들에는 여러 가지가 있었지만 가장 중요한 것은 고객의 요구를 파악해 인터넷 비즈니스의 특성인 상호작용성을 이용하고 메시지 전달기능과 고객의 반응을 기록 보존하는 기능을 충분히 활용해 고객들이 브랜드를 체험 할 수 있도록 하는 수단으로 이용했다는 것이다.

최근에는 아이폰용 킨들을 이용하여 별도의 e북 리더 디바이스 없이 아이폰이나 아이팟 터치, 아이패드 사용자들도 디지털 서적이나 잡지, 웹 사이트 콘텐츠 등을 구매해서 읽을 수 있도록 무료 어플리케이션을 제공하고 있다. 이로 인해 많은 고객들이 아이폰으로 책을 다운로드하여 볼 수 있는 서비스를 아마존으로부터 제공받고 있다.

아마존은 철저하게 고객에 포커스를 두고 사용자 친화적인 사이트를 만들고 이를 브랜드화 하려는 노력을 했다. 풍부한 정보와 권위 있는 추천 그리고 낮은 가격으로 수많은 고객을 확보하고, 이들의 브랜드 만족도를 높임으로써 얻어지는 개별 소비자의 구매 정보를 광범위하게 축적해 이용자의 구매 형태를 파악하고 이용자 특성에 맞는 책을 추천하는 고객관계관리(CRM)시행은 고개들이 아마존 브랜드를 더욱 친근하게 느끼게 하는 데 공헌 했다고 볼 수 있다.

03 기업문화경영의 활성화

3M

1902년 미네소타주 투하버스(Two Harbors, Minnesota)에서 의사, 변호사, 정육점 상인, 철도 사업자 등 5명에 의해 'Minnesota Mining and Manufacturing Company' 라는 이름으로 설립된 이래 오늘날 세계적인 회사로 성장한 3M은 세계 경제가 저성장기에 접어든 가운데에도 매년 계속적인 성장을 이어가고 있다. 그 이유는 혁신적인 신제품 개발력에 있지만, 보다 근본적인 이유를 살펴보면 신제품 개발력을 육성시켜온 기업 정신이 뿌리 깊은 인간 존중의 정신을 기본으로 독특한 문화에

3M 기업이미지 광고

입각한 경영전략과 기술개발 및 상향식(bottom-up) 관리 시스템에 의해 뒷받침되고 있기 때문이다.

인간의 존엄성과 가치를 존중하는 기업문화

3M의 특징으로 인간의 존엄성과 가치를 존중하는 문화를 들 수 있다. 3M은 1902년에 창업해 전 세계 70여개 이상 국가에 진출하여 약 200여개 국에서 제품을 판매중이다. 2014년 말 기준 연매출 318억 달러, 영업이익 49억 달러를 올렸으며, 전 세계 종업원 수는 89,800여 명이다. 3M사가 매년 지속적으로 성장을 이어온 원동력은 타의 추종을 불허하는 혁신적인 신제품 개발력에 있다.

벤처를 육성하는 태도

3M은 과거 4년 간 개발한 신제품으로 총 매출의 30%를 차지한다는 것

을 경영목표로 내걸고 있다. 현 시점에 5.5만 종의 제품을 공급하면서도 신제품으로 매출의 30%를 차지한다는 목표는 기존 제품의 개선만으로는 달성하기 어려우며, 전혀 새로운 획기적인 기술을 개발하고 그러한 노력의 성과를 신제품 개발에 적극적으로 활용하여 신규 고객이나 새로운 용도 개발을 실현한 새로운 시장을 창조해야 가능하다. 때문에 이를 목표로 하는 조직형태를 형성하고 있는 것이다. 3M은 본사 산하에 소규모의 기구와 수많은 사업부를 구성해 각 사업부가 독립된 한 개의 기업과 같은 운영체제를 취하고 있다. 이는 조직의 비대화로 인한 경직성을 피하고 벤처 육성이 용이 하도록 유연한 사업운영이 이루어져야 한다는 믿음에 기초를 둔 것으로, 사업이 성장함에 따라 사업부는 또 다시 분할한다. 사업 부문이 50개 있는데 관련성 있는 사업부가 모여 '그룹'을 형성하며 그룹은 3개의 사업 영역으로 구성된다. 이러한 벤처 육성의 유연한 조직형태는 3M의 기업문화 중 하나인 자유와 자주성이 발휘될 수 있는 환경을 제공해 준다.

아이디어의 사업화

기독교에는 모세의 십계가 있지만 3M에는 11번째의 계율이 하나 더 있다. 그것은 '아이디어를 죽이지 말라'는 것이다. 이것은 어떠한 아이디어라도 중요시 여기고 착실하게 지원하여 가능한 한 많이 살릴 수 있도록 하자는 것이다. 아이디어가 많으면 많을수록 상품화에 성공하는 신제품의 수가 증가하게 된다. 연구개발 분야에는 타율보다는 타석에 몇 번이나 들어섰는가가 중요할 수도 있다. 따라서 새로운 아이디어는 확실한 반증자료가 없는 한 최고 경영진이라도 무시할 수 없다는 것을 철저히 지켜가고 있다. 이해할 수 있는 아이디어는 평범이라는 벽을 넘지 못하고, 성공가능성은 희박하지만 기상천외한 아이디어가 성공한다는 것을 경험을 통해 알고 있기 때문이다. 이처럼 3M에서는 아이디어를 상식이라는 흉기로 죽이지 않도록 여러 종류의 제도를 실현하고 있다.

3M에서 아이디어의 사업화는 아이디어의 창안자가 직접 제안서를 작성하여 사업부의 운영위원회에 제출하면 이 위원회가 사업부 추진여부를 평가하면서 시작된다. 사업 제안이 수리되면 마케팅, 기술, 제조, 경우에 따라서는 재무를 비롯한 각 부문의 인재가 모아지고 창안자를 리더로 하여 '작은 회사' 와 같은 팀이 만들어진다. 창안자는 제품 챔피언(Product Champion)으로 호칭된다. 기획제안이 정식으로 승인되면 프로젝트로 인정되어 연간 진전 상황을 본 후에 그것을 계속 추진할 것인가를 결정하게 된다. 프로젝트는 매출이 증가하여 일정 수준에 달하면 제품부가 되며 업적이 더욱 향상되면 사업부로 승격된다. 그리고 그 신제품이 일정 매출 규모에 도달하면 개발팀에 골든 스태프상이 수여된다. 이렇게 해서 생겨 난 제품 챔피언 중에서 3M의 최고 경영자가 다수 배출된다.

제품 챔피언 스폰서십 제도와 15% 규칙

사내 기업가가 아이디어를 사업화 할 때 예산이나 인력의 면에서 기존 조직의 협력을 얻지 못하면 우수한 아이디어라 해도 조기에 무너질 수 있다. 이러한 상황을 극복하려면 굉장한 에너지가 필요하다. 새로운 아이디어가 사장되지 않기 위해서는 이노베이터가 여러 가지 장벽을 넘어 지원받을 수 있도록 3M의 관리직들이 이들을 지원하는 후원자가 되어준다. 이러한 후원제도는 충분히 성숙되지는 않았지만, 후원자는 아이디어의 사업화를 권장하고 예산이나 필요한 인력을 모으고 모든 각도에서 이노베이터를 지원할 수 있도록 장려한다. 부장이상의 관리직에 대한 업적평가를 할 때에는 이러한 후원자로서의 행동이 평가 요건 중 하나가 된다. 후원자들에게는 이노베이터의 보호/육성/지원 등 리더로서의 역할이 강조되고, 지원은 하지만 참견은 하지 않고 독창적인 아이디어를 손상시키지 않는 등 개입에 있어서는 자기 통제가 요구된다. 후원자로서의 자질로는 첫째 신념, 둘째 인내, 셋째 일시적 실패와 치명적 실패간의 차이를 간파하는 능력을 들 수 있다.

3M의 15% 규칙은 세계적으로 유명한 기업 규칙 중 하나이다. 기술직 사원은 자신의 노동시간 중 15%를 자신의 일과와 무관한 개인적으로 흥미 있는 일이나 꿈을 키워가는데 사용해도 좋다는 불문율이다. 기술자들은 이 규칙을 활용하여 자유롭게 흥미 있는 연구 테마에 도전할 수 있다. 우연성과 혼돈이 있기는 하지만 이러한 자유로운 휴식이나 여유로운 시간 속에서 새로운 아이디어가 생겨나고 이는 독특한 신제품 개발로 이어지고 있다. 'Post-it'의 개발자인 아트 프라이(Art Fry)도 15% 규칙 때문에 'Post it' 노트라는 새로운 상품을 개발할 수 있었다고 한다.

종업원의 자발성

미국의 금주시대에 생겨난 부트레깅(Boot-Legging: 밀주 제조)이라는 말이 3M에서 되살아나고 있다. 기술 연구원이 상사에게 연구 중지 명령을 받은 과제를 숨기고 연구를 계속하는 것을 지칭한다. 통상 근무가 끝난 이후 이들은 자신의 연구를 위해 회사 설비를 비밀리에 이용한다. 실제로 상사는 알고는 있으나 모르는 체 하고 뒤에서 지원을 하는 풍습이 대를 이어 전해지고 있고 지금까지도 이어지고 있다. 이는 원칙 이전에 종업원의 자발성과 의지에 기인된 활동이다.

이러한 3M의 기업문화는 1907년 보조 회계원으로 입사하여 회장으로 승진한 윌리엄 맥나이트(William L. McKnight: 1887~1978)의 확고

한 경영철학을 통하여 이루어졌다. 맥나이트는 "판매원은 그저 구매 창구를 방문하는 것 만이 아니라 현장에서 직접 접하는 소비자의 요구와 정보를 회사에 정확하게 피드백하지 않으면 안된다"며 고객의 요구를 경청하여 제품 개발을 실행하도록 강조함으로써 오늘날 말하는 고객 만족(Customer Satisfaction)을 '맥나이트 방법' 으로 사내에 정착시켰다. 그는 개인의 진취성(initiative)을 강조했으며 실패할 수 있는 자유 또한 강조했다.

3M은 종업원들의 창의성을 고무시키고 이를 기반으로 경쟁 우위를 확보했는데 이 회사가 종업원의 창의적 잠재력을 이끌어 내고 활용할 수 있었던 것은 창의성의 중요성을 명확히 인식해 그것의 실현을 위한 관리 원칙을 분명히 설정하고 이를 일관되게 실천하여 3M 특유의 기업문화를 형성했기 때문이다. 3M은 창의적인 생각 자체보다도 그것의 현실적 적용을 중요시 했으며 창의적 잠재력이 실현될 수 있는 조건들을 조직에 제도화시켜서 독특한 기업문화를 만들어 낸 것이다. 이렇게 형성된 기업문화는 종업원들로 하여금 늘 새로운 가치를 추구하게 북돋는 동인이 되고, 종업원의 창의성 발휘는 그러한 기업문화를 더욱 강화시킴으로써 3M은 끊임없이 변화에 적응해 나갈 수 있었다.

3M이 세계에서 가장 혁신적인 기업인 이유는 사람의 창의성과 기업의 이윤 추구를 균형 있게 지원하고 통제할 수 있는 메커니즘을 가지고 있기 때문이다. 단편적 혹은 맹목적으로 3M과 같은 혁신적 기업의 성공 사례를 추종한다고 해서 혁신 활동이 성공적으로 이루어질 수는 없으며 기업경영자들이 기업의 비전을 조직과 제도에 융화시켜 해당 기업에 적합한 메커니즘을 디자인해야 한다.

듀폰의 「Tactel」 광고

듀폰(E.I. du Pont de Nemours and Company: DuPont)

1802년 미국 델라웨어 윌밍턴(Wilmington, Delaware)에서 설립된 다국적기업인 듀폰은 7만 명에 달하는 구성원들이 의류, 생활용품, 건축, 전자, 수송, 농업, 식품, 영양 및 보건에 이르기까지 전 산업 분야에 걸쳐 다양한 소재와 이와 관련된 서비스를 제공하는 기업이다. 2014년 매출액은 347억 달러, 영업이익은 36억 달러에 달했다. 듀폰은 인간이 가장 중요한 자원이며 안전, 건강, 그리고 환경에 가장 높은 우선 순위가 있음을 믿고 있다. 이에 따라 듀폰은 고객 만족을 목표로 최고 품질의 제품과 서비스를 공급하는 데 헌신하고 인류의 생활을 개선하는 일에 중점을 두고 있다.

듀폰은 200년이 넘는 역사를 자랑하는 기업으로서 끊임없는 변화를 모색해 왔다. 그러나 이러한 변화 속에서도 안전 및 환경 경영만은 변하지 않았다. 안전, 환경, 윤리, 인간존중을 최우선으로 하는 기업 가치를 구성원들에게 인식시켜 줌으로써 그들에게 조직체와의 동일성 개념을 북돋워 주었다. 그리고 이러한 조직 문화에 대한 인식은 구성원인 사원들로 하여금 자기 자신과 회사와의 관계를 더욱 잘 이해하도록 돕고 나아가서는 회사에 대한 자신의 공약이 잘 이루어질 수 있도록 구성원과 조직체 간의 조화 관계를 조성해 줄 수 있었다. 이러한 사원들과 회사의 관계는 상호간의 안정을 강화시켜주는 역할을 했다. 그래서 이러한 조직 문화에 대한 인식을 통해 사원들로 하여금 표준 행동에 관한 이해를 증진시켜 그들의 가치판단의 메커니즘으로 작용함으로써 성과지향적인 의사결정과 행동을 조성시킬 수 있었다. 이는 회사의 발전적인 경영을 이룩하는 데에 있어서 필수적인 요소가 되었다. 또한 그러한 기업문화는 듀폰이 산업계 평균보다 약 50배, 화학업계 평균보다는 약 10배나 뛰어난 안전 기록을 보유하도록 해주었다. 이를 통해 '세계에서 가장 안전한 일터' 라는 명성과 함께 <포춘>지로부터 '가장 존경 받는 화학 기업' 으로 선정되는 등 회사의 브랜드 이미지를 크게 제고시킬 수 있었다. 이는 경영 성과에까지 영향을 끼쳐 전반적인 경기 침체에도 불구하고 뛰어난 경영 실적을 올릴 수 있었다.

기업 윤리와 개인 존중의 핵심 가치

'개인 존중을 통한 위대한 세계적 기업(A Great Company through People)을 비전으로 하고 있는 듀폰은 안전과 환경, 기업 윤리와 개인 존중을 핵심 가치(core value)로 삼고 이를 전 세계 듀폰이 공통으로 지킬 것을 강조하고 있다. 이 핵심 가치의 중요성은 전 세계 듀폰 직원에게 수시로 강조되고 단 한 건의 안전사고 또는 기업 윤리를 위배한 사고가 났을 때 즉시 전자우편을 통하여 모든 듀폰 직원에게 보고하여 그 중요성을 상기시키고 있다. 또한 이에 관련된 실적은 성과 상여금에 영향을 주도록 제도화 하고 있다.

이 핵심 가치는 듀폰 기업문화의 기본이 되어 인사관리 원칙에 그대로 적용되고 있는데, 듀폰의 보상시스템은 다른 대기업에 비해 포괄적이고 진보적이다. 성과에 대한 보상이 종업원 만족에 있어 가장 중요한 요소이며, 듀폰은 여러 가지 방법으로 직원들을 인정한다. 경제적 보상이 가장 명확한데 이것은 개인의 회사에 대한 책임과 공헌에 근거하고 있다. 듀폰은 헤이방법(Hay method)에 의해 직무가치를 평가하고 각 직무의 임금액을 합리적으로 결정하는 직무급을 운영하고 있다. 듀폰에서는 1951년 헤이(Hay)그룹에 의해 고안된 직무평가 시스템에 의해 세계 공통으로 직무 평가를 해오고 있다. 이 외에 다양한 포상 제도와 인정 프로그램을 통해서 예외적 성과에도 보상을 제공하고 있다. 또한 업무의 발전과 직원의 발전은 동전의 앞뒤와 같다고 믿으며 인사 평가에 있어서도 과거의 업무 기여도에 대한 평가와 함께 개인의 성장 가능성에 대한 평가를 매우 중요하게 생각하고 있다. 오늘날에는 경영 계층을 축소하여 듀폰 직원들이 기업 성과에 직접 공헌할 책임과 자유를 듀폰의 역사상 그 어느 때 보다도 많이 부여하고 있다.

안전을 생활화한 기업

'세계에서 가장 안전한 일터' 라는 명성을 얻고 있는 듀폰은 최고 경영자 회의에서도 항상 안전에 관한 사항을 제일 먼저 토의하고 철저한 안전 지침을 마련하여 직원뿐 아니라 그 가족과 고객에게까지 준수하게 함으로써 안전을 생활화 하고 있다. "모든 안전사고와 직업병은 사전에 예방할 수 있다"는 것이 듀폰이 갖고 있는 안전에 대한 태도다. 특히 지난 1970년 이후부터는 타 사업장을 대상으로 안전환경 컨설팅 서비스(SEMS)를 운영해 전 세계 산업 전반의 안전관리 수준 향상에 이바지해왔다. 그간 세계적으로 약 1천여 개 회사들이 듀폰의 공정 안전 관리 서비스를 제공받았으며, 그 결과 재해율을 3년 만에 평균 60%이상 감소시키는 놀라운 실적을 거둘 수 있었다.

환경 우선 기업

듀폰은 환경에 대해 아무도 신경을 쓰지 않고 있던 1938년 최고경영자 회의에서 환경보호를 위한 결의안을 채택하고, 세계 최초로 공해 방지 전담 엔지니어를 임명함으로써 산업계에서 환경보호의 선도적 위치를 굳히고 있다. CEO(Chief Executive Officer)가 곧 CESO(Chief Environmental & Safety Officer)로 통하는 듀폰에서는 1966년 최고 경영자를 의장으로 하는 환경위원회를 발족한 이래 환경보호 프로그램의 방향 설정과 정책수립을 전사적 차원에서 수행해오고 있다. 그 결과 1980년대 말부터 유엔 산하기구인 세계환경센터, 미국 중앙정부 및 환경청을 비롯한 세계 유수의 환경기구로부터 공로를 인정받아 많은 상을 수상해 왔다. 이러한 기업 이념의 실천을 적극 권장하고 강화하기 위해 듀폰은 1990년부터 전 세계 직원들을 대상으로 '안전, 보건, 환경 우수상(Safety, Health & Environmental Excellence Awards)' 을 제정하여 우수한 실적을 보여준 개인이나 팀에게 시상하고 있다. 최근에는 한 걸음 더 나아가 모든 산업 재해, 질병, 사고 및 각종 폐기물을 '0' 으로 줄인다는 '제로(zero)목표' 를 대내외적으로 공표하고 전 세계 90개 국 6만여 직원들이 이를 실행에 옮기고 있다.

최고 수준의 윤리규범

듀폰은 사회적, 문화적 배경이 다른 세계 여러 나라에서 기업을 운영하고 있으며, 사업을 성공적으로 수행하기 위해 혁신적이고 유연한 방법들을 꾸준히 모색하여 실천하고 있다. 하지만 어떠한 환경 속에서도 듀폰의 소중한 명성을 유지할 수 있도록 높은 윤리적 수준에 맞춰 업무를 수행한다는 원칙에는 예외를 두지 않는다. 윤리 규범의 준수는 장기적인 성공을 위한 필수적인 요소가 되기 때문에 최고 수준의 윤리 규범에 맞춰 근면하고 성실하게 업무 활동을 수행하고 있다.

인간사랑 정신

세계 여러 나라의 다양한 풍습과 문화를 존중하는 듀폰은 모든 직원들을 공정하고 정당하게 대우하며 평등한 기회를 부여함으로써 직원 개개인의 공헌을 높이 인정하고 훌륭한 회사의 구성원으로 성장할 수 있도록 돕고 있다. 나아가 듀폰은 직원 개개인이 회사에서뿐만 아니라 가정이나 지역사회에서 구성원으로 행해야 할 역할과 책임이 있음을 이해하고, 개인의 잠재력을 십분 발휘할 수 있는 환경을 조성하고 있다.

듀폰의 신 경영전략에서 가장 돋보이는 대목은 '인간사랑 정신이다. 듀폰의 인간사랑 정신은 '안전, 환경, 윤리, 인간존중' 으로 대표되는 경영이념과 전 세계 직원을 대상으로 한 셰어즈 프로그램(Shares program)이라는 독특한 스톡 옵션 제도에서 확연히 드러난다. 1904년 세계 최초로 안전 프로그램을 도입했으며 1971년에는 안전, 건강, 환경의 세 문자를 딴 '듀폰 공약 SHE' 를 채택하여 모든 사업장에 적용하고 있다. 또한 듀폰은 전 세계 종업원을 똑같이 대하는 셰어즈 프로그램을 실시하고 환경과 안전 친화적 경영을 상품으로 개발하여 사업의 영역을 다각화 했다.

전 세계 모든 사람들을 위해 더 낳은 삶, 더 안전하고, 더 건강한 삶을 만드는 것을 PROGRESS(발전)라고 정의하는 듀폰은 최근, 영양실조와 세계 기아를 해결하기 위해, 대두 단백과 말라위의 땅콩을 합쳐서, '시부시소' 라는 고에너지 식량을 만들었다. 지속 가능한 식량 생산을 위해 글로벌 네트워크와 함께 식량 안보의 발전을 이끌고 있으며, 더욱 안전하고 건강하며 영양이 풍부한 식량을 세계에 제공하기 위해 노력하고 있다.

듀폰의 기업문화는 한 마디로 안전을 최우선으로 한다. 이러한 듀폰의 기업문화는 공유적 접근 방법에 의해서 형성된 것으로, 듀폰이 화학제품을 생산하는 기업이어서 위험할 것이라는 생각을 불식시키기 위한 창업주인 듀폰(I. E du Pont)의 노력에서부터 비롯되었다. 조직 구성원의 상황을 최대한 배려하면서 본인이 솔선수범하는 등 창업주의 노력과 이에 고취된 직원들의 변화된 모습을 통해 이루어진 조직문화는 듀폰을 안전과 환경에 있어서 어느 기업에게도 뒤지지 않는 기업으로 성장하게 하는 견인차 역할을 했다. 이렇게 형성된 듀폰의 기업문화는 참여와 안락, 충성심에 기반을 두면서 가족 같은 분위기를 자아내며, 이는 구성원 개개인에 대한 배려로 이어졌다. 사소한 문제에 있어서도 사원들의 안전에 신경을 쓰고 그들이 좀더 편한 회사 생활을 할 수 있도록 최대한의 배려를 해주는 듀폰의 모습은 인간 중심적인 조직의 전형적인 모습인 것이다. 이러한 조직문화를 토대로 믿음에 바탕을 둔, 그리고 열린 경영을 하는 CEO의 노력이 더해져서 안전, 환경, 윤리, 인간존중을 최우선

휴렛팩커드(HP) 기업이미지 광고

으로 하는 듀폰 특유의 기업문화를 보여주고 있다.

휴렛팩커드(Hewlett-Packard: HP)

1939년에 캘리포니아 팔로알토(Palo Alto, California)에 있는 자동차 차고에서 시작한 세계 최초의 IT벤처회사이자 세계 최대의 프린터 제조업체로 알려진 휴렛팩커드는 컴퓨터, 주변기기, 의료장비, 핵심 전자부품, 인터넷, 인트라넷 솔루션, 서비스, 통신 제품 및 측정 솔루션 등 여러 첨단 정보사업 분야에서 탁월한 제품의 성능과 지원으로 세계적인 명성을 얻고 있는 글로벌 기업이다. 2014년 기준 매출액은 1,114억 달러, 영업이익은 72억 달러에 이르고 종업원은 30만 2천 여명에 달한다.

기업 경영에 있어서 마케팅 및 재무 역량 등도 중요하지만 조직 역량에 있어서는 어떻게 조직원들의 능력을 향상시키고 동기 부여를 하며, 어떻게 그들이 최선을 다할 수 있는 조직 여건을 만들어 주는가가 그 조직의 미래를 결정짓는 가장 중요한 요소이다. 조직원의 역량, 동기, 기회 이 세 요소가 갖추어졌을 때 조직은 높은 성과를 낼 수 있을 것이다. 이런 관점에서 HP는 '인본 경영' 을 추구한 대표적인 사례로 사람이 경쟁력의 원천임을 알게 해준다.

자유와 격려로 동기 부여

HP에는 층마다 간이 커피숍이 마련되어 있다. 이곳은 주로 브레인 스토밍으로 애용되는 장소다. 매일 오전 10시 반이면 HP의 직원들은 여기서 커피 브레이크 시간을 가진다. 신기하고 기발한 아이디어들을 시간과 정소를 정하지 않고 불쑥 튀어나오기 마련이므로 갑작스런 회의에 대비해서 한 쪽 벽면에 동료들을 소집하기 위한 종을 달아 놓았다. 이 커피 브레이크 시간 말고도 점심시간이나 매주 금요일 회사가 전 비용을 충당해주는 맥주 파티도 중요한 브레인스토밍 시간이다. 실제로 잉크젯프린터가 나오기 전 기종인 버블젯 프린터기가 바로 이 맥주 파티 시간에 맥주의 거품을 보고 생각해 낸 발상이었다고 한다. 그러나 종종 직원들의 아이디어를 받아들이기 힘든 때가 있다. 이럴 때면 데이비드 팩커드(Dave Packard: 1912~1996)와 함께 HP의 공동 창업자인 빌 휴렛(William Redington 'Bill' Hewlett: 1913~2001)은 직원들의 사기를 꺾지 않기 위해 일명 '단계별 모자 쓰기' 라는 방법을 시행했다. 이런 과정은 설사 부정적인 결과가 나오더라도 아이디어를 낸 당사자에게 만족감을 주게 되며 연구에 대한 열의를 계속 유지시켜 나갈 수 있도록 만들어준다. 신뢰와 자유를 토대로 기술 개발의 열의를 심어주는 정책, 현재 HP가 생산해내는 2만 5천 여 개의 제품은 바로 이 같은 정책이 낳은 결과물이다.

신뢰와 자유가 기반이 된 자율시간 근무제

HP는 모든 직원들이 자신이 원하는 시간에 일할 수 있는 자율시간 근무제를 선택하고 있다. 이 자율시간 근무제는 데이비드 팩커드가 'HP Way'를 구현하기 위해 기본 신조로 삼은 MBO(Management by Objective) 즉, 목표에 의한 관리가 낳은 정책이다. 목표에 의한 관리는 통제에 의한 관리의 정 반대 개념으로, 통제나 지침이 없는 상태에서 목표를 공유하자는 것이다. 따라서 공동의 목표를 공유한 상태에서 HP의 모든 직원들은 자신이 맡은 일에 최대한의 자유와 재량권을 부여 받는다.

이 외에도 HP는 다양한 형태의 자율시간 근무제를 실시하고 있다. 첫 번째가 전적으로 직원들의 의사에 맡기는 경우다. 와서 일할 수 있을 때 일하라는 얘기다. 단, 회의가 있을 경우에는 꼭 출근을 해야 한다. 두 번째는 똑 같은 일을 두 사람이 나누어서 하는 경우이다. 세 번째는 8시간씩 5일 일하는 대신에 10시간씩 4일 일하는 경우다. 네 번째는 텔레커뮤팅 형태로 일주일에 하루만 사무실에 나오고 나머지는 이메일이나 전화를 이용해 일하는 경우다. 이러한 근무 형태는 상급자의 허락을 구할 필요 없이 전적으로 개인의 결정에 달려 있다. 덕분에 직원들은 효율적으로 시간을 관리할 수 있게 된다.

분권화 경영

이러한 목표에 의한 관리가 부서와 부서의 관계로 확대 적용되면 경영 분권화의 철학이 된다. 실제로 HP의 각 사업부는 소규모의 독립적인 기업 형태를 띠고 각 주에 분산되어 있다.

HP 분권화 정책의 첫 번째 원칙은 '커지면 쪼개라'로 소화불량보다는 굶주림이 낫다는 얘기다. 그래서 독립 형태를 띠는 각 기업형 사업부는 1천 5백 명을 초과하지 않도록 하고 있다. 두 번째로 중앙집권제는 관료주의의 온상이라는 것이다. 따라서 각 부서의 자율권을 최대한 보장해준다. HP 최초의 프린터 기기는 본사의 허락도 받지 않은 상태에서 개발을 시작하였고, 심지어 HP의 첫 범용 컴퓨터인 'HP3000'은 개발을 중단하라는 상부의 지시를 거역해가며 개발해 낸 상품이다. 그러나 이 두 가지 상품은 어느 상품보다도 HP의 성장에 큰 몫을 한 효자 상품들이다. 그렇다면 회사는 어떤 기준으로 불복종과 기술자의 도전의식을 구분해 낼 수 있을 것인가? 그것은 바로 공동의 목표를 이루기 위한 것인가 아니면 개인의 반항이었는가에 대한 문제다. 최종적인 결과가 말해주는 것이긴 하지만 이것은 회사의 근본적인 경영 이념, 바로 직원들에 대한 신뢰가 있기 때문에 가능한 일이다. HP의 직원들 역시 어떤 결정을 내려야 할 때 과연 무엇이 HP를 위해 옳은 일인가를 생각한다고 한다.

인력관리 정책의 단점을 보완하는 교육정책

HP에서는 인사부의 권한이 크지 않다. 창업 이후 18년 동안은 인사부가 없었다. 채용의 실제 권한을 쥐고 있는 사람들이 담당 부서의 매니저들이기 때문이다. HP에서 신입사원을 뽑을 때는 우선 인사부에서 서류심사를 통해 1차 합격자를 뽑고 이들 중에서 담당 부서의 매니저들이 인터뷰를 통해 필요한 사람을 선발한다. 인터뷰는 크게 두 종류로 치뤄진다. 하나는 식사 시간 등을 통해 사적인 대화를 나누면서 인성을 테스트하고 다음에는 정식으로 업무 얘기를 나누면서 그 사람의 작업능력을 평가하여 이를 토대로 담당 매니저가 최종 합격자를 결정하게 된다.

HP는 신규 채용이나 외부 인력 채용을 극히 자제하고 있는 편이다. 가능한 한 내부 인력을 십분 활용한다. 이러한 정책은 지식의 생명이 1년도 채 안 되는 고속화 시대에 기존 인력으로 속도를 어떻게 따라 잡을 것인가 하는 문제를 낳는다. 이를 해결하기 위해 HP는 대학과 연계한 평생교육으로 장기고용 정책의 단점을 보완하고 있다. 직원들의 교육은 주로 스탠포드 대학교에 위탁하고 있는데, 이 대학에는 매년 200여 기업에서 약 5천 명이 등록을 하고 있다. 이 가운데 절반이 HP직원들이다. 직원들의 수업료는 거의 대부분 회사가 부담하고 직원들은 듣고 싶은 학과를 직속 상관과 의논해 허락만 받으면 된다. 또한 사내 곳곳에 간이 학습실이 마련되어 있어 대학에 갈 시간이 없을 때는 이곳에서 미리 녹화된 테이프를 보면서 공부를 한다. 교육의 기회는 대학뿐만이 아니다. 사내 교육은 단기간에 직원들이 활용할 수 있는 기술을 가르친다. 이러한 교육시간들은 모두 근무시간에 포함된다. HP의 직원들은 지위 고하를 막론하고 일 년에 한 번씩 그 해 받을 교육 프로그램을 짜고 회사는 직원들이 모델로 삼을 만한 교육 프로그램을 설계해 도와주고 있다. HP의 장기 고용정책은 바로 이러한 교육에 대한 투자 때문에 가능한 것이다.

퇴직 후까지 이어지는 직원에 대한 신뢰와 책임감

HP의 독특한 인력관리 정책의 결정판은 바로 고객관리 부서다. 이곳에는 모두가 백발이 성성한 할아버지, 할머니들이다. 이들은 모두가 현직에서 은퇴한 퇴직자들로서 시간당 17달러를 받으며 파트타임 계약직으로 일한다. 현직에 있을 때는 고객서비스와 전혀 상관없는 부서에서 일했던 직원들이다. 퇴직자들은 일자리를 얻을 수 있어서 좋고 회사로서는 각종 보너스나 의료혜택이 들지 않아서 좋은 정책이지만 이런 실질적인 이점과는 별도로 퇴직자들의 근무는 상징적인 의미를 부여하고 있다. 이는 바로 퇴직 후까지 이어지는 직원에 대한 신뢰와 책임감이다. 이처럼 HP의 문화는 언제나 사람을 중시하는 문화이다.

인간의 육체는 튼튼하고 건강한 몸 구조(structure), 신경망과 혈관으로 구성된 시스템(system) 그리고 육체를 지배하는 소프트웨어로서의 가치관(shared value)으로 구성되어 있다. 그리고 기업은 사업, 인재, 조직의 혁신을 통해 얼마나 건강한 가를 평가할 수 있다고 한다. 즉, 기업은 인력으로 구성된 조직과 조직이 전략적으로 펼쳐나가는 사업으로 그 성패가 좌우된다고 할 수 있다.

지식 경영, 디지털 사회, 정보화 사회, 인간 자원의 중요성이 대두되는 오늘날 HP Way는 40년 전의 시스템들까지 다른 기업들에게 모범 사례로 벤치마킹 되고 있다. 물론 칼리 피요리나(Carly Fiorina) 회장의 개혁으로 인하여 HP의 조직은 개편되었지만 HP Way에서 중요하게 다루었던 개인의 리더십과 역량 발휘는 다른 기업들에서 다른 이름의 HP Way로 발견되고 있다.

인재를 보는 시각이 변화하고 있는 요즘 시대에 있어서 조직의 개인에 대한 일체감은 매우 중요하다. 기업은 조직의 가치가 개인의 가치가 되는 경우도 많지만 새로운 인력 채용에 따라서는 기업의 가치가 달라질 수도 있다.

인적 자원의 효율적 활용과 인재를 탄생시키기 위해서 사람간의 합리적인 네트워크와 조직의 부서별 능력 발휘를 위한 동기부여와 복지제도 등은 HP만이 아닌 모든 기업에서 아낌없이 지원하고 투자되어야 할 부분이다.

III

경영디자인

Management Design

CHAPTER 1

경영디자인이론

2부에서 다룬 '디자인경영'의 주요 목적은 기업 내 디자인활동과 디자인조직, 그리고 디자인산업에 경영이론을 적용해서 디자인이 기업목적에 부응하도록 도와주는 것이다. '경영디자인'은 그 반대로 경영활동과 경영조직에 디자인이론을 적용해서 경영이 균형되고 통일감 있게 기업목적을 달성함으로써 조화로운 결과를 내자는 것이다.

01 경영에 디자인이론을 적용한 경영디자인

디자인은 최근 주요한 경쟁력의 요소로서 떠오르고 있다. 경영학계에서도 경영과 디자인을 접목한 "디자인경영," 또는 "경영디자인"이라는 연구대상을 주제로 한 연구와 교육을 진행하고 있다. 일례로 서울대학교 경영대학은 1996년부터 "디자인경영"이라는 주제로 경영학 특강을 개설했고, 2008년부터는 "디자인과 경영전략"이라는 전공선택과목을 개설하였다.

앞 장의 디자인혁명 4단계에서 논의한 바와 같이 디자인은 이제 단순히 제품이나 서비스라는 전통적인 대상을 정부, 기업, 그리고 가정에 이르기까지 광범위한 대상을 다루고 있다. 앞으로 디자인산업의 3차 혁명 단계를 거치면서 디자인이 경영관리에 보편적으로 적용되는 시대가 오면 디자인과 경영은 하나로 통합되는 방향으로 나가게 될 것이다.

02 디자인이론에 기반을 둔 경영디자인이론

학문을 과정(Process)과 구조(Structure)로 분리하는 추세는 이미 여러 분야에서 나타나고 있는 보편적 현상이다. 사회학에서 분리는 사회 시스템의 다양한 유형을 분석하기 위한 접근으로 사용된다. 경영학 역시 계획(Plan)−실행(Do)−평가(See)로 연결되는 과정 중심의 경연관리 이론과 생산, 마케팅, 인사, 재무 등으로 구성된 경영기능 이론으로 분리되어 발전해 왔다. 마찬가지로 디자인 역시 분리는 디자인의 응용성과 확장된 범위를 위한 관리, 그리고 또 다른 영역으로 접근하기 위한 논리적 방법론이라고 할 수 있다. 그렇다면 경영에 디자인이론을 적용한 경영디자인 역시 과정 중심과 구조 중심으로 나누어 접근할 수 있을 것이다.

디자인이론을 구성하는 8가지 개념 중에서 대비(Contrast), 강조(Emphasis), 조화(Harmony)는 과정과 구조를 모두 포함하는 양면성을 지니고 있다. 그 중에서도 대비는 두 가지 개념을 비교하는 가장 원초적인 요소로서, 하늘과 땅, 남자와 여자, 음과 양, 강함과 약함 등 이 세상 삼라만상이 가진 속성을 단순 명쾌하게 설명해준다. 따라서 대비는 이론을 개발하기 위한 출발점이라 할 수 있다. 대칭(Symmetry)은 다양한 대비 중에서 가장 예외적인 모습이다. 대비는 시간적으로 강과 약의 비교를 통해 리듬(Rhythm)을, 공간적으로 크고 작음의 비교를 통해 비례(Proportion)를 만들어낸다. 리듬과 비례는 강조를 만들어내고, 강조는 다시 시간적으로 통일(Uniformity)을, 공간적으로 균형(Balance)를 가져온다. 이 중에서 통일은 하나의 과정을 효과적으로 추구하는데 있어 추구해야 하는 목적이고, 균형은 구조 내, 또는 구조와 구조 간의 관계를 만들어나가는데 있어 추구해야 하는 목적이다. 조화(Harmony)는 시간적으로 통일, 그리고 공간적으로 균형이 이루어질 때 얻을 수 있는 참된 디자인의 결과이다[그림 34].

조화는 모든 디자인이 추구하는 궁극적인 목적이다. 이는 두 개 이상의 요소 또는 부분의 상호관계에 대한 내적 가치 판단으로서, 그들이 서로 분리되어 배척하지 않고 통일되고 균형을 갖춘 전체로서 바람직한 감각적 효과를 발휘할 때 나타나는 현상이다. 즉 부분과 부분 또는 부분과 전체 사이에 안정된 관련성을 주면서도 공감을 일으킬 때 조화가 성

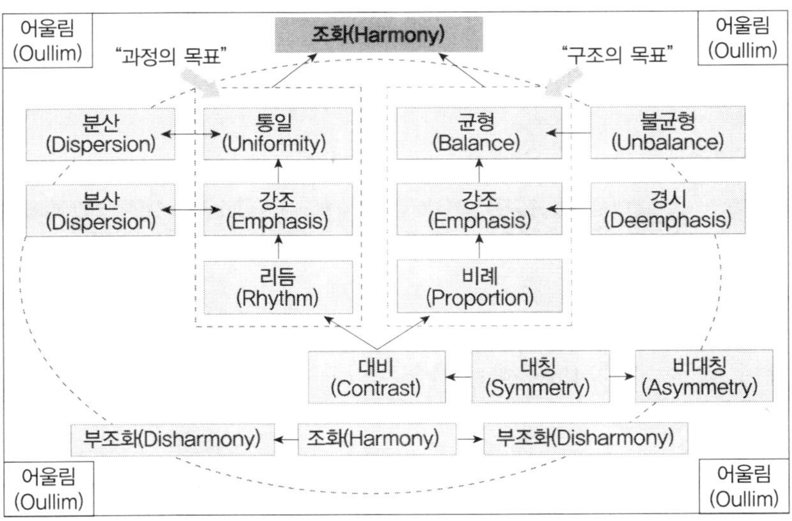

[그림 34] 경영디자인이론

립된다. 미적인 관점에서 조화는 아름다움이 선행하는 가운데 이상과 격식을 차린 것으로 분류 할 수 있다. 따라서 조화는 과정과 구조 모두를 아우르면서 디자인이론의 가장 높은 위치에 있다.

서양인들이 조화를 이 세상에서 가장 바람직한 모습으로 본다면, 동양에서는 전통적인 디자인의 범위를 넘어선 철학적 세상을 꿈꾼다. 즉, 이 세상은 한없이 넓고, 이 세상 안에서는 모든 사물이 존재한다. 강한 것과 약한 것, 큰 것과 작은 것, 좋은 것과 나쁜 것들이 함께 어울려, 모두가 하나 되는 세상, 이러한 세상을 "어울림"이라는 우리 말로 표현하여, 다자인이 추구하는 궁극적인 세상을 묘사한다. 통일이나 균형이 갖춰져 있지 않은 세상을 서양인들은 조화롭지 못하다고 볼 지 모르지만, 동양인들은 통일이 안된 분산(Dispersion), 균형이 갖춰지지 않은 불균형(Imbalance)에서도 파격의 아름다움을 찾는 여유로운 마음을 가진다. 강조가 되어있지 못한 경시(De-emphasis), 대칭이 깨진 비대칭(Asymmetry), 그리고 결과적으로 조화가 이루어지지 않은 부조화(Disharmony)까지 모두 아우르는 세상을 조화와 부조화 간의 멋진 조화로움으로 이루어진 어울림의 세상이라고 할 수 있지 않을까.

03 경영디자인이론으로 설명한 기업의 본질

20세기 초 미국 경영학자 폴레트(M. P Follett)는 경영이란 '사람들을 통해 일들이 수행되도록 하는 기술' 이라고 정의했다.[1] 프랑스 경영학자

1 M.P Follet, " The new state: Group organization the solution of popular government, "(Pannsylvania Park: Pennsylvania State University Press. New York Longman, Green, 1998)

파이올(Henry Fayol)은 경영이란 '개인들이 조직 구성원으로 협력하여 주어진 목표를 효율적으로 달성 할 수 있도록 유도하기 위해 경영자가 수행해야 할 기능의 연속적인 과정, 즉 계획, 조직, 명령, 조정, 통제로 이루어진 관리의 다섯 가지 기능' 이라고 하였다.[2] '기업의 목적을 효율적으로 달성하기 위하여 환경을 조성하고 유지하는데 구성원들의 노력을 계획, 조직화, 지휘하여 통제하는 인력의 과정' 으로 경영을 해석한 학자도 있고[3] '효과적으로 특정 목표를 달성하기 위해 경영 활동을 필요로 하는 조직 시스템에 대한 것' 으로 설명한 학자도 있다.[4]

초창기 경영학자들로부터 최근의 체계적인 접근방법에 이르기 까지, 경영은 두 가지 질문을 끊임없이 제기하는 학문이다. 즉 '무엇을(What)' "어떻게(How)' 하여 '목표(Goal)' 를 달성할 것인가? 이 두 가지 질문 간의 관계는 [그림 35]에서 살펴볼 수 있다.

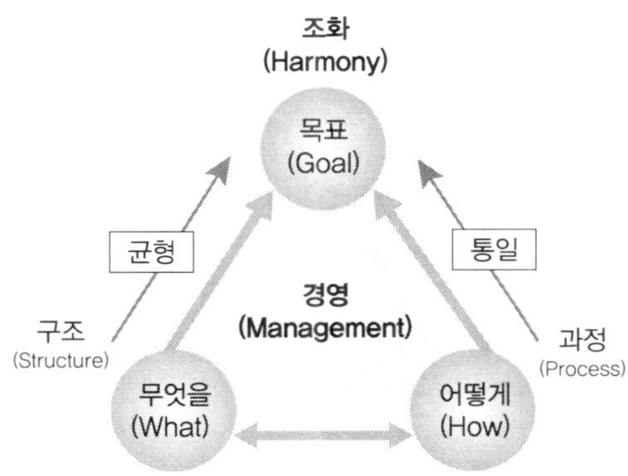

[그림 35] 경영디자인이론에 의한 경영의 정의

---

2 H. Fayol, " General and Industrial Management, "The Academy of Management Review 11, no 2(1986): 454-456

3 H.Koontz & H.Weihrich, "Management, "9th ed.(McGraw -Hill, 1998)

4 Y. K Shin, "Principles of Management: A Systems Approach," (Dasan Publishing, 2003)

이 중에서 '무엇(What)'은 경영의 공간적인 구조를 다루는 질문으로서 균형에 관한 디자인이론으로 풀어낼 수 있고, '어떻게(How)'는 경영의 시간적인 과정을 다루는 질문으로서 통일에 관한 디자인이론으로 풀어낼 수 있을 것이다. [그림 36]은 [그림 35]에서 개략적으로 제시한 두 가지 질문에 대한 해법을 좀더 구체적으로 보여주고 있다.

구조적인 문제인 '무엇'은 대비라는 원천적인 접근을 통해서 실마리를 풀어나갈 수 있다. 예컨대 사기업과 공기업을 대비해보면 두 기업 간에 존재하는 차이점을 사익과 공익으로 들어낼 수 있고, 이러한 차이점을 비율로 해석해서 사기업은 사익 90% 공익 10%, 공기업은 사익 30% 공익 70%라는 식으로 설명할 수 있으며, 여기에서 사기업은 사익 강조, 공기업은 공익 강조라는 중간 결론이 나오게 된다. 그러나 사기업이건 공기업이건 관계없이 모든 기업에서 사익과 공익은 균형을 이루어야 하고, 궁극적으로는 균형에 입각한 자세만이 기업이 사회와 조화롭게 어울리는 유일한 해법임을 알 수 있다.

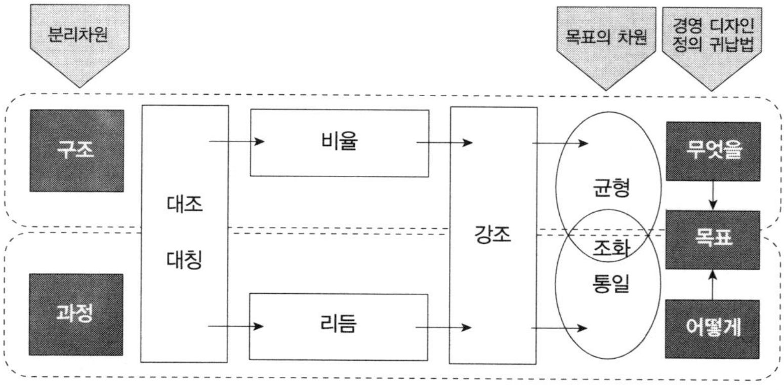

[그림 36] 경영디자인이론

반면 과정적인 문제인 "어떻게" 역시 대비라는 출발점에서 시작한다. 그러나 구조에서 보는 공간적인 대비가 비율로 상황을 풀어가는 것과 달리, 과정에서 보는 시간적인 대비는 리듬을 가지고 풀어야 한다. 즉 계획 단계에서 충분한 시간을 가지고 미래에 대한 준비를 하게 되면 실행은 비교적 수월하게 진행되고, 평가 역시 주어진 기준을 가지고 체계적으로 이루어질 수 있다. 그러나 조급하게 계획을 세우면 실행 과정에서 시행착오가 빈번하게 나고, 평가 과정 역시 순탄하게 이루어지기 어렵게 된다. 그러나 기업마다 자신이 강조하는 단계가 있게 마련이다. 한국 기업 중에서는 SK, 포스코가 비교적 기획능력이 뛰어난 반면, 현대와 대우는 실행 과정에서 발군의 실력을 과시한다. 그러나 평가에 있어서는 삼성이 다른 모든 회사들을 압도한다. 그러나 어떤 기업이건 계획, 실행, 평가를 유기적인 흐름을 가지고 일관성 있게 진행해야 한다. 이러한 경영관리 과정에 통일된 구성이 없으면 그 기업은 원하는 목표를 달성하지 못하게 된다.

이같이 디자인이론을 구조와 과정이란 두 그룹으로 분리한 것을 경영디자인이론이라고 부르자. 이렇게 해서 만든 경영디자인이론은 구조와 과정에서 각각 통일과 균형이란 중간 목표를 가지고 제 3단계 디자인혁명에서 보다 큰 역할을 하게 될 것이다. 한 마디로 디자인이론이 전통적인 제품과 서비스에 초점이 맞추어 졌다면, 경영디자인이론은 정부, 기업, 가정과 같은 기관, 더 나아가 사회 제도나 시스템을 개선하고 혁신하며, 창조하는데 더 적합한 이론이다.

CHAPTER 2

경영디자인이론에 입각한 새로운 기업

01 새로운 기업의 출현

기업이란 조직은 1602년에 만들어졌다고 한다. 1492년 컬럼버스(Christopher Columbus: 1451~1506)가 유럽인으로는 처음으로 아메리카 대륙을 발견하고, 1498년 바스코 드 가마(Vasco da Gama: 1460/1469~1524)가 아프리카 희망봉을 돌아 인도를 비롯한 아시아로 가는 항로를 찾아낸 후, 유럽인들은 100여 년간 아시아와 아메리카를 식민지로 만드는 식민지 쟁탈전을 벌였다. 그 후 17세기부터는 식민지에서 금은과 향료를 가져오는 무역을 시작하기 위해 1602년 세워진 네덜란드의 동인도회사를 필두로 하여 수많은 무역회사가 생겨난 것이다. 이같이 원래 사적 이익을 추구하기 위해 만들어진 기업은 공적 이익을 추구하는 공기업, 제3섹터라고 불리는 공사합동기업 등으로 발전해왔다. 20세기에서 21세기로 넘어가는 길목에서는 사회적 기업, 지속가능기업 등 새로운 목적, 새로운 사회적 역할을 추구하는 조직이 나타나고 있다.

이같이 새로운 기업 조직이 진정한 사회적 기관으로 자리잡기 위해서는 이론적 합리성과 현실적 타당성을 갖추어야 한다. 사회적 기업과 지속가능기업이 연역적으로 출현한 것이 아니라 귀납적으로 현실세계에서 나타난 것이기 때문에 현실적 타당성은 있다고 볼 수 있다. 따라서 이들 조직에 이론적 합리성 측면이 있는가를 파악하려면 새로운 기업 조직이 구조와 과정 면에서 균형과 통일이란 경영디자인이론에 부합되는가를 파악해야 한다. 따라서 여기서는 경영디자인이론을 적용하여 사회적 기업과 지속가능기업의 이론적 합리성을 평가해보자.

20세기를 이끈 수많은 경영학자들은 기업을 사회적 존재로서 바라보는 균형(Balance) 감각을 갖지 못하고, 단지 이익을 만들어 내는 목표에만 집중하였다. 목표가 올바르다면 수단은 얼마든지 정당화될 수 있다는 논리가 주류였다. 그러나 이 책 1부 1장에서 다룬 세기적 변화에서 확인했듯이, 21세기로 넘어오면서 기업의 사회적 위상이 엄청나게 높아졌고, 그 결과 기업경영자의 일거수일투족은 세상사람들에게 관심의 표적이 되었다. 이제 기업은 '어떻게' 이익을 창출해 내는가 라는 질문에 대해 사회적으로 용납되는 답변을 찾지 않을 수 없게 되었다.

20세기 후반까지만 해도 경영자들은 기업의 내부적 균형에만 중점을 두었고, 비대하거나 불균형한 조직은 구조조정을 통해서 균형을 이루었다. 새로운 기업문화는 주로 기업 내부 균형을 이루기 위한 노력이었다.

21세기에 들어오면서, 특히 2001년 내부 고발자에 의해 비윤리적 관행이 들어난 미국 엔론(Enron)사의 파산을 비롯하여 월드컴(worldcom) 등 사회적으로 물의를 일으킨 여러 기업들이 줄줄이 무너지는 사태가 나타나면서, 기업 경영자들은 외부적 균형에 관심을 갖기 시작하였다. 기업의 사회적 책임(Corporate Social Responsibility: CSR)은 기업이 고객, 직원, 주주, 지역 사회 및 환경에 대해 다양하면서도 지역주민들에게 만족스러운 조건을 제공해주는 행위이다. 이제 기업은 경영디자인이론에 맞추어, 수많은 외부적 요소들을 고려해가면서 기업의 내외적 균형을 유지하기 위한 노력을 시작해야 한다.

02 새로운 기업 분류

경영디자인이론의 양 축인 구조와 과정을 기준으로 하여 기업을 분류해 보자. [그림 37]에서 보듯이, 경영 구조의 목표인 균형을 *x*축에, 경영 과정의 목표인 통일을 *y*축에 각각 배치하면, 사(私)기업, 사회적 기업, 지속가능기업이라는 세가지 기업이 나타난다. 수익성이라는 경영 구조에서는 균형이 깨져있지만 이익 극대화라는 단일목표를 일사불란하게 통일된 방향으로 추구하는 기업은 사기업의 범주에 속하며 이들 기업은 다른 기업

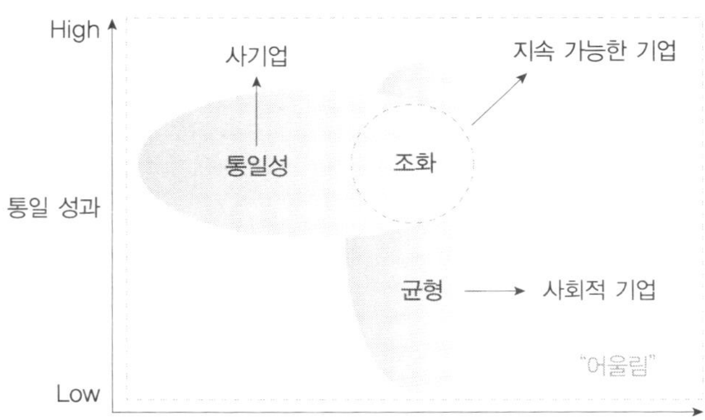

[그림 37] 기업목표에 따른 기업 분류

들과 경쟁에서 차별화를 가지기 위한 노력을 추구한다. 사회적 기업은 사회적 관심사에 큰 무게를 두는 기업으로서 기업 사회를 구성하는 종업원, 경영자, 고객, 주주, 채권자, 지역사회 등 여러 주체 간의 균형을 목표로 하고 있다. 그러나 경영 과정에 있어서는 뚜렷한 목표를 향한 통일되고 효율적인 역량을 갖추지 못하고 있다. 지속가능기업은 경영디자인이론에서와 본 바와 같이 사기업의 수익성과 사회적 기업의 사회적 책임, 통일과 균형의 모든 측면을 추구한다. [그림 38]은 경영디자인이론을 적용하여 지속가능기업을 만드는데 필요한 핵심요소들을 보여준다.

사기업은 이 세상에 가장 많이 존재한다. 사회적 기업은 2006년 방글라데시 그라민은행(Grameen Bank)의 무하마드 유누스(Muhammad Yunus: 1940~) 행장이 노벨 평화상을 받으면서 널리 인식되었다. 사회적 기업이 지속가능성이 있는 사업모델을 찾아내서 내부화하면 그 기업은 지속가능기업으로 발전한다.

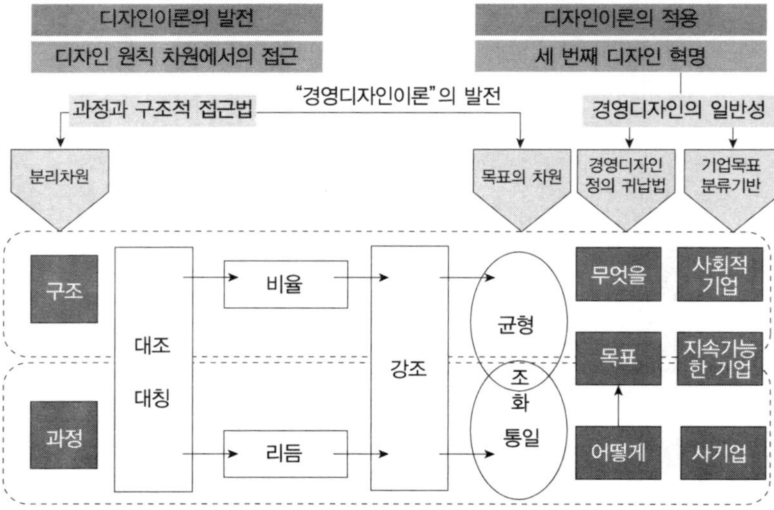

[그림 38] 경영디자인이론에 의한 지속가능기업의 정의

03 사회적 기업(Social Enterprise)

사회적 기업은 제품과 서비스를 통해 사회에 공헌한다. 그러나 적어도 초기 단계에서는 사회적 역할을 추구하는 한 편, 이와 동시에 수익성과 안전성을 유지해야 하기 때문에 어려움을 겪는 회사들이 많다.

그라민 은행(Grameen Bank)

치타공(Chittagong) 대학 경제학 교수였던 무하마드 유누스에 의해 설립된 그라민 은행은 빈곤계층에게 소규모사업지원을 위해 무담보 소액대출을 시작하였다. 객관적인 신용능력은 없지만 오랫동안 한 동네에 사는 사람들이 상호보증을 해줌으로써 이 은행의 불량채권률은 일반 은행 수준인 1.5%에서 유지됨으로써 성공적인 사업모델로 자리잡았다. 이 은행은 700만 명이 넘는 빈곤층에 대출지원을 하고 있다. 특히 여성에게 우선권을 부여 한 결과, 고객 중 97%가 여성이 되어 여성인권을 상승시키는 데 큰 역할을 하였다. 그리고 도심 중심에 위치하는 일반적인 은행과는 달리 도시 외곽에 위치하여 고객이 은행을 찾는 것이 아니라 은행이 고객을 찾아가는 서비스를 제공하고 있다. 또한 그라민트러스트(Grameen Trust)를 설립하여 수입이 작은 고객 들에게 사업을 시작 할 수 있도록 대출과 교육, 그리고 기술적인 지원을 하였다. 그라민 은행은 방글라데시 마을의 90%에 해당하는 지역에 2,399개의 지점을 갖고 있다. 대출금액은 61억 달러로서 이 가운데 55억 달러가 상환되어 대출 상환률이 98%를 넘는다. 이같이 그라민 은행은 롤 모델로서 전 세계 58개국에 퍼져있다. 한국에도 미소금융(Micro-credit Financing)이라는 이름으로 여러 개가 설립되었다.

딜라이트

딜라이트는 표준형 보청기를 개발한 뒤 유통 이윤을 줄이는 방식으로 시중가의 약 20% 선에서 저소득층에게 공급하는 사회적 기업이다. 창업자 김정현은 1986년에 태어난 젊은이로, 그는 65세 이상 노인 5백만 명 중 약 40%에 해당하는 2백만 명이 난청인구인데 정작 보청기를 착용하는 인구는 7% 미만이라는데 착안하였다. 그는 평균 200만원에 달하는 보청기를 정부보조금 34만원 수준으로 낮추면 시장이 거의 무한대로 늘어날 것으로 보고 표준화 기술과 직접 유통방식을 채택하여 표준형 보청기를 개발하였다. 그 결과 저소득층 노인의 삶의 질을 개선하는 동시에, 본격적인 대리점 확대와 해외진출을 계획할 정도로 사업이 성장기를 맞고 있다.

04 지속가능기업(Sustainable Enterprise)

일부 기업들은 그들의 이익을 추구하는 본질적인 활동과 더불어 사회적 책임의 균형(Balance)까지 고려하여 성공적인 기업이 됨으로써 다른 기업들의 귀감이 된다. 혁신, 인재관리, 기업 자산 활용, 사회적 책임, 품질경영, 재무 건전성, 장기투자, 제품/서비스 품질, 글로벌 경쟁력 9개 기준에 의한 '포춘 2015' 의 '세계에서 가장 존경 받는 기업(The World' s Most Admired Companies) Top 50' 중상위 9, 24위인 미국의 제너럴 일렉트릭(General Electric)과 일본의 도요타 자동차(Toyota Motors)는 지속가능기업으로서 좋은 예를 보여준다.

제너럴 일렉트릭(General Electric)

잭 웰치(Jack Welch)회장은 비전과 철학을 분명히 하고 이에 근거한 근본적인 혁신을 일관성 있게 추구하고자 오랫동안 노력 했다. GE는 식스 시그마(Six Sigma)를 통해서 모든 품질 수준을 정량적으로 평가하고 효율적인 품질문화를 조성하여 품질혁신과 고객만족을 달성하였다. 그리고 비관료적이고 벽 없는 조직, 모든 조직원의 두뇌와 아이디어를 활용하는 열린 학습문화, 정보와 아이디어를 공유하는 조직, 인적자원 활성화, 개방성과 더불어 직원간의 리더십을 개발하는 노력을 기울였다. 또한 크로톤빌 연수원(Crotonville Institute)을 1983년에 설립하여 GE의 인적 자본 경쟁력을 강화할 뿐만 아니라 수많은 경영자를 양산하였다. GE는 품질 관리 및 인적 자원 개발의 측면에서 높은 성과를 달성했다. 그것은 지속적으로 시간을 들여 회사에 조화로움을 가져오기 위해 통일성을 갖고 노력한 결과이다. 벽이 없는 조직의 사례로 경영 자율성은 회사의 구조를 유지하고 직원의 소리를 듣는 위원회를 기반으로 하였다. 2001년 CEO가 된 제프리 이멜트(Jeffrey Immelt)는 새로 만들어낸 용어 'Eco-imagination' 인 환경과 상상력의 조합을 발표하였고, 에너지, 환경, 생명공학 그리고 인프라와 같은 분야에서 지속적으로 장기적인 성장 잠재력을 지닌 균형된 사업 포트폴리오를 구조화 했다. 이것은 기업의 이윤적인 측면뿐만 아니라 환경적인 균형을 추구하는 GE가 이룬 또 다른 사례라고 할 수 있다. 1886년 다우존스 산업 지수에 나와 있는 기업 중 유일한 생존기업으로서 통일과 균형의 두 목표를 달성한 GE는 백 년 이상 존경 받는 지속가능기업이 되었다.

도요타 자동차(Toyota Motors)

도요타 자동차는 교육을 통한 성장을 위해 가장 중요한 인적 자원인 내부구성원들을 통일적으로 관리 하였다. 교육 목적을 위해 2002년 1월 도요타 연구소를 설립하고, 도요타 방식을 실천하는 학습 재능자를 양산하였다. 도요타의 독특한 실천을 위한 슬로건으로 화합과 균형의 헌신을 구체화 하여 지속적인 개선과 호감 가는 고용주-직원의 관계에 의한 팀워크로 수익 향상에 초점을 두었다. 우수한 품질관리 시스템으로 문제를 찾아내고 해결하는 팀 능력을 키우고 생산현황을 지속적으로 알려 좋은 품질의 차량을 생산하는 기업으로 자리매김 하였다. 이러한 체계적인 노력하에 노사간의 신뢰를 바탕으로 높은 성과를 달성하고 있다. 도요타는 1959년 4월 심각한 노동 파업을 겪은 후 독립적인 노동조합을 결성하였고 생산성과 노동환경을 향상시키기 위한 긍정적인 순환과 실현의 관리를 하였다. 공동 노사 회의, 또는 라운드테이블은 노사간의 토론을 위한 것으로 협상을 위한 다양한 방식을 개발하였다. 도요타는 협상을 통해 문제를 해결하며, 고용주와 고용자의 조화로운 관계야말로 장기적인 지속가능한 성장과 더불어 도요타 성장의 중요한 요소라고 믿는다. 도요타가 선보인 고연비 친환경 하이브리드자동차인 프리우스(Prius)는 세계에서 가장 인기 있는 하이브리드 차가 되었다. 다만 2010년 불량 악셀페달로 인해 500만대가 넘는 자동차를 회수하여 무상수리한 사건은 도요타가 지속가능기업이 되기 위하여 넘어야 할 산이다.

CHAPTER 3

기업아이덴티티경영

'아이덴티티(Identity)' 란 단어는 경영디자인에서 필수적인 용어이다. 따라서 아이덴티티의 개념을 파악한 다음, 경영디자인의 일환으로 기업 비전 및 전략과 연계해서 일관성 있게 기업 아이덴티티를 구축하는 '기업아이덴티티(Corporate Identity: CI) 모델,' 그리고 기업아이덴티티 모델에서 한걸음 더 나아간 '마음-행동-시각아이덴티티(Mind Identity-Behavior Identity-Visual Identity: MI-BI-VI) 모델' 에 대해 살펴본다. '기업아이덴티티경영, 또는 CI경영(Corporate Identity Management: CIM)' 은 20세기 전반에 등장한 기업아이덴티티와 20세기 후반인 1970년대에 등장한 마음-행동-시각아이덴티티를 포함한 개념이다.

01 아이덴티티

아이덴티티(Identity), 그리고 이를 줄여서 쓸 때 사용하는 'ID'는 심리학, 철학, 그리고 문학 등에서 인간과 사회의 본질을 규명할 때 주로 사용해오던 용어이다. 아이덴티티는 정보사회로 진입한 오늘날에도 사회현상을 설명할 때 일상적으로 사용된다. 동서고금을 막론하고 항상 인간은 '나는 누구인가'라는 풀리지 않는 의문을 가져 왔으며 그 의문은 개인이나 조직이 아이덴티티를 끊임없이 연구하고 발전시킨 계기로 작용해 왔다.

독일 출신의 정신분석학자 에릭 에릭슨(Erick. H. Erikson)은 자아인식과 타자인식이 일치되어 나타나는 자아 동일성을 아이덴티티로 설명하였다. 영국 철학자 존 로크(John Locke)는 아이덴티티란 개인이 사회와 동일성을 확보함으로써 고착시키려는 특정 위치로 파악하였다. '정체성,' 주체성', '독자성', '정체', '신분', '신원', '본질' 등으로도 번역되는 단어인 아이덴티티는 사회발전 단계에 따라 개인에서 조직으로, 혹은 조직에서 다시 개인으로 그 범위를 달리하면서 진화를 거듭하고 있다. ID카드(ID Card: Identity Card, 또는 Identification Card)라고 불리는 신분증은 우리가 사회생활을 하는데 필수적이다. ID카드 없이는 비행기나 배를 탈 수도 없고, 관공서에 들어갈 수도 없다. 특히 고도 정보사회로 급속히 이행중인 오늘날 ID번호(ID Number: Identity Number, 또는 Identification Number)없이는 인터넷에 접속할 수도 없고, 온라인거래를 할 수도 없다. 자기 신분을 드러내지 않으면 사회로부터 '왕따'가 되는 'ID 필수 시대'가 되었다. 아이덴티티는 이제 선택적 사항에서 필수적 생존 요건이 된 것이다.

여러 학자들이 제시하는 다양한 견해에서 공통점을 찾아보면, 아이덴티티란 '내면적 자아와 외부인식이 시간과 공간 속에서 일치하는 것'을 의미한다. 이와 같이 개인이든 조직이든 자신의 아이덴티티가 시간, 공간, 외부인식과 일치되지 못할 때는 여러 문제가 발생한다. 현대사회에서 개인이나 조직의 아이덴티티 문제는 보다 세분화 되고, 광역화되는 추세에 있으므로 조직의 아이덴티티를 기준으로 하여 밖으로는 조직과 사회 간의 관계 설정에 유의하면서 안으로는 조직 내에서 지켜져야 할 개인 존중 등 면밀한 아이덴티티 관리가 요구되고 있다.

02 기업아이덴티티

기업아이덴티티(Corporate Identity: CI)의 의미

'기업아이덴티티,' 그리고 이를 줄여서 쓸 때 사용하는 'CI' 란 개념은 CEO를 포함한 기업구성원들이 자신들이 속한 기업이 고객을 비롯한 외부구성원들에게 보여주고자 하는 의도가 담겨있는 모습을 의미한다. 기업아이덴티티는 그 기업의 비전과 전략을 반영해야 한다. 일단 기업아이덴티티가 만들어지면 그 기업은 그 기업아이덴티티에 맞추어 기업문화를 구축해야 한다. 이를 도식화하면 다음과 같다.

기업비전과 전략 → (기업구성원이 만든) 기업아이덴티티 → 기업문화 → (고객이 느끼는) 기업이미지

기업아이덴티티가 철저하게 기업 구성원 시각에서 보는 기업의 모습이라면, '기업이미지(Corporate Image)' 는 정 반대의 시각에서 보는 기업의 모습이다. 즉 기업에 대해 고객을 비롯한 일반인이 주관적으로

평가한 결과이다.

기업아이덴티티는 기업이 환경 변화에 적절히 대처해 나가고 유지해 가기 위한 전략적 경영수단이다. 기업이 다양한 고객이 기업에 대해 가진 이미지를 통합하기 위해서는 기업아이덴티티를 먼저 구축해야 한다. 또한 기업이 적극적 마케팅 활동으로 기업이 처한 경영환경을 개선하기 위해서는 기업아이덴티티를 먼저 갖추고 이를 이용해서 커뮤니케이션 회로를 만들어 내야 한다.

오늘날 기업은 정보화 시대에 대응해 기업의 존립기반을 확립하는 동시에, 기업 고유의 문화 풍토를 창조하면서 미래 비전을 구축하고 이를 달성하기 위한 전략을 개발해야 한다. 이 때 기업이 시장에서 경쟁력을 갖추기 위해서는 타 기업과 구별되는 기업 특유의 이미지를 창출해야 하는데, 이는 기업이 분명한 기업아이덴티티를 확립하는 데서 시작된다. 기업의 비전과 전략에 입각하여 기업아이덴티티를 분명히 하고 이를 대내외로 천명한 다음, 이미지로 만들어 가야 한다. 때문에 기업 비전과 전략을 중심으로 한 기업아이덴티티 확립은 고객에게 긍정적인 이미지를 주고자 하는 기업이 추구해야 하는 필요조건이다. 그러나 현실을 보면 기존 제도나 기법 중심의 단편적이고 피상적인 기업아이덴티티 작업이 아직도 유행하고 있다. 심볼 마크나 로고타입, 유니폼 등과 같이 외형 중심의 기업아이덴티티 작업은 기업 비전 달성에 근본적인 도움이 되지 못한다. 기업이 경쟁력을 갖추고 세계 시장에서 우뚝 서기 위해서는 기업의 비전과 전략을 가능한 한 많은 사람들이 참여하여 설정한 다음, 최고경영자의 능동적 관심과 적극적 지원 속에 기업아이덴티티를 구축하여 경영의 구심점으로 삼아야 한다. 또한 비전 및 전략을 설정하고 이를 구현하는 과정에서 관련 부서간에 유기적인 협조체제를 구축해야 한다.

기업아이덴티티의 발전

20세기 이전: 기업아이덴티티의 태동

인류가 사용한 수많은 아이덴티티 중 가장 오래된 것은 시각적인 아이덴티티(Visual Identity: VI)이다. 7천여 년 전 지금의 로마니아(Romania) 지역에 살고 있던 트랜실바니아 사람(Transylvanian)들이 자신들이 만든 도기에 개인적 상징을 새겨 넣었다고 한다. 세계에 가장 널리 알려진 아이덴티티는 기독교 십자가와 이슬람 초승달 같은 종교적 의미가 있는 로고이다. 중세시대에 왕과 귀족들이 의복, 방패와 같은 무기, 그리고 국기에 사용한 문장 역시 아이덴티티에 해당한다. 18세기에 산업 혁명이 시작되면서 아이덴티티는 제품에 부착된 상표가 되어, 제품에 대한 신뢰와 가치에 대한 식별 및 인증의 의미로 기업에 의해서 사용되었다.

20세기 전반부: 기업아이덴티티의 탄생

시각적인 아이덴티티는 20세기 들어와서 본격적으로 나타났다. '셸 해양운송회사(Shell Transportation Company)' 란 영국 해양운송회사 이름은 [그림 39]에서 보는1900년도 로고에서 시작되었다. Shell, 즉 조가비로 상징되는 이 회사의 VI는 초기만 해도 사실적이고 단순한 형태를 가졌지만, 몇 차례에 걸친 변화를 통해서 강렬하고 상징적인 형태를 지니게 되었다. 그 후 100년이 넘은 지금까지, 셸 해양운송회사는 로얄더치회사(Royal Dutch Company)란 네덜란드 석유회사와 합병하여 로얄더치 셸(Royal Dutch Shell)이란 세계적인 석유회사로 변모했지만, 조가비를 상징하는 VI는 이 회사의 공식 로고로 계속 사용되고 있다.

1907년, AEG의 아트디렉터(Art director)였던 피터 베런스(Peter Behrens)는 기업 브랜드와 로고에 대한 새로운 표준을 제시 함으로서

[그림 39] Shell의 로고 변천사

[그림 40] AEG의 로고 변천사

마케팅과 광고의 새로운 시대를 열었다[그림 40]. 기업들은 그들 기업의 이미지를 차별화 하기 위한 수단으로 새롭게 표준화된 기업아이덴티티를 사용하기 시작했다. 기업아이덴티티는 길가 광고를 통해 브랜드를 연상시키기 시작하였다. 과거 필립모리스회사(Philip Morris Company)로 알려졌던 알트리아 그룹(Altria Group)이 만든 담배 브랜드 L&M(Liggett & Myers)처럼 기업아이덴티티는 기업의 마케팅 전략을 촉진하기 위한 역할을 한다[그림 41].

[그림 41] L&M의 로고

1970년대: 기업아이덴티티의 형성과 심화

시장 환경이 성숙해짐에 따라서 기업은 양질의 인재를 확보하여 기업이미지를 높이기 위해, 다점포 영업에 따른 문제점을 해결하기 위해, 그리고 영업 시스템을 통일하여 사내 분위기를 활성화 하기 위해 기업아이덴티티를 적극적으로 사용하기 시작하였다. 1970년대 전반에는 시각적인 아이덴티티 전략(Visual Identity Management: VIS)의 표준화가 이루어져 작게는 명함크기에서부터 크게는 건물에 이르기 까지 마크나 로고타입이라는 기업의 기본적 디자인 요소를 일관되게 전개하여 시각적 통일을 꾀함으로써 기업이미지를 전략적으로 구축해 나갔다.

1970년대 후반에는 기업 이념의 리디자인(redesign)이 이루어졌다. 1973년에 시작된 전대미문의 석유위기를 만난 기업들은 새로운 가치관을 모색하고 기업 존재의 의의를 명확하게 하지 않으면 살아남지 못하리라는 위기감 속에서 이념과 체질, 경영 방법 등을 새롭게 구축할 필요를 느끼게 되었다. 따라서 이 시기의 기업아이덴티티는 새로운 시대를 만난 기업들이 자신의 아이덴티티에 대한 재인식을 바탕으로 디자인, 기업이미지, 대내외 커뮤니케이션 등을 일신하는 역할을 담당했다.

1980년대: 기업아이덴티티의 확장

이 시기는 두 번의 석유파동의 결과 많은 기업들이 적극적으로 다각화 경영을 전개해 나간 시기이다. 1980년대 초반의 기업아이덴티티 개념은 의식 개혁과 체질 개선으로 정리할 수 있다. 정보화 시대가 진전되고 상품 서비스가 다양해짐에 따라 기업들은 사업 다각화와 상품 다양화를 추진하게 되었다. 동시에 급변하는 환경의 움직임에 민감하게 반응할 수 있는 사원 육성이 절실히 요구되었다. 따라서 사원들의 의식을 바꾸고 기업의 체질을 개선하는 것이 기업아이덴티티의 목적이 되었다. 1980년대 후반에는 신규사업 개발이나 사업 구조를 구축하기 위해 경영자원을 디자인이라는 소프트웨어 관점에서 다시 바라보게 되었다. 이 시기에 기업아이덴티티는 신규 사업의 개발과 육성, 자사의 사업영역 설정에 기업이 가진 장점을 개발하고 경영자원을 재활용하는 전략으로 확장되었다.

1990년대: 기업아이덴티티의 변신

1970년대에서 1980년대에 이르는 기간 동안 다각화를 통해 사업 영역을 확장하고 국제화를 통해 시장을 다변화했던 기업들은 1990년대 세계적인 경제위기를 만나면서 기존 사업을 정리하고 조직을 개편하기 시작했다. 이 당시 기업아이덴티티는 기업 영역의 본질을 강조하는 기업들이 새로운 전략을 내부구성원들과 외부 고객들에게 알리기 위한 수단으로 사용되었다. 이러한 기업들의 노력은 1997년 IMF위기를 만난 한국 기업들에게서 극명하게 나타났다. 삼성은 전자, 금융, 서비스라는 세 분야로 이루어진 새로운 전략을 강조하기 위해 파란색과 흰색을 바탕으로 한 새로운 로고를 채택했다[그림 42].

[그림 42] 삼성로고

21세기: 기업아이덴티티의 새로운 모습

21세기 들어와서 기업들은 자신의 가치가 상품 및 서비스 생산뿐만 아니라 혁신과 창조에 있다고 믿기 시작했다. 소비자들의 관심이 물질적인 영역을 넘어섬에 따라, 경영의 초점 역시 혁신과 창조적 능력을 발휘하는 인재를 육성하는 방향으로 선회하였다. 전통적인 지식기반의 사회는 빠르게 문화적이고 창의적인 시대로 이동하고, 이미지와 감성은 그 어느 때 보다 중요해 지기 시작했다. 이러한 흐름에서 기업아이덴티티는 기업 가치를 대변해 주는 대표적인 전략으로 부상하고 있다. 애플사(Apple)가 사용하는 로고인 한 입 베어먹은 사과는 오늘날 우리 일상 생활에서 가장 빈번하게 만나는 시각적인 이미지 중 하나이다[그림 43]. 애플은 맥북, 아이폰과 아이패드에 그라이언트 크롬 실버 디자인으로 애플을 쉽게 알아 볼 수 있게 하였으며 제품에 부착된 로고에 애플이 가진 중요한 가치를 녹여서 사용자들로 하여금 애플의 성향을 동일화하도록 하였다.

(1976) (1976~1998) (1998) Current logo

[그림 43] 애플로고의 변천사

기업아이덴티티의 동태적 변화

IBM의 로고는 1924에 시작하여 현재까지 끊임없이 변화해오면서 각 시대에 IBM이 표출하고자 했던 성향과 기업전략을 체계적으로 전달하였다. 제 1차 세계대전이 끝날 무렵인 1920년대에 미국 기업들은 국제화하기 시작했다. 당시 IBM 최고경영자 왓슨(Thomas Watson)은 IBM의 국제화를 리드하기 위해 회사 로고를 지구 형태로 나타내어 1924년부터 사용하였다[그림 44]. IBM은 전통적인 펀치카드로 이루어진 계산기(punch-card tabulating machine) 사업을 1940년에 정리한 후, 1946년에 그 동안 사용했던 지구 형태를 띤 로고를 단순한 문자로 이루어진 로고로 교체했다[그림 45]. 1956년, 왓슨 주니어(Thomas Watson, Jr.)는 새로운 최고경영자로서 로고에 변화를 주어 새로운 시대에 큰 의미를 주었다. 새로운 로고는 견고하고 접지된 균형 잡힌 모습을 보여준다[그림 46]. 1970년대 IBM은 전통적인 사업에서 벗어나 소프트웨어를 중심으로 빠르고 역동적으로 변하는 산업으로 이동하였고, 이를 형상화하기 위해 1972년 가로 줄무늬 모양의 로고를 채택하였다[그림 47]. IBM의 시

[그림 44] IBM 로고(1924~1946)

[그림 45] IBM로고 (1947~1956)

[그림 46] IBM로고 (1956~1972)

[그림 47] IBM로고 (1972~현재)

각적인 아이덴티티 변화는 'International Business Machine' 의 머리글자 이름을 디자인하여 만들었으며 시각적인 커뮤니케이션을 극대화 한 기업아이덴티티는 중요한 마케팅 전략이 되었다. 디자이너는 기업아이덴티티를 이용해서 마케팅 전략을 지원하는 경영디자인을 실천하고 있는 것이다.[5]

[5] http://www-03.ibm.com/ibm/history/exhibits/logo/logo_5.html.

03 마음-행동-시각아이덴티티

1970년대에 이르러 일본형 기업아이덴티티의 대부인 나카니시 모토(中西元男: 1938~)가 '경영전략으로서의 디자인 통합'을 주장하면서 '데코마스'(Design Coordination as a Management Strategy: DECOMAS)라는 새로운 용어를 전파시켰다. 나카니시가 주창한 일본형 기업아이덴티티 전략은 디자인 일변도의 미국형 기업아이덴티티와 달리 시각적인 요소인 VI를 기본으로 하면서 조직 내부 구성원의 의식혁신을 촉구하는 MI(Mind Identity)와 행동 변화를 유도하는 BI(Behavior Identity)가 추가되어 진일보한 형태를 띠었다. 일본형 기업아이덴티티 전략의 핵심은 '얼굴(VI)'이 바뀌는 마당에 기왕이면 '의식(MI)'과 '행동(BI)'도 함께 바뀌 외부에 입체적으로 달라진 모습들을 보여주는 동시에, 새로운 디자인 도입을 기점으로 대대적인 캠페인을 통해 사내 분위기를 변혁시키자는 것이다. 나카니시의 MI-BI-VI가 상당한 공감을 불러 일으킨 데는 만년하위였던 긴자(銀座)의 마쓰야(松屋) 백화점이 MI-BI-VI를 도입하는 동시에 사원 의식을 개혁하여 성공적으로 부활한 사례가 있었기 때문이다. 이 당시 일본 기업들은 본격적인 성장시대에 돌입하면서 종신고용이라는 일본의 경영관행과 어우러져 일본형 기업아이덴티티에 대한 확고한 뿌리를 내리게 되었다. 이러한 일본의 MI-BI-VI작업은 그 후 우리나라에도 큰 영향을 미쳐 수많은 기업들이 로고를 바꾸고 MI-BI를 이에 맞추는 작업을 했다.

나카니시가 1970년대에 제창한 일본형 MI-BI-VI가 1980년대에 세계 시장에서 군림한 일본기업들에 의해 성공적으로 채택되면서 미국과 유럽에서 시작된 기업아이덴티티는 자연스럽게 MI-BI-VI를 포함한 기업아이덴티티경영(Corporate Identity Management: CIM)으로 통합되었다.

04 기업아이덴티티경영으로의 통합

오늘날의 기업아이덴티티경영, 즉 CIM은 MI, BI 그리고 VI의 세 가지 요소로 구성 되어 있다[그림 48]. MI란 기업 철학, 기업 이념의 의미를 담고 최고 경영자의 이념이나 기업의 존재이유, 경영자세, 기업 행동의 규범 등을 포함 한다. 기업의 개성과 기업문화의 핵심인 기업 정신을 주도하는 것이므로 그 효과로는 기업이미지 창출과 기업의 내부 분위기 쇄신을 들 수 있다. BI는 주체성 확립과 목표달성을 위한 기업의 활동,

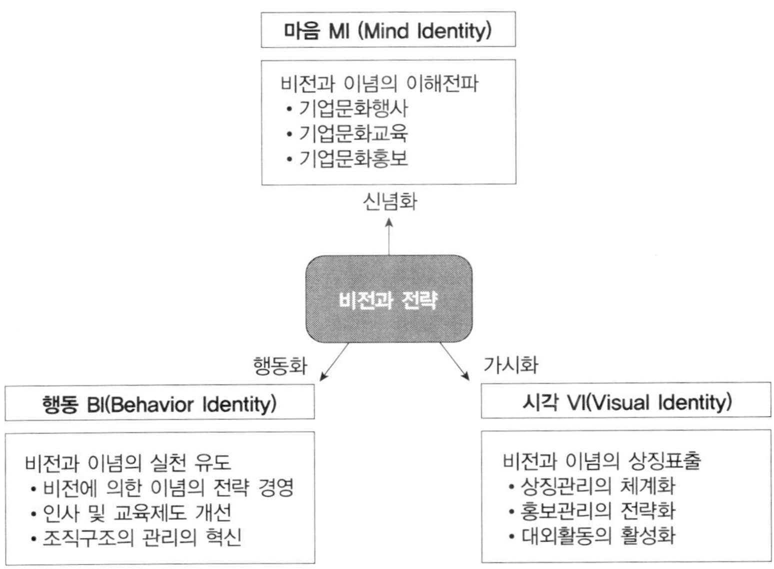

[그림 48] **MI-BI-VI의 구성요인**

사회적 행위로서 기업 이념이나 경영 방침을 철저하게 숙지한 사원의 행동양식을 통해서 타 기업과 차별화한다. VI는 기업의 시각디자인 요소로서 기업의 이름이 소비자에서 좋은 시각이미지로 기억될 수 있도록 제작되는 프로그램이다. 심볼, 로고, 전용서체, 고유 서체 등 기본 시스템과 판촉 인쇄물 등의 응용시스템으로 나눠 볼 수 있는데, 이 부분은 기업 변화를 시도할 때 변화된 모습을 보여 줄 수 있는 가장 빠르고 강력한 요소이다.

CIM의 정의

CIM이란 기업아이덴티티, 즉 CI를 조직 차원에서 전략적으로 확보하고 활용하는 종합적인 방법론을 의미하는 것으로 두 가지 차원에서 논의될 수 있다.

첫째, CIM은 아이덴티티 확립을 통한 이미지 통일화로서, 조직 내 모든 디자인 적용을 통일감 있게 한다는 소극적 의미와 함께 적극적으로 기업의 실체에 맞는 이미지를 개발해 내부 역량과 이미지를 일체감 있게 만든다는 의미를 담고 있다.

둘째, CIM은 기업의 아이덴티티를 확립한다는 의미를 가진다. 이미지 통일화보다 진일보한 개념으로서 패러다임 변화 속에서 조직 실체를 견실하게 하는 동시에 조직 평판과 이미지에 영향을 미치는 다양한 요소들을 전략적으로 재정립해 나가는 전략 일체형 기업아이덴티티를 일컫는 개념이다.

현재 기업이나 지방자치단체와 같은 공공기관에서는 두 가지 CIM 개념을 혼재하여 사용하고 있다. 물론 두 가지 중 어느 개념에 무게를 두느냐에 따라 CIM의 내용과 깊이가 달라진다. 그러나 오늘날 많은 기업들과 지방자치단체들이 패러다임 변화라는 과제에 직면해 있는 만큼 앞으로 '아이덴티티 통일화'을 위한 CIM보다는 '아이덴티티 확립'을 근간으로 하는 두 번째의 적극적 개념이 확산될 것으로 보인다.

오늘날 CIM은 세계각국의 초일류 기업들이 자사의 글로벌 아이덴티티를 정립하기 위한 유력한 전략 수단으로 자리잡고 있다. CIM이란 견실한 조직 실체를 구축 하고, 이를 다양한 커뮤니케이션 수단으로 촉진해 실체와 이미지가 통일감 있게 전개 되도록 하는 고도의 경영전략이다. 따라서 건실한 조직의 실체를 만들지 않고 겉포장 중심으로 디자인을 변경하는 CIM은 사상누각이라 할 수 있다. 이같이 CIM 속에는 기업의 비전과 전략이 함축되어 구성원들이 일체감을 느끼고 행동 변화를 할 수 있도록 유도해야 한다. 이러한 차원에서 현대의 CIM은 종래의 디자인 일변도에서 벗어나 기업문화, 경영혁신 등 수많은 분야와 접목되면서 보다 종합적인 색채를 띠고, 실증적인 효과를 추구하는 방향으로 변모되고 있다.

CIM을 성공적으로 수행하기 위해서는 담당 부서에서 기업아이덴티티를 전략적으로 구축하는 동시에 조직 구성원들이 적극적으로 참여하고 함께 대안을 모색하는 활동으로 기획되어야 하며, 다양한 목소리를 하나로 담는 통합적인 구축 시스템이 중요하다. 특히 CIM은 모든 과제를 일거에 해결하는 만병통치약으로 인식되면 안 된다. 기업의 새로운 발전 방향을 세우고 각 부분에서 유기적으로 실천할 수 있도록 하는 교량 역할이 중요하다.

CIM의 영역 확장

최근 급속한 경제규모 발전과 함께 기업을 둘러싼 사회로부터 사회적 역할에 대해 더 큰 요구를 받게 된 기업에서는 기업커뮤니케이션(Corporate Communication: CC), 기업마케팅(Corporate Marketing: CM)에 CIM을 활용하기 시작하였다. 그러나 MI, BI, VI와 같이 기업 내부구성원에 관련된 단순한 요소만으로 이루어진 CIM을 가지고는 기업의 의미와 정체성, 더 나아가 기업의 사회적 책임(Corporate Social Responsibility: CSR)을 설명하기 어렵다는 것을 알게 되었다. 따라서 기업은 CIM에 새로운 요소들을 포함시켜 그 개념을 확대시켜 나가고 있다. 기존의 기업아이덴티티 모델에서는 VI가 가장 중요했지만, 이제 CIM이라는 큰 틀 속에서는 MI-BI를 전제로 한 VI를 담당하는 디자이너가 더 이상 시각디자인을 담당하는 단순한 역할에 그치지 않고, 기업의 비전과 이념, 전략을 만드는 기획단계에서부터 적극적인 역할을 해야 한다. CIM은 전략뿐 아니라 마케팅과 사무관리, 더 나아가 평가에 이르기까지 모든 경영작업을 일관성 있게 기획하고 실행하는 힘을 갖고 있기 때문이다. 따라서 과거 VI에 국한된 활동만을 담당하던 디자이너는 CIM 개발 과정 중 VI 개발에 들어가기 전까지의 다음 과정을 이해하고 적극적으로 참여해야 한다.

제 1단계: 예비 조사 단계로 기업내부의 문제를 파악하고 기업 외부에서 보는 기업이미지를 파악한다.

제 2단계: 기초가설 설정 단계로 프로젝트의 방향, 목표, 성격을 규정하고 조사 연구 분석에 관한 방향, 항목, 순서 등의 가설을 설정한다.

제 3단계: 조사 연구 분석 단계로 조사 설계와 실제조사, 결과를 분석하고 종합한다. 각종 청취조사 및 앙케이트 조사를 실행한다.

제 4단계: 개발 컨셉트 설정 단계로 CI 전략의 가설을 설정 할 수 있다. CI 목표를 명확히 하고 기업 비전을 확립하며 기업 이념과 회사명 개명 등을 실행한다

CIM의 한계

그러나 CIM에도 한계가 있다. CIM은 기업구성원들 입장에서 고객에게 전달하고자 하는 기업의 이미지를 목표로 하기 때문에 실제로 고객과 시장에 전달 되었을 때 외면 당하거나 의도하지 않은 방향으로 표출되는 부작용이 나타날 수 있다. 특히 감성과 고객을 중시하는 기업 환경일수록 CI를 이미지로서 연계하기 위한 전략이 필요하다.

다음 4장에서는 CIM의 문제점을 극복하기 위하여 기업구성원들이 자신들이 근무하는 기업에 대해 가진 기업아이덴티티와 시장에 있는 고객들이 그 기업에 대해 가진 이미지, 즉 기업이미지를 비교하면서 그 괴리를 줄이는 기법인 전사적이미지경영(Total Image Management: TIM) 모델을 소개한다.

CHAPTER 4

전사적이미지경영

01 아이덴티티경영에서 이미지경영으로

앞 장에서 소개된 CIM은 경영디자인이론을 적용해서 기업의 경영성과를 향상시키는 방법을 다룬 경영디자인 모델이다. 이 장에서는 CIM을 개선한 모델인 '전사적이미지경영(Total Image Management: TIM)'을 소개한다. 보다 구체적으로, CIM과 TIM의 차이점에 대한 설명을 통해 TIM이 무엇인지에 대하여 설명한다.

CIM(기업아이덴티티경영)과 TIM(전사적이미지경영)

CIM은 앞 장에서 설명한대로 기업아이덴티티, 즉 CI와 MI-BI-VI를 포함한 개념이다. MI-BI-VI는 DECOMAS라는 이름으로 나카니시에 의해 1970년대에 도입되었는데, VI, 즉 시각적인 아이덴티티 만을 대상으로 하던 기업아이덴티티에 행동과학을 포함시킨 모델이다. 즉, 기업구성원들의 바람직한 태도와 행동을 반영한 로고와 브랜드 개발에 초점을 두었다. CIM에 따르면 기업이 추구하는 아이덴티티가 고객이 가진 기업의 이미지와 일치하지 않았을 때가 새로운 아이덴티티 전략을 수립해야 하는 시점이다. 다시 말해서 기업 가치에 대한 기업구성원의 철학이 고객이 기대하는 변화를 따라가지 못해서 고객이 원하는 기대에 부응하지 못한다면 그때야말로 전략을 새롭게 수립해야 하는 시기 라고 할 수 있다. 그러나 그 시점이 언제인지, 그리고 조직 내에 있는 수많은 부서와 활동 중에서 어느 부분이 참여해야 하는지에 대해서는 설명력을 가지고 있지 못하다.

TIM은 새로운 경영디자인 모델로서 CIM의 단점을 해소하는 장치를 갖추고 있다. TIM은 CIM을 포함할 뿐 아니라 기업의 아이덴티티와 기업의 이미지가 언제, 어느 부서, 어느 활동에서 괴리를 발생시키는지에 대해 정교한 분석을 가능케 해준다. CIM이 기업구성원들이 원하는 기업아이덴티티를 새롭게 만드는 작업이라면, TIM은 기업 안에 있는 CEO와 구성원들이 만들어낸 기업아이덴티티와 기업 밖에 있는 고객이 기업에 대해 느끼는 기업이미지를 비교하는 작업이다. 좀더 구체적으로 보면, CEO가 기업아이덴티티와 기업의 이미지를 비교하여 그 차이의 크기를 분석한 다음, 그 차이가 어디에서 발생했는가에 대해 체계적이고 단계적인 접근 방법을 채택하여 차이를 해소하는 방법을 제안하고 있다[그림 49].

02 전사적이미지경영을 통한 경영디자인

TIM은 고객이 이해한 기업의 이미지와 기업에 의해서 보여지는 기업

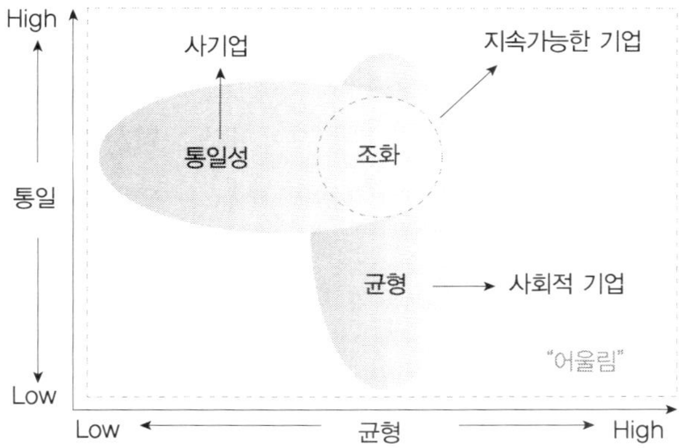

[그림 49] **경영디자인이론에 의한 기업의 종류**

의 아이덴티티를 일치시키는 것을 목적으로 하는 경영디자인 모델이다. 시각적인 디자인에 있어 로고 자체가 기업의 비전을 얼마만큼 잘 표현하느냐는 별 의미가 없다. 성공적인 기업이미지를 수립할 때 마음과 행동이 연결된 각 구성요소가 있어야 희망적인 기업의 이미지를 전달할 수 있는 것처럼 기업의 시각적인 아이덴티티와 더불어 구성원들의 마음과 행동의 아이덴티티를 구체화하는 것이 무엇보다 중요하며, CIM은 이러한 요구에 부응하기 위한 모델이다.

그러나 정작 기업에 필요한 기업아이덴티티, 즉 CI는 CIM만으로 만들어지지 않는다. CI 구축에 대한 필요성이 높고 구성원들의 욕구가 크다 할지라도, 이를 구체화하는 노력에 있어 다음 두 가지 필요조건이 빠져있기 때문이다.

첫째, 기업의 CEO가 CI작업에 선도적인 역할을 해야 한다. CEO가 선도적인 역할을 하지 않는 한 CI를 구체화할 가능성은 희박하다. 일반적인 기업의 CEO들을 보면 MBA나 최고경영자과정과 같이 전략을 다루는 경영학 교육은 열심히 받은 반면, CI에서 중요한 역할을 하는 시각

디자인에 대한 교육은 제대로 받지 못했거나 기피하는 것이 보통이다. CEO들은 전략을 개발하는 전략회의와 같은 자리에는 몇 시간, 심지어는 며칠 동안 함께 있으면서, 그 전략을 구체화하고 형상화하는 CI작업에는 단 한 시간도 함께 자리를 같이 하지 못한다. 전략을 다루는 최고경영자와 CI작업을 직접 수행하는 현장의 디자이너들은 문화가 다르고, 언어가 다르며, 생각과 행동이 다르다. 따라서 CEO가 주도한 기업의 전략이 그 CEO가 빠진 상황에서 그 기업의 CI에 정확하게 반영된다는 것은 기대하기 어렵다. 따라서 CEO는 아무리 선행교육이 안되어있고, 문화와 용어가 다르더라도 CI작업에 적극적으로 참여해야 한다.

둘째, 고객은 CI작업에서 CEO 못지 않게, 아니 CEO 보다 더 중요한 역할을 해야 한다. 기업의 고객은 CI작업에 적극적으로 참여해서 자신이 느끼는 기업에 대한 이미지를 제공해주어야 한다. 고객들이 가진 CI를 고려하지 않는다면 CIM은 기업의 일방적인 희망사항에 불과하다. 오늘날 "고객이 왕"인 시장경제에서 CEO와 내부구성원들이 받는 연봉은 고객이 지불하는 것이다. 기업 CEO와 구성원들은 자신들이 가진 철학과 가치관에 입각해서 만든 CI에 대해 자신들에게 연봉을 주는 고객들이 보이는 반응을 살펴볼 책임이 있다. 기업 구성원들이 이러한 책임을 지지 않는다면 그들이 다니는 기업은 자신들에게 연봉을 주는 직장이 아니라 자신들이 삶을 즐기기 위해 회비를 내고 가입한 취미클럽이나 골프장(country club)이어야 한다.

CEO는 고객이 느끼는 기업이미지를 파악함으로써 기업내부에서 만들어진 CI가 얼마나 시장에서 고객에게 이미지로 전달되었는지, 그리고 전달된 이미지에 대해 고객들이 얼마나 바람직하게 생각하는지를 정확하게 비교하고 분석할 수 있다. 이 비교분석 작업을 한 결과는 다음 네 가지 시나리오 중 하나일 것이다.

1. 기업아이덴티티와 기업이미지 사이에 큰 차이가 없고, 고객이 기업이미지에 대해 긍정적인 경우: 가장 바람직한 상황
2. 기업아이덴티티와 기업이미지 사이에 큰 차이가 없지만, 고객이 기업이미지에 대해 부정적인 경우: 바람직하지 못한 상황으로서, 기업아이덴티티를 바꾸어야 한다.
3. 기업아이덴티티와 기업이미지 사이에 큰 차이가 있으나, 고객이 기업이미지에 대해 긍정적인 경우: 이 경우는 일견 바람직한 것으로 보이지만 실제로는 큰 문제를 내포하고 있다. 한 가지 잘못을 다른 잘못으로 덮을 수 없는 것처럼, 기업아이덴티티에도 문제가 있고, 기업아이덴티티가 기업이미지로 전달되는 과정에도 문제가 있는 이 시나리오는 고객이 가진 긍정적인 기업이미지가 오래 가지 않을 것이기 때문에 기업아이덴티티를 바꾸고, 기업아이덴티티가 기업이미지로 전달되는 과정에 개입된 모든 영역, 즉 전략, 조직, 과정, 제품 및 서비스, 그리고 단계와 단계 사이에 존재하는 커뮤니케이션 과정을 모두 철저히 점검하고 잘못된 부분을 찾아서 고쳐야 한다.
4. 기업아이덴티티와 기업이미지 사이에 큰 차이가 있으면서, 고객이 기업이미지에 대해 부정적인 경우: 이 경우도 3번 시나리오처럼 두 가지 문제가 다 있을 가능성이 있기 때문에 기업아이덴티티를 바꾸고, 기업아이덴티티가 기업이미지로 전달되는 과정에 개입된 모든 영역, 즉 전략, 조직, 과정, 제품 및 서비스, 그리고 단계와 단계 사이에 존재하는 커뮤니케이션 과정을 모두 철저히 점검하고 잘못된 부분을 찾아서 고쳐야 한다.

기업에서 위 네 가지 시나리오 중 실제로 나타나는 시나리오를 확인하고, 2, 3, 4번 시나리오가 나타나는 경우 기업아이덴티티를 바꾼 다음, 기업아이덴티티와 기업이미지 사이의 모든 과정 중에 잘못된 부분을 찾아 고치는 작업을 TIM, 즉 전사적이미지경영이라고 부른다.

CEO와 고객이란 두 가지 요소가 추가됨으로써 CIM모델과 차별화된 특징을 가진 TIM 모델은 산업과 조직에 대한 다양한 내용과 특성을 분석할 수 있을 뿐 아니라 기업 내부의 기업아이덴티티와 기업 외부의 기업이미지를 통일시켜줌으로써 기업이 그 동안 열심히 추구해온 '재무적 성과(Financial performance)' 와 21세기에 들어 새롭게 그 중요성이 인식되기 시작한 '사회적 명성(Social reputation)' 을 동시에 향상시켜주는 21세기형 혁신경영기법(Innovative Management Technique: IMT)이다.

03 전사적품질경영 이론을 대리모로 한 전사적이미지경영 모델

새로운 이론은 하늘에서 뚝 떨어지지 않는다. 하나의 이론을 개발하기 위해서는 그 이론에 기반이 되는 수많은 이론이 먼저 구축되어야 한다. 새로운 이론은 다른 분야에서 확고하게 받아들여진 이론을 참고로 해서 만들어지기도 한다. 경우에 따라서는 다른 분야에서 이루어진 이론이 대리모가 되어 새로운 이론이 만들어지기도 한다.

TIM모델도 마찬가지이다. 이 모델이 이론으로 자리잡기 위해서는 그 기반이 되는 CI, DECOMAS, CIM 등의 선행이론이 필요하다. 또, TIM을 이론화하는데 있어 생산관리의 한 분야인 품질관리에서 널리 사용되는 전사적 품질경영(Total Quality Management: TQM) 이론을 대리모이론으로 활용할 수 있다.

우선 TQM이론에 대해 검토해보자. 품질관리에 대한 초기 이론은 대규모 기업이 출현한 1920년대, 공장에서 제품 품질을 검사 하는데 있어 통계이론을 적용한 통계적 품질관리(Statistical Quality Control: SQC)이다. SQC의 아버지로 불리는 월터 슈하트(Walter Andrew Shewhart: 1891~1967) 가 웨스턴 일렉트릭(Western Electric)에 근무하면서 창안한 모델로, 공장에서 품질관리를 담당하는 검사관(Inspector)은 전체 제품 생산공정의 최종단계에 배치되어, 제품들이 공장을 떠나기 바로 직전 단계에서 공정절차를 모두 거친 제품 중 일부를 무작위로 추출하여 그 품질을 검사한다. 검사관은 공장에서 생산되는 모든 라인의 각 제품들을 검사하지 않는다는 점에서 효율적일 것 같지만, 생산과정이 끝난 제품의 결함을 발견해서 불량품으로 폐기한다는 점에서 상당한 손실과 낭비를 일으킨다. 이러한 약점에도 불구하고 SQC는 1940년대 전후 일본으로 전파되어 큰 성과를 올리게 되었다. 당시 싸구려 제품으로 인식되는 일본 전자제품과 자동차는 데밍(William Edwards Deming: 1900~1993)과 주란(Joseph Moses Juran: 1904~2008) 의 도움을 받아 싼 가격에도 불구하고 높은 품질을 인정받게 되어, 60년대에서 80년대까지 일본경제가 고속성장을 이루는데 견인차 역할을 하였다.

1960년대에 이르러 GE에서 근무하던 파이겐봄(Armand Vallin Feigenbaum: 1920~)은 SQC 보다 체계적이고 포괄적인 품질관리 모델을 창안하였다 (Feigenbaum, 1961). 그는 품질관리가 이루어지는 전통적인 장소이던 공장을 벗어나 실험실, 사무실 및 기타 장소에서 품질관리를 실시하는 기법을 제안한 것이다. 그에 의하면 '품질은 본질적으로 조직을 관리하는 방법이다.'[6] 그가 찾아낸 방법은 생산의 마지막 단계까지 품질 관리를 미루지 않고, 초반에, 그리고 모든 부서에서 제품의 결함을 줄이기 위한 품질관리를 수행하는 것이다. 이것이 1970년대에 널리 퍼진 '전사적 품질관리(Total Quality Control: TQC)' 이론으로, 원천적으로 불량품이 안 나오게 관리를 하는 것이다. 좋은 원자재를 위해서는 구매관리가 필요하고, 인사관리에서는 직원들에게 품질 관리의 중요성을 인식할 수 있도록 교육과 훈련을 한다. 재무관리는 자금의 흐름이 잘 돌게 해서 원하는 수준의 품질을 갖춘 원자재나 부품을 필요할 때 조달하고, 마케팅에서는 품질을 고객에게 판매하는 제품의 핵심가치로 삼는 등, 조직 구성원 전원이 품질향상을 목표로 삼아 각자 맡은 역할을 해야 한다. 파이겐봄은 품질관리(Quality Control)에 전사적(Total)이라는 단어를 붙여 TQC라고 명명한 이 기법을 통해 통계적으로 유의성을 찾아내는 것이 아니라 원천적으로 모든 구성원이 품질 관리에 참여하자고 주장했다.

TQC는 SQC에 비하여 품질관리의 효율성 면에서 탁월한 성과를 냈고, 그 결과 1970년대를 풍미한 경영이론으로 자리잡았다. 그러나 1980년대에 들어오면서 끊임없이 더 높은 품질을 요구하는 소비자들의 기대수준을 만족시키지는 못하였다. 구체적으로 TQC는 두 가지 면에서 결점을 드러냈다.

첫째, CEO가 참여하지 않는 TQC로는 소비자들을 만족시킬 수 있는 품질 수준을 달성하지 못한다. CEO는 가만히 앉아있고 직원들만 참

[6] The term TQC was coined by ArmandVallin Feigenbaum in his book Total Quality Control, McGrew-Hill,1961.http://www.worldcat.org/title/total=quality-control/oclc/250573852

여한다고 해서 품질관리 수준이 높아질 수는 없다. 둘째, 품질에 대해 궁극적인 검사관 이라 할 수 있는 고객이 참여하지 않은 상태에서 내부 구성원들이 품질 수준을 평가하는 것 가지고는 소비자의 기대수준에 맞는 품질이 나오지 않는다. 품질관리에 대한 평가는 고객이 하는 것이고, 고객만이 품질에 대해 객관적으로 반응을 할 수 있다. CEO와 고객이 함께 참여하는 품질관리, 외부고객인 소비자와 내부고객인 직원이 함께 참여하는 품질관리가 중요하다.

이러한 TQC에 대한 비판 속에서 1980년대에 전사적품질경영(Total Quality Management: TQM)이 등장했다. TQM은 TQC의 두 가지 약점을 극복하기 위해서 품질에 대한 궁극적 책임을 지는 CEO 역할과, 제품에 대한 검사관으로서 고객이 수행하는 역할을 강조하였다. TQM 이론을 기반으로 한 혁신경영모델로 모토롤라에서 시작해서 GE에서 완성되고, 그 후 수많은 기업들이 채택한 식스시그마(Six Sigma)를 들 수 있다. [그림 50]은 품질관리 분야에서 TQC가 TQM으로 진화되는 과정을 보여준다.

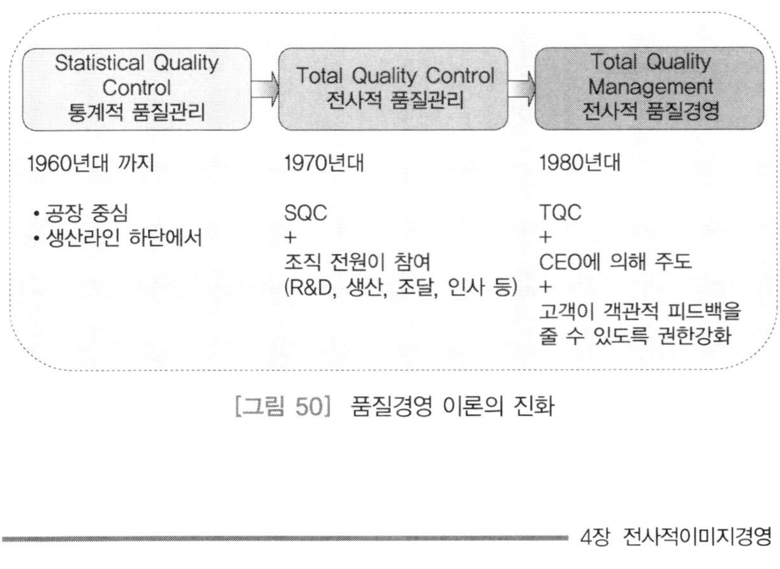

[그림 50] 품질경영 이론의 진화

04 구조로 본 전사적이미지경영 모델

기업이미지

SQC → TQC → TQM으로 진화하면서 발전한 품질경영 이론을 대리모로 하여 이미지에 관한 경영이론을 발전시켜보면 재미있는 모델이 나온다. 우선, 기업의 전반적인 이미지를 '기업이미지'라고 정의하자. 기업이미지는 기업아이덴티티 보다 더 포괄적인 개념이다. 이것은 단지 기업 내부 구성원들에 의해 만들어지는 기업아이덴티티 뿐 아니라 고객에 의해 실제적으로 지각된 기업 이미지도 포함하기 때문이다. 기업이미지의 탄생은 앞장에서 언급한 것처럼 7,000여 년 전으로 거슬러 올라간다. 그 후 20세기에 들어와서 처음으로 주요 기업들의 CI작업이 CI커뮤니케이션을 위한 견인차 역할을 담당하였다.

하지만, 기업이 원하는 무언가를 고객에게 보여주기 위한 표현에 있어 CI모델은 한계가 있다. 마치 SQC이론이 다 만들어진 제품을 마지막 단계에서 샘플 채취해서 품질을 관리하는 것처럼, CI는 내부 구성원들이 아무런 원칙이나 기준 없이 제멋대로 생각하고 활동하는 기업이 로고와 브랜드를 개발해서 예쁘게 외부적인 포장을 한 후 고객과 일반인들에게 선보이는 것과 다를 바 없다. 따라서 이미지경영 이론의 발전 단계에서 CI모델은 품질관리의 1단계인 SQC이론과 동격의 1단계 이론이 될 수 있다.

1970년대에 소개된 MI-BI-VI 모델은 모든 구성원들이 마음 아이덴티티(Mind Identity), 행동 아이덴티티(Behavior Identity), 시각 아이덴티티(Visual Identity)를 통합하여 참여하는 모델로서, 품질경영의 2단계이론으로 모든 구성원들이 적극적으로 품질관리에 참여하는 TQC

에 해당한다. [그림 51]은 SQC → TQC와 같은 변화가 CI → MI-BI-VI 에서도 똑같이 일어나는 모습을 보여준다.

[그림 51]은 TQC가 TQM으로 발전했듯이, MI-BI-VI 역시 TIM으로 발전할 수 있다는 것을 보여주고 있다. 또한 이 그림은 TIM이 MI-BI-VI와 어떻게 다른지도 보여준다. TIM은 시장에서 고객에 의하여 지각된 기업이미지를 바탕으로 하여 CEO가 능동적으로 기업아이덴티티를 조정하는 것이 핵심이다. 이를 위해서는 TQC에는 없고 TQM에만 있는 두 가지 속성을 TIM에 가지고 들어와야 한다. 즉 기업의 CEO와 고객을 기업아이덴티티의 주체와 평가자로 포함시켜야 한다. 그렇게 되면 TIM은 TQM과 대등한 3단계 이론으로 자리잡게 될 것이다.

기업경영자는 TIM모델을 이용해서 기업이 추구하는 이상적인 기업아이덴티티와 고객이 느끼는 실제 기업이미지 사이의 차이를 분석할 수

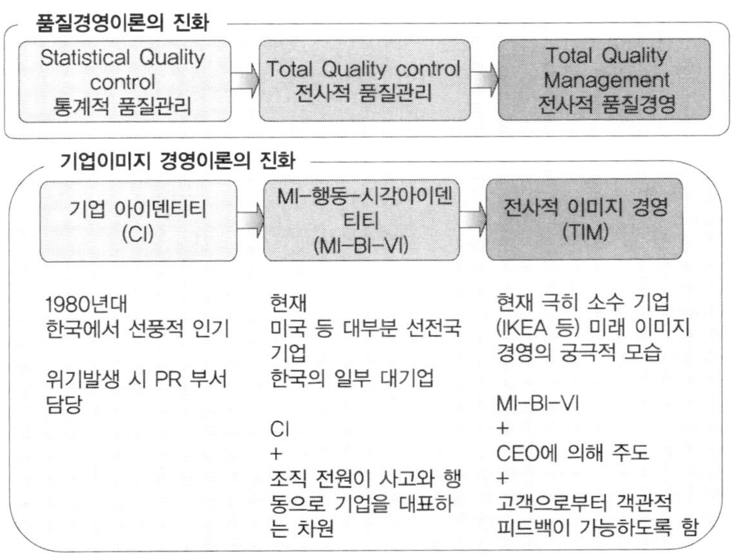

[그림 51] 기업이미지경영이론의 진화

있다. 게다가 전략, 구조, 과정, 성과 중 어느 부분에서 기업아이덴티티와 기업이미지 간에 차이가 발생했는지를 분석할 수 있게 된다. 또, 기업아이덴티티와 기업이미지 간에 차이가 나는 원인을 발견하면, 그 원인을 쉽게 제거할 수 있게 된다. 이 작업을 통해서 경영자는 고객 마음 안에 기업이 추구하는 바람직한 기업이미지를 심어놓을 수 있다.

기업아이덴티티와 기업이미지의 연계

CI와 MI-BI-VI를 아우르는 CIM은 장점과 단점을 함께 가지고 있다. CIM의 장점은 기업의 비전과 전략, 그리고 경영방식을 CEO와 내부 구성원들이 공유하고, 이를 기반으로 해서 기업을 대표하는 아이덴티티, 즉 CI를 시각적으로 명쾌하게 만들어낸다는 점이다. CIM의 단점은 이렇게 만들어낸 기업아이덴티티가 기업의 내부구성원들이 일방적으로 만들어 낸 작품일 뿐, 다음 세가지 질문에 대한 답변은 주지 못한다는 점이다.

1. 기업이 만든 기업아이덴티티가 제대로 고객에게 전달되었는가?
2. 기업아이덴티티가 설령 제대로 전달되었다고 해도 고객들이 이를 긍정적으로 평가하는가?
3. 상당한 노력, 시간, 비용이 투입된 기업아이덴티티 작업이 그 시점에 가장 필요한 작업이었고, 투자 대비 효과가 있었는가?

저자는 CIM이 가진 세가지 문제점을 극복하기 위해서는 새로운 모델이 필요하다고 믿었다. 그리하여 1999년부터 수많은 시행착오를 거치면서 결국 군사적이미지경영(Total Image Management: TIM)이라는 모델을 만들었다. CIM이 기업 내부적으로 CI 구축을 위한 필요조건인 기업구성원 마음의 아이덴티티와 행동의 아이덴티티를 새롭게 정비하여 기업이 원하는 기업아이덴티티를 구축하는데 초점이 맞춰져 있는 모델인 반면, TIM은 CIM을 통해서 만들어진 기업아이덴티티가 시장에서 고객에게 어떤 이미지로 보여질 것인가를 기업CEO 시각에서 파악하고 잘못된 기업아이덴티티를 수정하거나 어긋난 기업이미지를 교정하기 위한 모델이다.

TIM은 기업아이덴티티전략을 출발점으로 하여, 기업아이덴티티를 뒷받침할 수 있도록 적절한 조직구조를 만들고, 그 구조를 기반으로 한 경영과정에서 생산되는 제품과 제공되는 서비스가 고객에 의해 구매되는 마케팅성과를 낸 다음, 그 결과 고객이 기업에 대해 느끼는 기업이미지를 조사해서, 그 것이 첫 단계에서 만든 기업아이덴티티와 다른 경우, 그 차이를 줄이는 작업이다. TIM은 구체적으로 다음과 같은 4가지 모듈로 구성된다.

1. 전략: 기업아이덴티티경영(Corporate Identity Management: CIM). 내부구성원들이 합의한 기업의 비전과 이념, 그리고 전략에 의해 새로운 기업아이덴티티(CI)를 구축해야 한다.
2. 구조: 구조통합경영(Structure-Integration Management: SIM). 전 단계에서 통일적으로 구축한 기업아이덴티티에 입각하여 기획, 전략, 개발, 생산, 영업, 마케팅, 광고, 홍보, 조직, 인사 등 다양한 기능을 통합된 구조로 개편해야 한다.
3. 과정: 과정통합경영(Process-Integration Management: PIM). 전 단계에서 통일적으로 구축한 기업아이덴티티와 기업조직구조에 입각하여 제품과 서비스를 고객에게 효과적으로 제공하기 위해 필요한 브랜드관리, 커뮤니케이션 운영, 환경 관리, 온라인 관리, 스토어 관리 등 다양한 관리과정을 유기적으로 통합해야 한다.

4. **성과**: 기업이미지측정(Corporate Image Evaluation: CIE): 기업의 경영성과는 그 기업이 생산한 제품이나 제공한 서비스를 고객이 구매할 때 이루어진다. 그러나 고객이 구매결정과 구매행위에 대해 100% 만족하는 경우는 별로 없다. 따라서 고객이 제품과 서비스를 구매할 때 느끼는 그 기업에 대한 이미지와 이에 대한 만족도를 정확하게 측정하여 그 다음 단계에서 진행할 기업아이덴티티와의 비교평가에 대한 기초자료로 삼아야 한다.

위 네 가지 모듈 중 첫째 모듈인 기업아이덴티티경영은 이미 3장에서 충분히 다루었으므로, 다음 절에서는 둘째 구조통합경영, 셋째 과정통합경영, 그리고 넷째 기업이미지측정에 대해 상세하게 설명한다.

구조통합경영 (Structure-Integration Management: SIM)

SIM은 TIM의 두 번째 모듈로서 기업조직의 통합을 의미한다. 고객으로부터 성공적인 기업이미지를 획득하기 위해서는 일련의 시각적 디자인 활동이나 마케팅 활동 만으로는 한계가 있다. 예를 들어 아무리 기업아이덴티티에 적합한 로고가 만들어졌다고 해도 그것을 기획, 전략, 개발, 생산, 영업, 마케팅, 광고, 홍보, 조직, 인사 등 다양한 기능을 담당하는 기업 내 각 조직이 일관성 있게 효과적으로 활용하지 않는다면, 기업아이덴티티 가치가 떨어져 결과적으로 기업이미지가 제대로 형성되지 못한다[그림 52]. 따라서 SIM이란 기업이 성공적으로 기업이미지를 형성하기 위해 기업아이덴티티를 중심점으로 하여 조직을 개편하는 것이다. 산업적 특성과 기업 조직의 특수성에 따라 SIM의 내용과 특성은 달라진다. 그러나 가장 중요한 것은 기업의 모든 조직이 하나의 기업아이

구분		CI	비고
최고 경영자		MI, BI, VI를 따로따로 중시하며, 하나로 통합 추진하는 것에는 대체적으로 인식 부족, 숲보다는 나무에 관심	황희정승형
스테프부서	기획·전략	사업 도메인, 국제화, 중장기 계획 등 비전에 중점. 이념과 이미지는 상대적으로 관심이 부족. 장기 프로젝트 및 비전 프로젝트 취급.	비전중시형
	인사·연수	인사, 연수의 큰 방향으로서 비전·이념 등 조직문화 전반에 관심	이념지향형
	광고·홍보	비전·이념보다는 이미지의 광고 전략화 등 현업의 당면과제에 중점	디자인 중시형
	마케팅·영업	조직문화·이미지에 대체로 공감하나, 결국 현업에 영향을 미치는 패키지, 광고 등에 관심이 많음	디자인 중시형
현장 구성원		조직문화·이미지 모두 원론적으로는 동감하나 미온적이고 냉소적인 경우가 많음. 관심 가질 기회를 박탈당함	또 하나보다형

[그림 52] CI 갈등요인

[그림 53] 핵심아이덴티티

덴티티를 표출한다는 목표를 위해 통합적으로 구성되고 커뮤니케이션할 수 있는 시스템을 갖추고, 이를 기반으로 하여 그 다음 단계에서 체계적인 과정을 이끌어내야 한다는 것이다[그림 53].

과정통합경영(Process-Integration Management: PIM)

PIM은 TIM의 셋째 모듈이다. CIM을 통해 원하는 기업아이덴티티를 수립한 후, 이에 따른 통합적인 기업 조직이 만들어지면, 구체적인 경영 프로세스가 시작된다. 이 때 단순히 로고, 마크 등의 몇몇 시각적 요소가 개별적으로 시장에 나가서 기능을 담당하는 것은 적절치 않다. 브랜드관리, 커뮤니케이션 운영, 환경 관리, 온라인 관리, 스토어 관리 등 고객이 가지는 기업이미지에 관련된 모든 활동을 통합하여 일관성 있게 추구할 때, 기업이미지는 더욱 효과적으로 부각될 수 있게 된다. 이를 바로 PIM이라 부를 수 있다.

실제적으로 많은 기업들은 TIM의 일환으로 로고를 포함한 VI를 구성하게 되면 TIM이 완성되어 기업이미지가 좋아 질것이라는 기대를 하게 된다. 그러나 기본적으로 기업아이덴티티가 표출되는 경로와 많은 수단들에 의한 과정 속에서 일관된 아이덴티티 표출에 대한 관리가 잘 이루어지지 못하면 성공적인 기업이미지를 구축하기 힘들뿐 아니라 시간과 비용에서 엄청난 손실을 가져오게 된다. 특히 PIM모듈에서 디자인이 발휘하는 힘은 대단하다. CEO의 태도와 발언에서부터 종업원의 유니폼, 사옥의 위치와 모양, 기업의 이벤트 기획에 이르는 다양한 활동들에 대한 효과적인 이미지 관리에 이르기까지 통합된 아이덴티티를 섬세하게 디자인하여 세심하게 실시해야 한다[그림 54].

기업이미지측정(Corporate Image Evaluation: CIE):

전략적 활동의 마지막 단계는 경영활동의 측정, 평가, 그리고 피드백이다. CIM → SIM → PIM으로 연결되는 TIM활동에 있어서 기업아이덴티티가 성공적인 기업이미지로 연계되었는가에 대한 평가는 절대적으

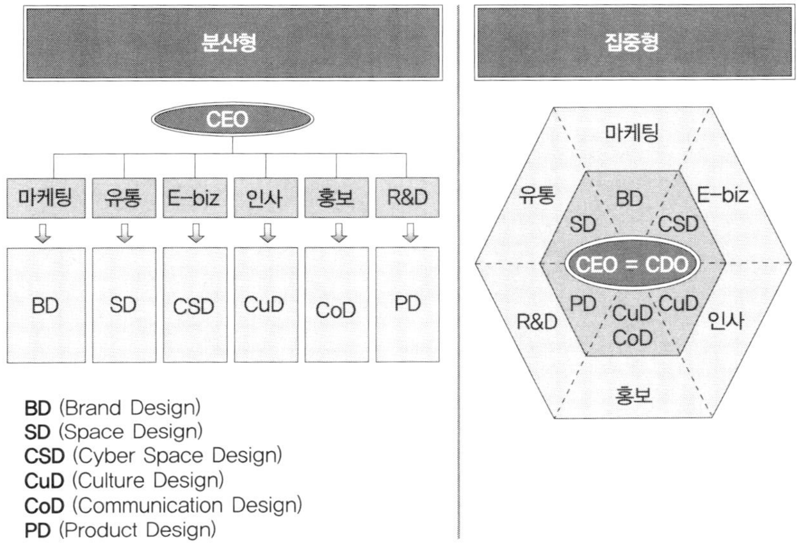

[그림 54] **조직통합경영**

로 필요하다.

이미 언급한 바와 같이, 고객이 구매결정과 구매행위에 대해 100% 만족하는 경우는 별로 없다. 고객이 원하는 제품이나 서비스의 가격, 품질, 브랜드, 디자인, 납기, 애프터서비스(After Service)와 비훠서비스(Before Service), 기업의 명성 등 다양한 속성 사이에는 상충되는 요소들이 많기 때문이다. 싼 가격을 원하면 품질과 브랜드 등의 일부를 포기해야 하고, 납기를 재촉하면 서비스 수준이 떨어진다. 기업에서는 이렇게 다양한 자사 제품이나 서비스의 속성 중에서 어느 것을 고객에게 제공하느냐에 따라 제품아이덴티티, 더 나아가 기업아이덴티티를 설정하게 된다. 고객 역시 구매한 제품이나 서비스가 가진 여러 가지 속성 중에서 어느 것으로부터 만족을 얻는가에 따라 제품이미지, 더 나아가 기업이미지를 형성하게 된다.

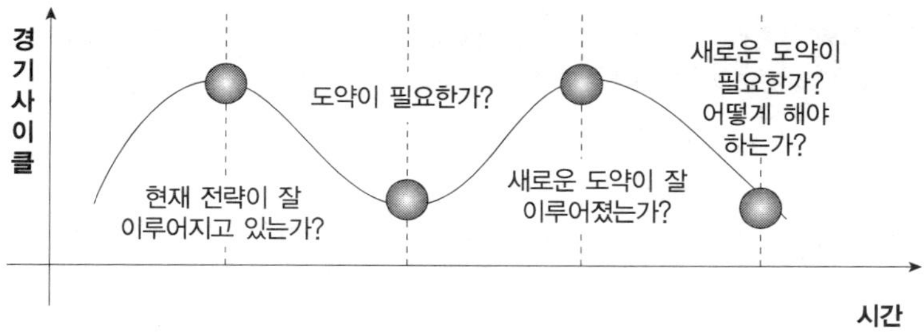

[그림 55] 평가주기

이러한 평가는 한번에 그치는 것이 아니라, 경영 활동이 진화, 발전, 수정되는 과정 속에서 반복적으로 이루어져야 한다. TIM은 단편적인 전략 활동이 아니라, 순환프로세스를 가지고 기업의 실패와 성공, 발전과 쇠퇴의 흐름과 함께 하는 주기적 활동으로 인식되고 관리 될 수 있어야 한다[그림 55].

05 과정으로 본 전사적이미지경영 모델

TIM모델은 CIM → SIM → PIM → CIE 모듈이 일관성 있게 연결되어 이루어진다. 다만 각 모듈의 성격을 보면 CIM은 계획(Plan) 성격을 가지고 있고, SIM과 PIM은 실행(Do) 성격, CIE는 평가(See) 성격을 가진 것으로 분류할 수 있다.

새롭게 사업을 시작해서 아직 고객이 없는 기업은 계획–실행–평가 순으로 TIM모델을 사용할 수밖에 없다. 그러나 기업이 시장에서 상당한 기반을 구축하고 있고, 기존 고객도 확보하고 있는 경우라면 평가–기획–실행 순으로 TIM을 진행하는 것이 적절하다.

여기서는 보다 일반적인 경우라고 할 수 있는 기존 사업에 대해 TIM을 적용해보자.

평가: CIE

CIE모듈은 TIM 중에서 가장 뒤에 있는 평가 단계에 해당한다. 그리고 CIE모듈이 있기 때문에 TIM모델을 CIM모델이 진화한 새로운 모델로 차별화시킬 수 있다. 기업아이덴티티에 대해 기업구성원들이 새로운 시각을 갖거나, 고객이 가지고 있는 기업이미지를 평가해서 기존 기업아이덴티티와 크게 다른 결과가 나왔다면 기존 기업아이덴티티를 바꾸거나 수정해야 한다. 좀더 구체적으로 앞 절에 나왔던 네 가지 시나리오를 시각적으로 비교해 보면 [그림 56]와 같다.

	긍정적인 기업이미지	부정적인 기업이미지
기업아이덴티티와 기업이미지가 일치 (의도된 이미지)	시나리오 1 바람직한 상황	시나리오 2 기업아이덴티티를 바꿔야 함
기업아이덴티티와 기업이미지가 불일치 (의도되지 않은 아이덴티티)	시나리오 3 위험한 상황(1개 잘못이 다른 잘못에 의해 가려짐): 기업아이덴티티와 전 과정 검토를 모두 해야 함	시나리오 4 가장 위험한 상황: 기업아이덴티티가 긍정적인지 파악하는 한 편 전 과정에 대한 검토를 해야 함

[그림 56] 기업아이덴티티와 기업이미지 비교에서 나타날 수 있는 네 가지 유형

계획: CIM

위 네 가지 시나리오 중에서 1번 시나리오를 빼고는 모두 문제가 있다. 특히 2,3,4번 시나리오의 경우 첫 번째 작업은 기업구성원들의 비전과 전략에 입각하여 가장 바람직한 기업아이덴티티를 구축하는 것이다.

실행: SIM, PIM

아이덴티티를 이미지로 전달하기 위한 구체적인 실행에 속하는 작업은 구조를 담당하는 SIM모듈과 과정을 담당하는 PIM모듈로 구성되어있다. 구조에서는 현재 기업이 수행하고 있는 기획, 전략, 개발, 생산, 영업, 마케팅, 광고, 홍보, 조직 등이 적절하게 균형 있게 분할되었는지 확인하고, 과정에서는 브랜드관리, 커뮤니케이션 운영, 환경 관리, 온라인 관리, 스토어 관리 등이 효율적으로 통일된 모습으로 연계되어있는지 파악한다. 그 다음 하나하나의 구조와 과정을 매뉴얼로 공식화하여 지속적인 활동이 반복 될 수 있도록 하고, 이에 대한 체크 시스템을 도입하여 기업이 추구하는 비전과 전략이 지속성을 갖고 진행될 수 있는지 확인해야 한다.

평가: CIE

평가 단계에서는 전략 활동의 결과들이 잘 이루어 지고 성공적인 기업이미지로 이루어 졌는가를 살펴 본다. 평가시기와 평가 대상, 평가 방법 등에 대한 측정모델을 만들고, 계속적인 피드백을 통해 기업이 긍정적인 기업이미지를 고객 마음속에 심어줄 수 있는 TIM모델을 보유하게 된다.

CHAPTER 5

전사적전략경영

01 경영디자인으로서 전사적이미지경영의 현실 적용에의 어려움

앞에서 살펴본 전사적이미지경영 모델을 실제 기업경영에 적용시키는 과정에서 다음과 같은 이유로 어려움을 겪게 되었고, 이를 해결하는 과정에서 경영디자인으로서 좀 더 정교하게 다듬어진 전사적전략경영(Total Strategy Management : TSM)모델이 탄생하게 되었다.

아이덴티티에 대한 오해

3장에서 언급했듯이 아이덴티티(Identity)는 라틴어의 Identification에서 유래한 것으로 '정체, 전적으로 동일한 것' 등의 의미를 가지고 있다. 즉, '나는 누구인가, 나는 무엇인가' 에 대한 답변으로 자신에 대한 존재와 주체성을 명확하게 밝히는 행위를 아이덴티티라고 하며, 자기의 연속성, 단일성 또는 독자성, 불변성을 가지고 있다.

하지만, 위에서 말한 아이덴티티의 개념과 독자성, 불변성이라는 속성으로 인해 전사적이미지경영을 실제 기업경영에 적용 시, 기업아이덴티티 수립과정에서 오해가 생기는 경우가 빈번히 발생하였다.

정보사회를 살고 있는 우리는 아이덴티티(Identity)라는 단어보다는 이를 줄인 'ID' 라는 단어에 더욱 익숙하다. 또한, 'ID' 와 'PASSWARD' 와 같은 개인정보보안에 대한 문제들이 점점 민감해짐에 따라 대부분의 사람들은 '아이덴티티를 공유한다' 는 의미를 쉽게 받아들이지 못하며, 한 번 수립된 아이덴티티는 쉽게 바꾸기 힘들다는 인식과 함께 아이덴티티를 어떠한 상황에도 변하거나 흔들리면 안되는 절대불변의 것으로 생각하는 경향이 있음을 알게 되었다.

기업을 경영하는 CEO들도 마찬가지였다. 특히, 그들은 기업아이덴티티를 수립함에 있어 CEO의 아이덴티티 외에 구성원 및 고객의 아이덴티티를 반영해야 한다는 개념을 쉽게 받아들이지 못했다.

기업아이덴티티는 'Corporate'와 'Identity'가 합쳐진 단어로 1960년대 뉴욕의 디자인 컨설턴트인 월터 마굴리스(Walter Margulies)에 의해 사회심리학적 용어인 아이덴티티가 기업아이덴티티라는 용어로 처음 도입되면서부터 일반화되기 시작하였다.

하지만, 기업 경영자들 사이에서는 아이덴티티(Identity)라는 단어의 경우와 같이 기업아이덴티티(Corporate Identity) 역시 이를 줄인 'CI' 라는 단어로 기업의 로고 또는 엠블렘과 같은 시각적인 이미지를 일컫는 개념으로 더 널리 알려졌다. 본래의 기업아이덴티티 개념은 경영철학(management philosophy), 미션(mission), 비전(vision), 핵심가치(core-values)로 설명하는 경우가 많았다. 따라서 이와 같은 부분을 수시로 점검하여 수정해나가야 한다는 개념은 더욱 이해하기 힘들었을 것이다.

이미지에 대한 오해

이미지는 라틴어 'Imago'에서 유래되었으며 사전적 의미는 눈에 보이는 어떤 대상이 어떤 물질 위에 재현된 것이다. 개인이나 조직의 행동, 언어, 사고방식, 태도 등 우리가 지각하는 대상에 관하여 마음속에 떠오르는 심상과 같은 관념적인 것을 포함한다. 또한, 시각 외에도 청각, 후각, 촉각, 미각 등의 경험을 통해 이미지를 전달받는다.

코틀러(Kotler)는 이미지를 한 개인이 특정 대상에 대해 가지는 신념, 아이디어, 인상의 총체로 정의하고 있으며, 보울딩(Boulding)은 이미지란 사람들이 진실된 것으로 믿고 있는 주관적인 마음의 세계로서 경험의 종합적 결과로 형성되는 개개인의 마음이 가지는 현실의 내용, 즉 지식의 주관적 내용이라고 하였다.

이와 같은 이미지는 개인의 주관적인 가치 체계와 상호 밀접한 관계를 이루며 태도를 형성하여 주며, 선택기준과 메시지의 여과 장치로서의 역할을 하며 행동 및 이에 선행하는 의사결정에 영향을 미치기 때문에 소비자의 구매 행동을 이끌어내기 위한 기업의 광고, 마케팅 등에서는 일찍부터 기업이미지를 중요하게 인식해왔다.

기업이미지는 소비자와 기업을 연결해주는 다리의 역할을 하며 무형적 요소와 유형적 요소를 통해 기업의 아이덴티티를 보여주는 표상으로 개인의 신념, 생각, 감정 그리고 인상 등에 의해 부과된 특정 기업에 대한 긍정적 또는 부정적인 태도이며, 제품이나 브랜드보다도 이들을 대표하는 기업 자체에 갖는 이미지라고 할 수 있다.

하지만, 대부분의 사람들은 이미지라고 하면 시각적인 것을 생각하거나, 눈에 보이지 않더라도 머릿속에 그려지는 바를 일컫는다. 기업이미지 역시, 지금껏 눈에 보이는 제품의 패키지디자인, 광고, 홈페이지 등을 통해 기업이미지를 표현하고 전달해왔고 개선하려 노력해왔다. 이러한 노력을 통해 기업에 대한 제품 및 서비스에 대한 호감도, 만족도, 브랜드에 대한 선호도 등의 주관적인 인식을 긍정적으로 바꾸려 해왔다.

따라서, 앞장에서 밝힌 바와 같이, 전략을 다루는 경영학 교육을 열심히 받은 CEO들이 전사적이미지경영이라는 한 줄의 단어만을 듣고도 '이미지' 라는 부분에서 선입견을 가지는 경우가 많았고, 단기 성과에 직접적으로 영향을 주는 시급한 많은 현안들에 비해 관심도가 떨어지며 CEO가 직접 주도해야 하는 일이 아니라고 여기는 경향을 보였다.

이에, 경영디자인이론을 적용한 전사적이미지경영(TIM)모델의 본질은 유지하면서, 기업에 적용함에 있어 특히, CEO의 관심과 충분한 이해 그리고 적극적인 주도를 이끌어내기 위한 방안을 고심하게 되었다. 그리하여 CEO의 주도 하에 임직원과 고객이 동등한 위치에서 기업경영에 참여하는 모델의 핵심이 실제 기업현실에서 반영되고 실천될 수 있도록 전사적전략경영(Total Strategy Management : TSM)으로 보다 체계적으로 정교화되었다.

02 전사적이미지경영에서 전사적전략경영으로

전략의 핵심과제

전략이 가진 핵심과제는 기업이 가진 전략이 고객과 시장에 전달되었을 때 성과로 일치되도록 하는 것이다. 하지만, 기업이 가진 명확한 비전과 이를 실현하기 위한 전략이 잘 수립되었다 하여도 내부고객인 직원과 외부고객 및 시장에까지 제대로 전달되지 않으면 지속적인 성과를 얻을 수 없다. 즉, 전략실행을 위한 구조(Structure)와 과정(Process)이 일치되어야 한다. 비전과 전략을 제대로 실시할 수 있는 조직구조(Structure)를 가지고 전략적인 프로세스와 커뮤니케이션을 통해 고객에게까지 비전과 전략을 제대로 전달해야(Process) 좋은 성과를 지속적으로 얻을 수 있다.

이에, 기업이 바람직한 전략과 구조, 과정으로 좋은 성과를 얻기 위한 경영디자인이론을 적용한 경영혁신기법으로 전사적전략경영을 제안하고자 한다.

전략경영의 진화에 따른 전사적전략경영의 구조

앞서, 전사적이미지경영이 품질경영 이론을 모(母)이론으로 하여 발전한 것을 자세히 설명하였으며, 품질경영의 진화에서 궁극적인 지향점은 전사적품질경영으로 CEO부터 고객까지 모두 참여하는데 그 특징이 있음을 강조하였다.

품질경영 이론이 통계적 품질관리(SQC)에서 전사적품질관리(TQC)를 거쳐 전사적품질경영(TQM)으로 진화하였고, 기업이미지경영 이론이 기업 아이덴티티(CI)에서 마음과 행동, 시각적아이덴티티(MI-BI-VI)를 거쳐 전사적이미지경영(TIM)으로 진화하였듯이 전사적전략경영(STM)도 모(母)이론과 같이 3단계를 거쳐 진화하였다.

전략경영 이론의 발전 단계에서의 경쟁전략은 품질관리의 1단계인 SQC이론과 동격의 1단계 이론이 될 수 있다.

경쟁전략은 1980년 하버드 경영대학원 교수인 마이클 포터(Michael Porter)에 의해 소개된 이론이다. 당시 신흥공업국의 부상으로 독보적인 지위가 흔들리기 시작하며 경쟁상황에 직면하게 된 미국의 기업들이 어떻게 하면 치열한 경쟁에서 승리할 수 있을지 고민하던 때에 마이클 포터 교수는 경쟁에 대한 정의를 내리고 경쟁에서 유리한 입장을 구축하기 위한 방법으로 경쟁전략을 제시하였다. 기업들이 직면한 경쟁요인을 분석하기 위한 방법론으로 산업구조분석, Five forces model을 제시하여 산업 내 잠재적인 이윤 수준을 결정할 수 있다고 주장하였다.

Five forces model의 5가지 요소는 기존기업간의 경쟁, 잠재적인 진입자의 위협, 대체재의 위협, 구매자의 교섭력, 공급자의 교섭이다.

기존기업간의 경쟁은 참여 기업간의 경쟁이 심할수록 산업매력도는 하락될 것이므로 기업은 차별화전략 또는 원가절감에 노력하고 적기에 철수를 고려해야 한다는 내용이며, 잠재적 진입자의 위협은 기업은 현재 산업 밖에 있는 기업이 해당 산업으로 진입할 위협이 존재하므로 규모의 경제를 이루거나 절대적인 우위확보를 통해 진입장벽을 구축해야 한다는 내용이다. 대체재의 위협은 내 제품을 구매하던 고객이 다른 대체재를 구매하는 것은 기업의 수익을 약화시킬 수 있으므로 CRM을 잘 활용하고 고객 로열티를 강화해야 한다는 내용이다. 구매자의 교섭력은 구매자가 대안이 많아 가격인하나 품질향상을 요구하는 경우 사업수익성이 악화되므로 기업은 다양한 형태로 협상력을 강화해야 한다는 내용이며, 마지막으로 공급자의 교섭력은 공급자가 공급가인상을 요구할 경우 산업의 수익성이 악화되므로 원료공급을 다양화하고 대체품의 존재여부 등을 파악하여 교섭력을 높여야 한다는 내용이다.

당시, 마이클 포터의 경쟁전략은 경쟁환경을 분석하고 산업의 매력도를 고려하여 위 5가지 요소 중 문제가 발생할 수 있는 부분에 대해 고민하고 준비할 수 있다는 장점에서 미국의 많은 기업들이 적극 활용하였다. 하지만, 이러한 경쟁전략을 기업에 도입하기 위한 작업은 외부 컨설팅회사들의 전략컨설턴트들이 주도하였고, 기업의 구성원들은 수동적으로 반응할 수 밖에 없었다.

1990년대에 GE의 잭웰치 회장이 주장한 혁신경영은 전략경영 이론의 2단계로, 그는 전문 전략컨설턴트들과 전략을 다루는 임원들 위주로 현재 전략 및 경쟁환경을 분석하고 관리하는 경쟁전략의 한계를 직감하고, 기업 구성원들의 의식개혁에서 출발하는 혁신경영을 도입하였다. 불량이나 실수, 에러발생률을 1백만분의 3.4이하로 한다는 높은 수준의 목표를 설정하고 마케팅, 엔지니어링, 서비스, 계획, 프로세스 등 경영활동 전반을 대상으로 추진하는 전사적인 활동인 식스시그마로 대표되는 혁신경영을 전 세계에 확산시켜 한국의 대기업들에도 많은 영향을 주었다.

하지만, 혁신경영을 전사적 활동이라 말하기에는 가장 중요한 요소인 고객이 배제되었다는 결점이 존재한다.

[그림 57]은 SQC가 TQC를 거쳐 TQM으로 발전하고, CI가 MI-BI-VI를 거쳐 TIM으로 발전했듯이 경쟁전략 역시 혁신경영을 거쳐 전사적전략경영(TSM)으로 발전할 수 있다는 것을 보여주고 있다. 또한 이 그림은 전사적전략경영(TSM)이 경쟁전략과 혁신경영과 어떻게 다른지도 보여준다. 전사적전략경영(TSM)은 시장에서 고객에 의하여 평가된 다양한 측면의 성과를 바탕으로 하여 CEO가 능동적이고 주체적으로 전략을 수립하고 조정하는 것이 핵심이다. 이를 위해서는 경쟁전략과 혁신경영에는 없고 전사적전략경영(TSM)에만 있는 두 가지 속성인 기업의 CEO와 고객을 전략과 성과의 주체와 평가자로 반드시 포함시켜야 한다.

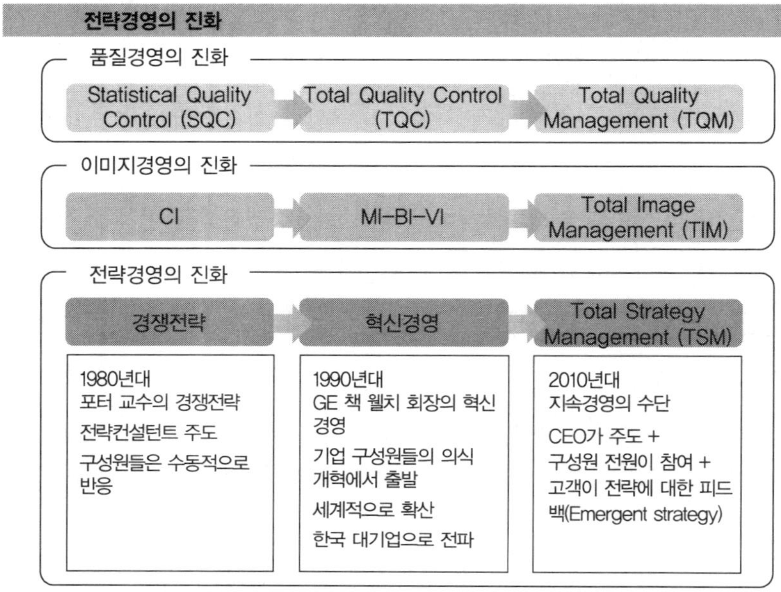

[그림 57] 전략경영이론의 진화

03 전사적전략경영(TSM)모델의 개념과 구성요소

전사적전략경영(Total Strategy Management : TSM) 모델은 통합된 전략이 구조와 과정을 거쳐 내부 직원의 행동과 마음에 내재화되어 고객에게 전달되는 전 과정을 기업 스스로 점검해볼 수 있는 자가 진단 모델인 동시에 전략경영의 전 과정을 학습할 수 있는 교육의 과정이다.

전사적전략경영(Total Strategy Management : TSM) 모델에 따르면 기업 경영이 일어나는 모습은 네 가지 구성요소와, 7단계 연결고리로 구성되어 있다. [그림 58]은 TSM의 구성요소와 연결고리를 일목요연하게 보여준다.

전사적전략경영(Total Strategy Management : TSM) 모델의 첫 번째 구성요소는 '전략'이다.

기업 최고경영자는 기업전략을 수립하거나 수정할 때, 반드시 구성원이 원하는 기업전략과 고객이 기업에 원하는 전략을 균형적으로 수렴하고 반영하여 기업전략을 확립한다. 이 단계는 기업전략의 시작이라고 할 수 있다. 기업의 이념과 철학을 창출하는 최고 경영자의 전략과 기업 구성원들이 형성하는 전략, 시장에서 고객이 원하는 성과에 대한 전략이 하나로 통합된 기업전략으로 구축되지 않을 때, 지속적인 성과를 얻을 수 없다. 최고경영자가 기업과 고객을 고려하지 않고 독단적으로 개인적 희망이나 일부 구성원들 또는 외부환경에 의한 잘못된 판단으로 기업의 전략을 구축한다면 이는 기업 내부적으로 흡수되기도 힘들 뿐만 아니라 고객들이 평가하는 성과에 부정적 영향을 미치게 된다. 기업전략은 내부 구성원들의 전체적인 공감대와 실제 기업의 활동이나 규모, 조건 등을 만족시켜서 성과에 부정적인 영향을 미치지 않도록 해야 한다. 오늘날의 고객은 적극적인 참여자이므로 최고경영자의 전략과 구성원들의 전략이 합일 점을 찾았다 할지라도 고객의 충분한 동의 없이는 성공적이고 지속적인 기업의 성과를 얻을 수 없다.

고객이 원하는 기업전략은 제품, 서비스, 조직문화, 인재상, 제조과정, 광고, 마케팅, 사회적책임활동, 브랜드포지셔닝, 브랜드이미지 등에 대하여 고객이 기업으로부터 무엇을 기대하는가를 보여준다. 최고경영자와 기업 내부 구성원들이 가진 기업전략과 고객이 가진 기업전략을 모두 고려한 기업의 통합 전략을 구축하는 것이 TSM 모델의 제1단계이다.

TSM 모델의 제2단계는 첫 번째 구성요소인 전략과 두 번째 구성요소인 구조 사이에 존재한다. 이 작업은 CEO와 내부 구성원들이 만든

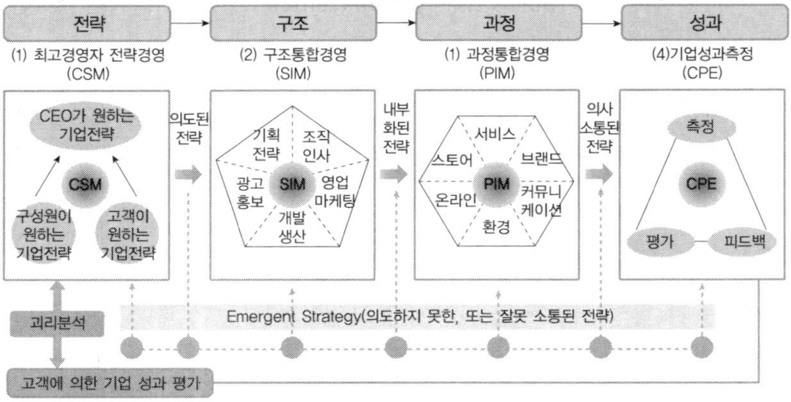

[그림 58] 전사적전략경영의 흐름도

의도된 전략을 기업 조직 구조에 이식하는 작업이다. 기업 내 구성원들의 의도는 기업의 조직 설계를 통해 구체화된다.

전사적전략경영(Total Strategy Management : TSM) 모델의 두 번째 구성요소는 '구조' 이다.

TSM 모델의 두 번째 구성요소인 구조에서 일어나는 제3단계는 기업 조직의 구조개선을 통해 이를 차별화하고 전략화 하는 것이다. 기업은 시장에서 기업의 전략을 로열티를 가진 지속적인 고객이 될, 잠재 고객에게 효과적으로 설득하여 미션을 성취한다는 사명감을 가지고 있다. 기업의 미션은 마치 군사 작전처럼 모든 부서와 부서 안에 있는 내부구성원의 전체 의무이다. 의도된 전략은 다양한 부서들의 협력을 통해서 이루어지며 이들 조직과 다른 조직간의 협조와 조정을 통해 조직화가 이루어진다. 기업의 모든 조직이 업무중심이 아닌 고객중심으로 의도된 기업전략을 통해 통합적으로 구성되고 커뮤니케이션 할 수 있는 시스템을 갖추어야 한다.

TSM 모델의 제4단계는 두 번째 구성요소인 구조와 세 번째 구성요소인 과정 사이에 존재한다. 구조화되고 조직화된 기업의 의도된 전략은 기업의 전략은 제품과 서비스를 생산하기 위해서, 브랜드 가치를 증가하기 위해서, 고객과의 커뮤니케이션 채널을 구축하기 위한 비즈니스 프로세스를 통해 내부화된다. 환경을 보존하고 온라인 비즈니스 커뮤니티를 만들고, 기업의 사회적 책임을 다하기 위한 활동 또한 이 단계에서 진행한다.

전사적전략경영(Total Strategy Management : TSM) 모델의 세 번째의 구성요소는 기업 비즈니스 활동의 '과정' 이다.

다양한 공정은 기업 성과를 향상시키는 결과를 가져 온다. 눈에 보이는 재무적 성과는 수익의 형태로 나타나고 이익은 단기 관리의 효율성을 측정하는 수단을 제공한다. 일반적인 기업 환경에서 관리는 여기서 끝난다. 하지만 기업의 단기 재무적 성과가 처음에 의도했던 전략에 따른 과정에서 나온 의미 있는 결과라는 것은 어느 누구도 확실하게 말할 수 없다. 많은 사례들에서 기업에 나타나는 재무 성과를 보면 경영으로 통제할 수 없는 환경 변화가 행운이었는지 불운이었는지 알기 어렵다. 이처럼 TSM 모델의 제5단계인 과정통합경영의 단계에서는 의도된 기업전략에 적합하게 구축된 조직에서의 모든 활동들이 일관성 있게 통합되고 실행되어야 한다.

TSM 모델의 제6단계는 세 번째 구성요소인 과정과 네 번째 구성요소인 성과 사이에 존재한다. 구체적인 성과를 올리기 위한 프로세스로 기업의 모든 활동들이 서로 조화롭게 연계되어 시너지효과를 낼 수 있도록 상호작용을 하도록 하는 활동이다. 이를 통해 의사소통 된 기업 전략은 비즈니스 거래를 통해 시장에서 고객에게 전달된다.

전사적전략경영(Total Strategy Management : TSM) 모델의 네 번

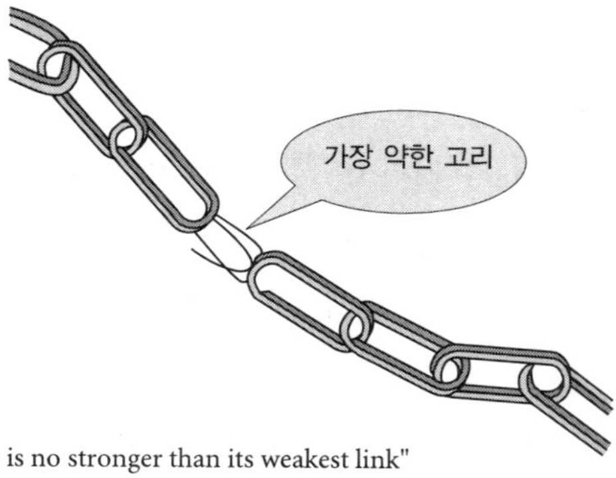

[그림 59] 제약이론(Theory of Constraints)

째의 마지막 구성요소는 '성과'에 대한 부분이다.

실제 기업의 성과가 단지 재무적인 요소에 의해서만 평가되는 것은 아니다. 재무적 성과 등 지표 및 유형적으로 나타낼 수 있는 가시적 성과뿐 아니라, 학습과 성장, 기업 문화 등의 비가시적 성과 역시 고객과 시장 지향성이라는 매커니즘을 형성하여 기업의 지속적인 성과를 창출하게 된다. 현재 우리 사회는 사회에 대한 공헌과 배려를 기업들부터 많이 기대하기 때문에, 기업적 성과와 함께 사회적 성과를 고려하는 기업 전략을 통해 지속적인 성과 창출로 이끌어야 한다. 따라서, TSM 모델의 제7단계에서는 기업 내부 전략에 따른 전략과 고객 및 시장에서 형성되어 평가되는 성과를 일치시키는 노력을 통해 지속적인 피드백을 바탕으로 기업의 성과 전략에 반영해야 한다.

기업에서 일상적으로 일어나는 문제는 제1단계에서 제7단계 사이에서 일어난다. 그러나 이 일곱 단계를 모두 잘못하는 기업은 없다. 제약이론(Theory Of Constraint: TOC)에 따르면, 쇠고리 여러 개로 이루어진 사슬은 가장 약한 고리만큼 약한 법이다. 따라서 그 사슬을 강하게 만들려면 가장 약한 고리를 찾아내어 강한 고리와 바꾸어야 한다[그림 59]. 마찬가지로 경영자도 기업의 여러 부서나 활동 중에서 가장 약한 부서나 활동을 찾아내어 이 부분을 강하게 함으로써 기업을 강하게 만들 수 있다. 따라서 최고경영자는 기업의 전체적인 경영프로세스를 끊임없이 검토해야 한다. 검토과정에서 가장 문제가 많은 활동을 찾아낸 후 그 활동을 변화, 개선 하면 기업 전체의 성과를 획기적으로 향상 시킬 수 있다. 만약 최고경영자가 기업의 가장 약한 고리를 정확하게 간파할 수 없다면 자금, 시간, 에너지, 또는 다른 중요한 자원을 낭비하는 결과를 가져온다.

04 전사적전략경영의 특징

기존 경영전략의 문제인식 및 해결방법의 근원적 문제점을 해결해주는 TSM

기업에 문제가 발생하면, CEO는 손에 잡히는 가장 가까운 곳에서 해결책을 찾으려고 하는 성향을 가지고 있다. 그 때문에 CEO는 자신에게 가장 가까운 거리에 있고, 그렇기 때문에 친숙한 전략과 조직을 이용해서 모든 문제를 해결하려고 한다. 그래서 CEO들은 기업에서 발생한 문제가 어떤 분야이건 관계없이 수많은 컨설팅회사 중에서 전략개발(strategy development)에 집중하는 보스턴 컨설팅그룹(Boston Consulting Group)이나 조직변화(organizational change)에 집중하는 맥킨지(McKinsey & Co.)를 불러들이게 된다. CEO가 가진 이런 성향은 올바를 수도 있고, 틀릴 수도 있다. 만일 문제가 제 1단계인 전략이나 제

3단계인 조직에 있다면 맞지만, 그 문제가제 5단계인 과정이나 제 7단계인 성과, 제 2, 4, 6단계인 연계에 있다면 전략과 조직을 바꾸는 것만으로는 해결책이 나오지 않을 것이다.

또한, 현재 대부분의 경영조직의 지배구조에 따라 CEO는 기업에 대한 전략과 구조, 과정, 성과에 대한 내부 구성원 전체의 목소리와 외부 고객의 목소리를 듣기 힘든 수직적 조직 및 커뮤니케이션 구조를 가지고 있다. 수직적인 구조에서는 [그림 60]에서 보듯이 성과를 다루는 고객의 생각과 과정을 주로 다루는 사원의 의견, 구조를 책임지는 관리자, 전략을 주로 다루는 임원 모두의 의견이 고르게 반영될 수 없으며, 거리의 차이에 따라 멀리 있는 문제는 실제보다 작게 보이고 가까이 있는 문제는 더욱 크게 보일 수 밖에 없는 CEO의 근시안적 관점이 생길 수 밖에 없다.

따라서, 이를 방지하기 위해서라도 CEO는 현재의 전략과 성과 간의 괴리 발생 지점과 원인을 찾고, 전략에서부터 성과에 이르기까지 향후 예상되는 기업 경영의 잠재된 문제요인 파악을 위한 TSM의 제1~7단계의 분석을 필수적으로 수행해야 한다.

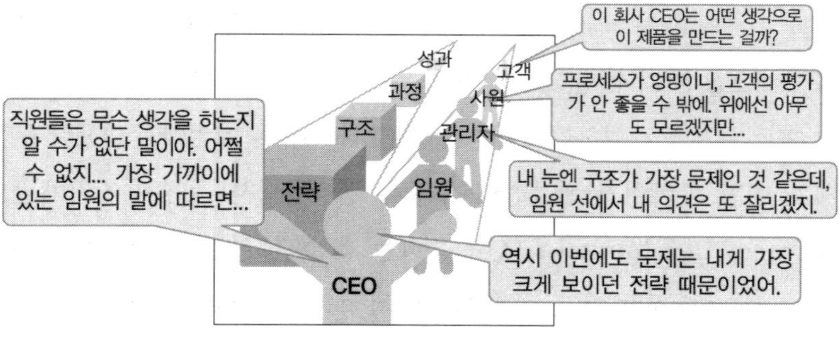

[그림 60] 기존 내부 커뮤니케이션의 문제점

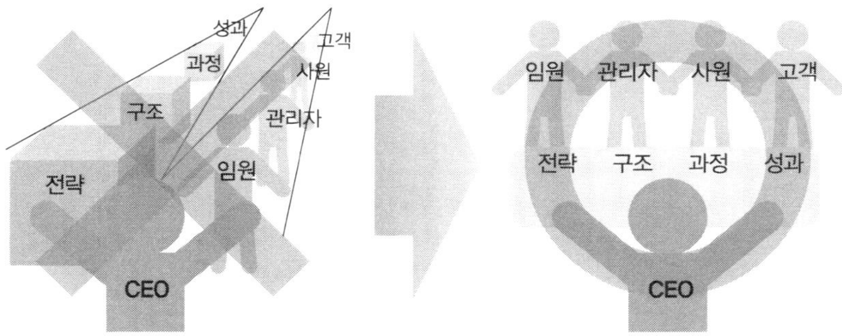

[그림 61] TSM모델에서의 기업경영

또한, 이를 통해 기업의 경영 현황과 커뮤니케이션의 문제점을 진단하고, 계층간 괴리(GAP)을 줄이기 위한 전략교육과 내부 커뮤니케이션을 위한 방법을 고민해야 한다.

기업의 CEO는 전략뿐 아니라 구조, 과정, 성과를 함께 동일선상에서 고려해야 한다. [그림 61]에서와 같이 CEO에서부터 임원, 중간관리자, 사원, 고객을 차례로 줄 세우는 수직적인 관계는 지양해야 하며, 모든 임직원과 고객을 수평적인 관계 속에서 같은 거리를 두고 전체 의견을 수렴해나가는 방법을 학습해야 한다. CEO, 내부직원, 외부고객이 함께 기업전략(비전)과 전략경영에 참여하여 공유해야 동일한 전략이 구조와 과정을 거쳐 성과까지 이어질 수 있다.

기존 경영컨설팅의 패러다임을 혁신하는 TSM

기존 많은 CEO들은 기업의 전략을 세우거나 지속적인 성과 또는 기대하는 만큼의 성과가 나오지 않을 경우, 많은 비용을 지불하고 경영컨설팅 회사를 찾았다. 가능한 크고 잘 알려진 컨설팅회사들의 경영컨설턴트들은 짧게는 몇 주 또는 몇 개월 동안 기업을 방문하며 컨설팅프로젝트를 진행한다. 시장분석과 경쟁자분석 등의 환경분석과 본인들이 가진 전문지식을 동원하여 경영분석틀에 맞추어 기업을 분석하고 평가한다. 기업 내 담당자들에게 수 많은 자료를 요구하고 이를 검토하여 결과적으로는 중,장기 계획을 수립해주는 것이 대부분의 경영컨설팅프로젝트의 결과였다. 하지만, 이를 위해 많은 비용을 들여야 했고, 내부 직원들의 불만과 불신은 커졌으며, 컨설팅의 결과물을 실제 경영에 적용하는 데에는 한계가 있었다.

분명, 기업 내부의 문제는 CEO와 내부 임직원들이 가장 잘 알고 있다. 또한, 시장에서 드러나는 기업의 성과는 고객이 가장 잘 평가할 수 있다. 이러한 본질을 간과하고 많은 비용을 들여 외부 컨설턴트에 의해 기업경영의 문제점을 진단하고 실제 경영구조와 과정에 바로 적용하기 힘든 해결방안을 얻으려는 현재의 경영컨설팅이 가진 문제점을 TSM모델은 혁신적으로 해결해준다.

CEO를 의사로 만들어 주는 TSM

TSM은 심각한 문제가 발생할 가능성을 사전에 차단하는 방법을 기업에게 알려준다. 기업의 전략과 시장에서의 성과 사이에 괴리가 발생하여 지속적인 성과로 이어지지 않을 경우, TSM모델이 수행하게 되는 분석 및 평가에 사용하는 지침은 본질적으로 기업의 건강 체크리스트이다 [그림 62]. 의사가 우리 건강을 매년 진단하듯이 CEO는 기업의 건강을 정기적으로 진단하는 의사이다. 건강 진단을 받을 때 우리는 먼저 건강 체크리스트에 있는 100여 가지 질문에 답변을 하고, 의사는 이 답안을 가지고 우리 건강을 종합적으로 진단한다. 만일 의사가 건강체크리스트를 통해서 우리 몸에 있는 어떤 장기, 예컨대 심장이나 간에 문제가 있을 가능성을 발견하면, 그 의사는 심장이나 간을 보다 정밀하게 진단한다. 그리고 그 결과 문제를 발견하면 우리를 심장 전문의나 간 전문의에게 보내 보다 전문적이고 효과적인 치료를 받게 해준다.

이와 마찬가지로 TSM 모델의 일부인 692개로 이루어진 기업 건강체크리스트 중 해당 기업에 적합하게 맞춰진 체크리스트에 기업의 CEO는 물론, 임직원과 고객에 이르는 모든 기업구성원이 답변을 하면 CEO는 이를 가지고 기업의 건강상태를 진단한다. 만일 CEO가 기업에 있는 어떤 기능, 예컨대 구매나 인사에 문제가 있는 것을 발견하면 CEO는 우선적으로 그 부서에 대한 정밀검사를 하고, 그 결과 그 부서에 문제가 있다는 평가가 나오면 구매나 인사에 관한 전문가를 찾아 담당자들에 대한 적절한 교육과 함께 문제를 해결할 수 있는 경영혁신기법을 도입하는 등의 해결방안을 구체적으로 모색한다.

CEO는 기업의 문제를 정확히 파악하여 가장 시급히 해결해야 할

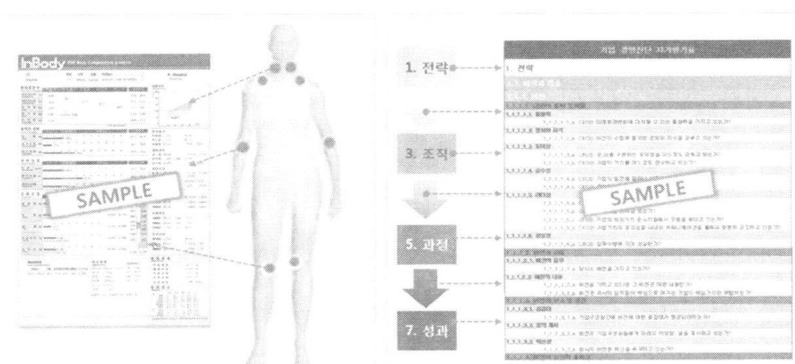

[그림 62] 사람의 종합 건강검진과 기업의 종합 건강 검진의 예

약한 부분에 적합한 전문의에게 치료를 의뢰해야 하는 일반의 역할을 해야 하며, 결국 기업 건강체크리스트를 이용한 TSM은 기업의 문제점을 찾아내서 이를 고쳐주는 치료 수단이다.

CEO는 환자가 아니라 일반의로서 기업의 종합적인 건강 상태를 파악하여 문제 부위에 적합한 전문의에게 저비용으로 효과적으로 치료받도록 해야 한다. 기업의 건강진단서가 바로 전사적 전략경영 모델의 핵심이다.

이같이 TSM은 우리가 경영디자인이론을 사용해서 개발할 수 있는 혁신경영기법 중 하나이다. 앞으로 TSM이 여러 기업에서 사용되어 그 가치가 인정된다면, 그러한 사례들에 대한 실증분석을 거쳐 새로운 경영이론으로 자리잡게 될 것이다. TSM이 검증을 거친 경영이론으로 자리잡을 때, 기업을 비롯해서 다양한 조직의 최고경영자는 TSM을 이용하여 앞으로 일어날 문제를 사전에 예방하고, 더 나아가 기업을 지속가능기업, 장수기업으로 발전 시켜나갈 수 있을 것이다.

05 경영디자인이론을 적용한 기업사례

2부에서 다룬 '디자인경영' 과 3부에서 설명한 '경영디자인' 의 차이를 다시 한 번 정리해보면, '디자인경영' 은 기업의 경영목표 달성을 위해 눈에 보이는 디자인을 도구 또는 수단, 방법으로 활용하여 제품 및 서비스의 부가가치를 높이거나, 브랜드 이미지 및 내,외부 고객 만족도를 높이기 위해 사용하였다. 하지만, '경영디자인' 의 경우, 디자인의 본질적인 속성이나 디자인적 사고와 같이 눈에 보이지 않는 디자인의 고차원적인 활동을 통해 문제해결방법으로서 기업경영에 적용한다.

즉, '디자인경영' 은 디자인 전담 조직의 주도하에 디자인을 경영의 수단으로 사용하는 반면, '경영디자인' 은 전 직원의 디자인사고의 내재화를 통해 모든 부서에서의 경영활동에 디자인관점을 적용하며, 경영상의 문제해결방법으로 모든 의사결정에 핵심요소로 사용하는 것을 말한다.

앞에서 자세히 살펴본 바와 같이, 전사적전략경영(TSM)은 경영디자인 이론이 적용된 모델로서 발전하였다. 최근 디자인경영을 넘어 경영디자인 이론을 경영에 적극 도입하는 기업사례들이 점차 늘고 있으며 그 효과가 성과로 나타나며 국내에도 많은 기업들로 확산되고 있다. 경영디자인 이론이 적용된 전사적전략경영(TSM)모델을 선도적으로 적용한 블랙야크와 전 직원의 디자인사고의 내재화를 통해 모든 부서에서의 경영활동에 디자인관점을 적용한 SAP KOREA의 사례를 소개한다.

블랙야크(BLACK YAK)

1973년 동진산악이라는 등산장비전문회사로 시작한 블랙야크는 창립 40주년을 맞은 2013년 연매출 6,700억 원이라는 성과를 거둔 한국 아웃도어 업계의 대표 기업이다.

블랙야크의 창업자이자 CEO인 강태선 회장은 창립 40주년을 앞둔 2012년, 경영디자인 이론이 적용된 전사적전략경영(TSM)모델을 선도적으로 기업경영에 적용하였다. 블랙야크는 TSM모델의 기업건강진단을 통해 CEO는 물론, 임직원과 고객 모두가 참여하여 현재의 성과와 지금까지의 전략 사이의 괴리점과 그 원인을 찾고 이를 바탕으로 창립 40주년을 기점으로 한 블랙야크의 향후 기업전략을 수립하였다.

블랙야크의 TSM모델을 적용한 기업건강진단은 총 7개 분야, 30개 지표, 49개 문항으로 구성되어 CEO를 포함하여 임직원은 물론, 전국

대리점의 점주와 수요고객 및 잠재고객 총 800여 명을 대상으로 실시되었다.

블랙야크의 'DESIGN BY MOUNTAINEERS' 라는 의도된 확고한 전략은 내재화를 통해 모든 부서와 모든 직원들의 경영활동 및 의사결정에 반영되어 '히말라야 오리지널' 이라는 통합된 전략으로 고객들과 커뮤니케이션하며 지속적인 성과로 이어나가고 있다.

현재, 블랙야크의 지속적인 성과는 국내를 넘어 글로벌로 확장되어 1998년 중국 사업을 시작으로 2014년 1월에는 독일에서 열린 국제 아웃도어 전시회(ISPO)의 프리미엄 브랜드 전시관에 진출하는 등 쾌거를 이루며 같은 해 대만과 태국에 진출했으며, 아시아는 물론, 유럽과 북미 진출을 앞두고 있다. 또한, 2013년 대한민국브랜드대상에서 국무총리상을 수상하였고, 2014년 올해의 브랜드대상에서 올해의 아웃도어 부문 대상, 2015년 고객감동브랜드지수 아웃도어 부문 1위에 선정되는 등 고객으로부터 평가되는 성과 역시 지속적으로 성장하고 있어 앞으로의 발전이 더욱 기대된다.

SAP KOREA

독일 발도루프에 본사를 둔 SAP는 1972년 5명의 직원으로 출발, 현재 전세계 5만 5천명이 넘는 임직원이 일하는 세계 1위 비즈니스 소프트웨어 솔루션 기업이다. SAP는 소프트웨어 전문기업으로 2011년 전세계 매출 142억3200만 유로(21조2626억원)를 기록했다. 1995년 국내에 설립된 SAP KOREA는 혁신적인 비즈니스 솔루션 시장을 이끌어가고 있는 비즈니스 애플리케이션 분야의 선도 기업으로 국내 주요 기업이 가장 많이 도입한 비즈니스 애플리케이션 솔루션 브랜드로 자리매김하고 있다.

SAP KOREA의 CEO인 형원준 사장은 취임 후부터 사내 임직원들과 소통하는 가운데 창의적이고 자율적인 기업문화를 만드는데 주력했다. 사용자 입장에서 다양한 해결방법을 모색하는 사람이 디자이너라 말하며, 디자인적 사고를 생활화하여 업무전반에 적용될 수 있도록 교육을 제공하고 업무환경을 조성하여 적극 장려하였다. 임직원은 물론 파트너사들 및 고객들과도 일대일 면담을 나누며, 임직원에 대한 승진이나 연봉인상을 위한 평가를 직속 상사가 혼자 하는 것이 아니라 라운드 테이블 방식을 통해 공개적인 평가와 피드백이 일어나도록 했다. 그리고 모든 채용 인터뷰에 직접 참가하며 업무적 자질보다 인격과 소통능력, 창의성을 확인하는 가운데, 기업의 전략을 공유할 수 있도록 했다.

현재 SAP KOREA는 소프트웨어를 중심으로 혁신을 고민하며 문제해결을 위한 방안을 찾아 실행하며 기업과 네트워크 정보화를 만들어가는 SAP의 본업에 근접하는 경영활동을 디자인싱킹의 내재화를 통해 수행하고 있다.

전 직원이 모든 부서에서의 경영활동에 디자인사고와 관점을 적용하며, 문제해결방법으로 모든 의사결정에 핵심요소로 사용하고 있음은 물론, 기업의 사회적책임활동에도 디자인사고를 적용하여 고객들과 지속적으로 소통하고 있다.

이처럼 경영디자인이론을 기업경영에 적용하여 지속적인 성과를 이루고 있는 기업들의 사례가 점차 많아짐에 따라, 앞으로 경영디자인이론, 특히 전사적전략경영(TSM)모델이 더욱 널리 확산되고 이를 적용한 기업들의 성공 사례가 더욱 늘어나기를 기대해본다.

저자 소개

조동성 교수는

서울대학교 경영학과를 졸업하고 하버드대학에서 경영학박사를 취득한 후 1978년부터 2014년까지 36년간 서울대학교 경영대학에서 전략 및 국제경영 교수로 봉직하면서 국제지역원(현 국제대학원)원장과 경영대학 학장을 역임했다. 2014년 6월부터는 중국 북경에 있는 경영전문대학원인 장강상학원(长江商学院)에서 전략학 교수로 재직하고 있으면서 중국 국무원 국유자산감독관리위원회의 요청으로 중국 중앙정부가 관장하는 113개 국유기업의 기업가치평가작업을 수행하고 있다. 영어 14권, 중국어 5권을 포함한 70권의 저서와 112편의 학술논문을 출판했고, 전략경영학회 창립회장, 디자인브랜드경영학회 창립회장, 지속경영학회 창립회장, 메커니즘경영학회 창립회장, 경영학회 회장, 학술단체총연합회 회장, 대중소기업상생협력위원회 위원장, 대통령직속 국가경쟁력위원회 위원을 지냈으며, 현재 핀란드 명예총영사, 국제백신연구소 한국후원회장, 안중근의사기념관 관장, 자연환경국민신탁 이사장 직을 맡고 있다.

성공하는 CEO는 디자이너다

2015년 8월 24일 | 초판 인쇄
2015년 8월 27일 | 초판 발행

지 은 이 | 조동성
발 행 인 | 김은중
발 행 처 | 서울경제경영출판사
북디자인 | (주)우일미디어디지텍

주 소 | 03767 서울특별시 서대문구 신촌로 205
전 화 | 02)313-2682
팩 스 | 02)313-8860

등 록 | 1998년 1월 22일 제5-63호

ISBN 978-89-97937-35-6 93320 정가 18,000원